DIANJI SUZHOU HAIMING CANGBEN

典籍苏州海明藏本

——书影苏州二辑

朱海明　著

苏州大学出版社
Soochow University Press

图书在版编目(CIP)数据

典籍苏州海明藏本:书影苏州二辑/朱海明著.—苏州:苏州大学出版社,2014.6
ISBN 978-7-5672-0937-4

Ⅰ.①典… Ⅱ.①朱… Ⅲ.①书影—收藏—中国—现代 Ⅳ.①G894

中国版本图书馆CIP数据核字(2014)第117414号

书　　名: 典籍苏州海明藏本
——书影苏州二辑

著　　者: 朱海明
策　　划: 董　炎
责任编辑: 董　炎
装帧设计: 吴　钰

出版发行: 苏州大学出版社(Soochow University Press)
社　　址: 苏州市十梓街1号　邮编:215006
印　　刷: 苏州工业园区美柯乐制版印务有限责任公司
网　　址: www.sudapress.com
邮购热线: 0512-67480030
销售热线: 0512-65225020

开　　本: 787 mm×1 092 mm　1/16　**印张:**16.25　**字数:**265千
版　　次: 2014年6月第1版
印　　次: 2014年6月第1次印刷
书　　号: ISBN 978-7-5672-0937-4
定　　价: 92.00元

【序一】 为苏州文化增辉

放眼世界，恐怕很少有像苏州这样的城市，历史上具有如此众多的藏书家。著名历史学家吴晗编著的《江苏藏书家史略》一书收录藏书家 490 人之中，苏州就有 257 人，占了一半以上。

苏州历代有“刻书赛积德、藏书胜藏金”之说，据苏州地方志记载,早在宋元之际,苏州藏书之风已渐浓厚。

明代苏州藏书进一步发展，著名的藏书楼，弘治时期有吴郡“金兰馆”；嘉靖时期有吴郡金李“泽远堂”、袁褧“嘉趣堂”、顾春“世德堂”、沈辨之“野竹斋”；万历时期有吴县钱谷“悬罄室”、长洲许自昌“梅花墅”、苏州府常熟县赵琦美“脉望馆”、东吴徐时泰“东雅堂”、长洲陈仁锡“阅帆堂”; 崇祯时期有吴县赵宧光“小宛堂”、海虞（常熟）瞿式耜“耕石斋”等。其中最负盛名的当推正德时期长洲顾元庆“大石山房”和崇祯时期苏州府常熟县毛晋“汲古斋”。

清代苏州藏书在全国也是首屈一指。当时著名的藏书楼有长洲黄丕烈“士礼居”、汪士钟“艺芸精舍”、苏州府昆山县徐乾学“传是楼”、常熟钱谦益“绛云楼”、钱曾“述古堂”和“也是园”、张金吾“爱日精庐”、张仁济“照旷阁”，以及瞿绍基“铁琴铜剑楼”等。

辛亥革命至新中国成立前，苏州藏书之风仍很浓厚。比较著名的藏书家有：潘祖荫、吴梅、邓邦述、叶昌炽、金天羽等，其中藏有宋元精槧、旧钞、名校等善本、珍秘未传之本。

文化渊源的深厚，积聚着望族大家，也形成了苏州尚文好学的民风。藏书蔚然成风，寒俭之家亦有百册，富家更是琳琅满目。真是显者世世相承，穷居者纷起效尤。“家家礼乐，人人诗书。”“家弦户诵”，纺车伴着读书声，其情景是何等别致，寻常百姓，耳濡目染，见多识广，也能诵习。归有光曾说:“吴地人才渊薮，文字之盛，甲于天下。”

然而，中华民族历经战乱，饱受灾难。历史上，在所有侵略过中国的帝国主义国家中，日本是掠的夺中国古籍最多的国家。日军侵华期间，苏州被抢掠的公家古籍有据可证，但民间被掠去或损失的却不知有多少。“文革”期间“破四旧”成风,民间古籍也遭受了不应有的损失。

强烈的文化意识和民风在苏州代代承传，各个层面文化群体影响深远。我认为，一个地方文化活动之昌盛，社会风俗异于他方，经济才能发达。也就是说，经济与文化、地望与风尚、人才与环境统一到一个整体中，互相渗透、互相促进，才能形成壮观宏景。

近年来，在书香社会构建中，涌现了不少藏书家，但古籍收藏却是鲜见。作为藏家，著书立说更为难得。

古籍是中华文化的核心标本，是传承文化符号的载体，是历经数代的珍贵遗产。本书展示的仅是朱海明先生古籍收藏中苏州层面的一小部分。据我所知，朱海明先生古籍收藏已达万卷以上，其中相当一部分是珍稀本，有的还是善本。历史走到现在，能收藏古籍万卷，注定是艰苦的寻访和无限心血的倾注。

我们应该感谢朱海明先生为苏州文化所做出的贡献，如果没有一种精神的追求，没有一种热爱，是做不到这一点的。人类的精神文明，需要海明先生这样的人去成百世之事，从而以史为鉴，以贤为师，启迪后人。是为序。

北京大学教授　　王余光

2014 年 4 月 21 日

【序二】 为苏州文化续脉

“同饮一河水，共望一月高。”海明与我同是从苏州相城区黄埭卫星村走出来的，原始的乡情让我关注着他的成长。海明常对我说，虽然这片土地给予了他过多的苦难，但他还是报以她深情一瞥。时间过得真快，海明也早已步入“知天命”的年龄了，虽然海明遇见我时的那份尊敬还是像近二十年前部队归来时那样，但如今的海明真让我刮目相看了。

海明出身贫寒，他的家庭在当时村里是出了名的贫苦，海明从小在生活的底层经受了苦难生活的历练，由此转化成一种奋发图强的动力，这种动力是那样强大和持久不衰。虽然命运并没有为他实现自身抱负提供种种有利的条件，但他立志为自己开拓了人生的道路。他从军十多年，在部队曾荣立 5 次三等功，30 多次受到嘉奖、被评为先进。我对此感慨太多，太多。我有机会翻阅过他的许多立功受奖证书，其中有岗位练兵和专业技术方面的，有学雷锋、建设社会主义精神文明方面的，也有诸如抗洪抢险方面的，更多的则是由海军政治部颁发的新闻报道的获奖证书（这在海军来说，应该是非常高的荣誉了）。更让我惊诧的是，他论文写作体现了极高的理论水平，他的政工研究论文有多篇获得福建基地政治部一等奖；他的新闻报道量多质高，成绩颇为丰硕，他曾在最基层的海岛被选送到北京海军报学习，这也足见他在新闻报道专业上的特别优秀。他在文学创作方面也有不俗的成果，他发表的诗歌、散文文情并茂，很有意蕴。很难想象，他这个“兵”在十多年的军旅生涯中是怎样地“苦其心志，劳其筋骨”的。我知道那个年代获得的荣誉不可能带任何杂质。可见他不但积极要求上进，特别能吃得起苦，而且真的是才华出众，样样出色。对于部队，他付出了太多太多的心血和汗水。

我明白，海明有一种天然的秉赋，有一种永不减退的激情和顽强的意志。只要自己认准的事，他总是豁出命来干，不知疲倦，甘之如饴，始终要以全部的生命力量喊出自己的声音，凭这一点，就注定了他人生的艰难。

改革开放大潮以经济建设为中心的社会主流形态让军人的荣耀淡化，已在军官队伍里立志从军效命的海明因为十多年海岛军营的积劳成疾，终因突然生病离开了军营。这时候的海明处于人生最低谷的时期，他犹如离群的孤雁，尝够了人世的冷漠，孤立无助，四处碰壁，还有太多说不尽的人为制造的风刀霜寒的环境，他面对的可以说是生存的艰难，后来有人说过这样一句话：“海明真是杀开了一条血路。”这也是圈内人的普遍同感，还有人说：“怪就怪他太有能力。”从部队归来，他干的是当时最弱势的媒体，做了一个电台记者。要知道，当电视刚兴起时，电台记者是何等的边缘化。然而他任劳任怨，一干就是七年。命运似乎从来不给他好的机会。一个本来每年亏损的有线电视台，需要有人挑担，他请缨立下军令状，不但承担员工全部负担，还贡献纯利润达千万元以上，那时的千万元可不是个小数目，这业绩证明了他在经营方面也特别能干。

离开电视台的海明已近天命之年，他创办了自己的影视制作公司。一切从头开始，他闯出了自己的人生新路。五年过去了，他的公司的收益年年在增长。

开公司搞经济，在这个竞争愈加激烈的年代，对于老板来说已是够辛苦和繁忙的了。然而海明还进行着文学创作。我知道，这是一个耗费心血的事业，然而他依凭自己的执着和意志，接连出版了散文集《我也是海》、报告文学集《为奋斗而歌》等，这让我大为惊诧。更让我想不到的是，他在一手搞经营、一手搞创作的同时，却划出了人生的第三条轨迹，那就是收藏。这体现了他着力于文化投资和古籍收藏的先见之明。据我所知，他至今已收藏了上万件清代民国古籍，这一成绩在国内恐不多见。此外，他还有字画收藏，拥有五百多名清代、民国和当代书画家的作品。这些藏品的收藏不但要有财力，要有眼力，更要不辞辛劳、花费无限心血。

海明不断收获着业绩，但他自己的生活却是十分俭朴，可以这么说，他从来没有穿过一件像样的品牌西服，他笑着对我说，到商场买西服，价码都在几千元，到小巷的小店里量身定做，也就几百元。然而，他对于收藏却是那样慷慨大方，对于下层员工却是那样富有人情和真诚。

海明就是这样一位情感丰富而又执着探寻生命意义的人。海明似乎与海有着不解之缘，也许他的名字中有一个“海”字，他冥冥之中就对大海具有难以割舍的情结。他的散文集《我也是海》居然把自己和大海完全融汇在一起。他在《相识大海》一文中深情地写道：“我自江南来，撑一支竹篙，闯进你宽阔的胸怀。当我探头迎着你深情波光时，感觉到我已怦然心动。面对着大海，我像是捧着一部流动的史书。”可以这样认为，《我也是海》正是“夫子自道”。

正因为海明具有大海一样的品格，所以他具有热情的文化追求和澄明的精神寄托。他对中国文化，特别是苏州文化有着一种特殊情愫，他“静轩寻书追古贤，莽野觅路溯物源”，我曾在为他的《书影苏州》一书所写的序言中说过这样的话："可以这么说，海明是中国文化遗产极为虔诚的守护者。"

这个世界装饰是越来越多，海明不只是收藏家，而且是历史文化的研究者和传播者。他心无旁骛，殚精竭虑，以"独上高楼，望尽天涯路"的不凡气度和"为伊消得人憔悴"的意志，开展研究，著书立说，取得了令人击节的可喜成果，他的一些专著产生了广泛的社会影响，特别是对苏州历史地域文化的发掘和研究具有令人瞩目的学术价值。

苏州自古风物清嘉，在江南烟雨的写意山水中，在私家园林葱茏的精致回廊上，历史上走出了太多太多的历史文化名人。这些文化名人有的以诗书成名，有的以刻书藏书成家，书香绵延，世泽久长，尤其是明清两代，高峰迭起，如钱谦益"绛云楼"，瞿启甲"铁琴铜剑楼"，均独步一时，翘楚书林。

这次出版的《典籍苏州海明藏书》是海明在苏州古籍文献搜求发掘方面的又一可贵成果。全书凡53件，是苏州历史文化研究的珍贵文献。此书大致有以下内容。

一是对苏州典籍的精要介绍。书中藏品相当一部分是苏州这座历史文化名城的见证，是历史文献性、学术资料性、学术版本性、艺术鉴赏性俱佳的珍品。涉及历史、医学、书法、画作、年谱、名门望族的诗词文赋，其中大收藏家收藏过的明拓颜鲁公《争座位帖》和叶天士的《景岳发挥》四卷等古籍弥足珍贵，具有很高的史料价值和鉴赏价值。可以说，这些遗产不仅是中华民族的文化遗产，更是全人类的文化遗产。他收藏的《书林清话》则是藏家之诗史、书林之掌故，是每一位从事文化研究的必读经典。

二是对特定作品和作者的客观评论。在《典籍苏州海明藏书》一书中，海明先生并不满足于对古籍的一般介绍，而是通过自己的深度研读，对古籍作品和作者进行客观的分析评论，这些分析评论，往往是至为精辟的。如《清道光刻本俞汝昌〈注解唐诗别裁集〉二十卷》一文，从选录作品、体例、内容等方面对《唐诗别裁集》以及作者在诗歌方面的精深造诣所发表的意见，对沈德潜早年落寞、晚年得宠、最终因文字狱而受株连的人生经历所作的阐述，其尊重历史、推崇前贤、客观公允的研究精神在此得到了充分的体现。

三是对历史文化现象的深度解读。《典籍苏州海明藏本》一书涉及许多历史文化事实，作者充分利用自己拥有的丰富的典藏资源，对某些现象发表了自己的独特见解。如《南社丛刻》一文，就近代史中影响较大的文化团体南社的办社宗旨、成员构成、主要成就以及产生的社会影响就作了公允的评价。这不但能使读者对苏州近代文化产生浓厚的兴趣，而且可以使读者获得苏州历史文化的相关知识。

海明先生认为："苏州的历史就是一部藏书史"，此诚中鹄之论。一代又一代的文人墨客在他们的生命中默默撰写了一册又一册心血文字，其人虽已经远去，但他们用生命雕刻的书卷依然活在世间。阅读并研究有关苏州的藏书，就可以使我们知晓苏州源远流长的历史文化。"今世赖之以知古，后世赖之以知今"，不可否认，《典籍苏州海明藏本》一书是作者对苏州地域历史文化所作的又一次开拓性的研究，再次弥补了苏州地域文化研究的缺憾，丰富了苏州历史文化的内涵。我们可以借此回到历史的原点，窥见苏州历史文化的悠悠书脉，闻到苏州历史文化的缕缕清香。

拜读《典籍苏州海明藏本》，感怀良多。海明先生有诗云："青藤遗韵翰墨香，会心深处有真意。"正是有了这一种雅趣，有了这一份担当，海明在文化的大海中，含英咀华，正激活着苏州这方水土历史传统文化的"基因"。所有的酸甜苦辣都化为他的人生"快意"，所有的辛勤付出都成就了他的人生价值！他常说，我们这一代人是很矛盾的一代人，当我们投身这个世界，要做的事情就太多太多，被沉重的责任和义务压迫得喘不过气来，他在精神昂扬又痛苦之中、身心亢奋又疲惫之中拼搏前行，他虽历经苦难又经受磨难，还饱尝委屈，但还是像牛一样埋头耕耘，像战马一样上场“搏杀”。这就是我们这一代人的人生旅程。海明一路跌爬着过来，是出身卑微，还是他的才气，这其实都不是他的错。对于人生和社会，他奉献和付出了多少？我记得苏州广播电视总台台长瞿长林为他一书作序时说过的一句话：“海明的付出和收获真是不能成正比。”我想这对海明也算是一份慰藉。海明倒是很有“自知之明”的，他说：“人的能力上去了，性格应该下来一点，可就是学不来。”他还说，人生的挫折关键是看你人生一路上遇见了谁，遇见的“小人”越多，坎坷和不幸就越多，如果遇见了能决定命运、影响你前程的小人，不幸就会永远相伴，这可能就是天命的玄机吧，也叫“孽缘”。应该说海明先生与历代仁人志士一样，正是这个城市、这个民族文化之火的守望者与传播者。正是由于他们无私忘我搜求，不辍耕耘，才使历史文化世代传承，绵延不绝。在这里，作为老朋友，在对海明取得如许成就表示祝贺的同时，我还要对具有大海一样胸襟的海明先生表达由衷的敬佩之情。

谨为序。

江苏省首批教授级高级教师

江苏省语文特级教师　李建邡

苏州大学硕士研究生导师

2014 年 5 月 9 日于木渎寓所

典籍苏州·明清卷

【目录】

典籍苏州·民国卷

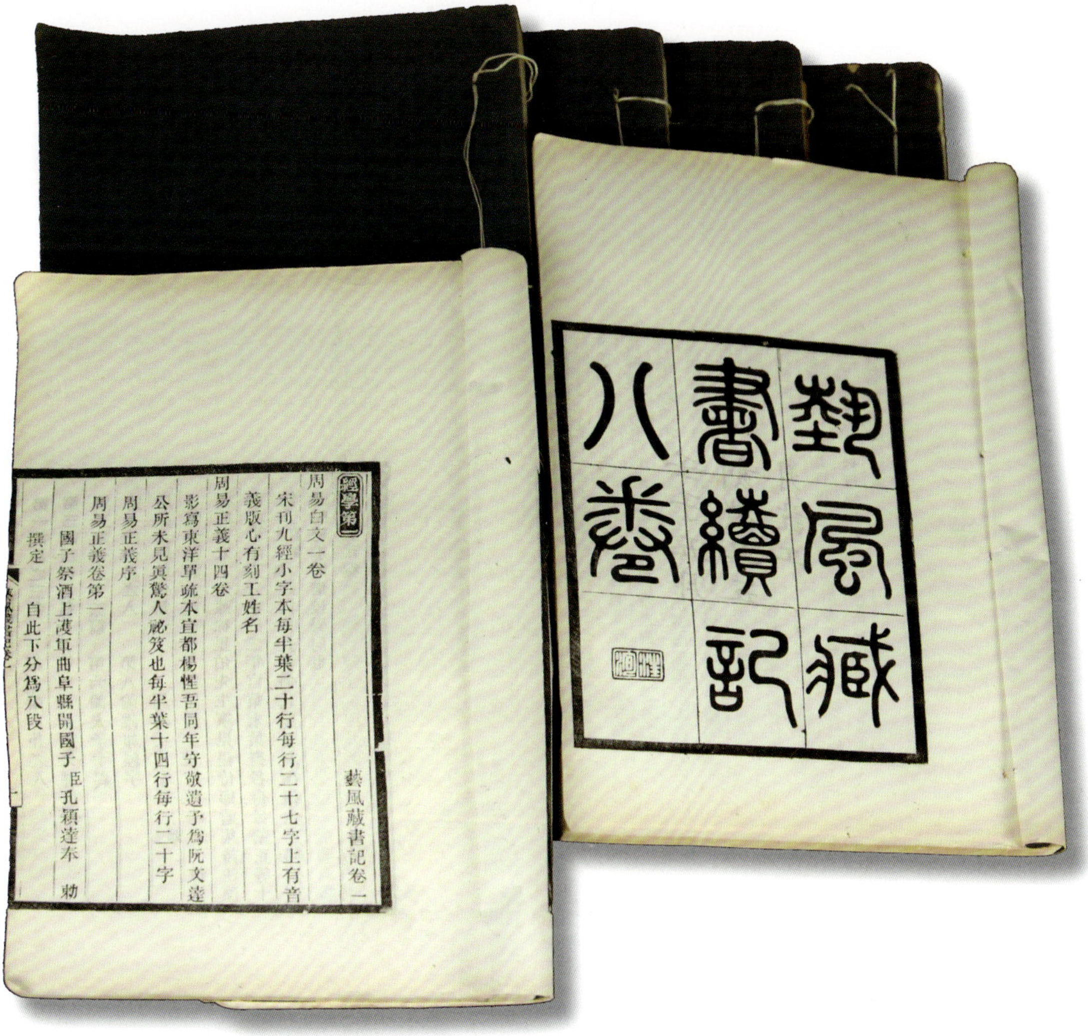
藝風藏書續記八卷
藝風藏書記卷一
經學第一
周易白文一卷
宋刊九經小字本每半葉二十行每行二十七字上有音
義版心有刻工姓名
周易正義十四卷
影寫東洋單疏本宜都楊惺吾同年守敬遺予爲阮文達
公所未見眞驚人祕笈也每半葉十四行每行二十字
周易正義序
周易正義卷第一
國子祭酒上護軍曲阜縣開國子臣孔穎達奉 勅
撰定 自此下分爲八段

明拓颜鲁公《争座位帖》

在中国书法史上占有特殊地位，唯一能和大书法家王羲之相抗衡并先后辉映的，就是颜真卿了。他的书法，以楷书为多而兼有行草。用楷书所写之碑，端正劲美，气势雄厚。他生于楷书流行之际，与王羲之之典型相对，导开书法新风气。

颜真卿，字清臣，官至太子太师，因爵封鲁郡开国公，世称“颜鲁公”。生于唐中宗景龙三年（709），卒于唐德宗贞元元年（785），终年77岁。京兆万年（今陕西临潼）人，郡望出自琅琊临沂（今山东临沂）。是中唐时期书法创新的代表人物，其楷书端庄雄伟，气势开张；行书遒劲舒和，神彩飞动。他的书法，既有以往书风中的气韵法度，又不为古法所束缚，突破了唐初的陈规，自成一家，称为“颜体”。宋欧阳修评论说：“斯人忠义出于天性，故其字画刚劲独立，不袭前迹，挺然奇伟，有似其为人。” 宋朱长文《续书断》中列其书法为神品，并评说：“点如坠石，画如夏云，钩如屈金，戈如发弩，纵横有象，低昂有态，自羲、献以来，未有如公者也。”

鲁公是书史上居承先启后地位的大家，他的楷书，向以博厚雄强著称，“锋绝剑摧，惊飞逸势”，以《颜世家庙碑》为代表；至于摩崖大字，气势磅礴，以《大唐中兴颂》最著；至最高境界，表现冲和淡远之韵致者，则推《李玄靖碑》。行草遒劲秀挺，古意盎然，以《祭侄文稿》为第一。

颜鲁公《争座位帖》是震魂慑魄的行草书巨卷交响，是历代书法中最接近“人心本田”、“书为心迹”的行草书巨卷。

《争座位帖》是颜真卿于唐广德二年（764）十一月十四日写给仆射郭英义的直诤书稿。鲁公出于对朝廷纪纲的维护、对功臣秉义的佑护、对奸佞骄横的摧折书写此稿，忠义之气充之于心、赋之于文、形之于书，全篇理正、词严、文厉、书愤，洋洋千文，如长水蹈海，无可阻挡，遂使历代书家无不为之服膺倾倒。

尚意的“宋四家”之首苏东坡最为推崇鲁公书，尊其为书之极至。啸傲书坛的狂逸之士米南宫鄙颜楷为“恶札之祖”，然于鲁公《争座位帖》绝无微词，且盛赞之为“字字意相连属飞动，诡形异状，得于意外，世之颜行书第一书也”。宋代行草书能与唐室抗衡的唯一一人黄鲁直更能直接道出：“观鲁公此帖，奇伟秀拔，奄有魏晋隋唐以来风流气骨。回视欧、虞、褚、薛、徐、沈辈，皆为法度所窘，岂如鲁公肃然出于绳墨之外……盖自二王后，能臻书法之极者，惟张长史与鲁公二人。”可谓至言也。

与郭仆射书

十一月　日，金紫光禄大夫、检校邢部尚书、上柱国、鲁郡开国公颜真卿，谨奉（寓）书于右仆射、定襄郡王郭公阁下：

盖太上有立德，其次有立功，是之谓不朽。抑又闻之，端揆者，百寮之师长。诸侯王者，人臣之极地，今仆射挺不朽之功业，当人臣之极地。岂不以才为世出，功冠一时。挫思明跋扈之师，抗回纥无厌之请，故得身画凌烟之阁，名藏太室之廷，吁，足畏也！然美则美矣，（然）

十一月　日金紫光祿大夫檢校刑部尚書上
柱國魯郡開國公顏真卿謹奉書于
右僕射定襄郡王郭公閣下蓋太上
有立德其次有立功是之謂不朽抑又

聞之端揆者百寮之師長諸侯王者
人臣之極地今僕射挺不朽之功業
當人臣之極地豈不以才為世出功冠
一時挫思明跋扈之師抗迴紇無厭

戲請故得身畫凌煙之閣名
藏太室之廷耶其吁足畏也盛美則美矣然而終
之始難故曰滿而不溢所以長守富也
高而不危所以長守貴也可不儆懼乎

書曰不自弗矜天下莫與汝爭功不自矜伐
天下莫與汝爭能以齊桓公之盛業片
言勤王則九合諸侯一匡天下葵丘之會
微有振矜而叛者九國故曰行百里

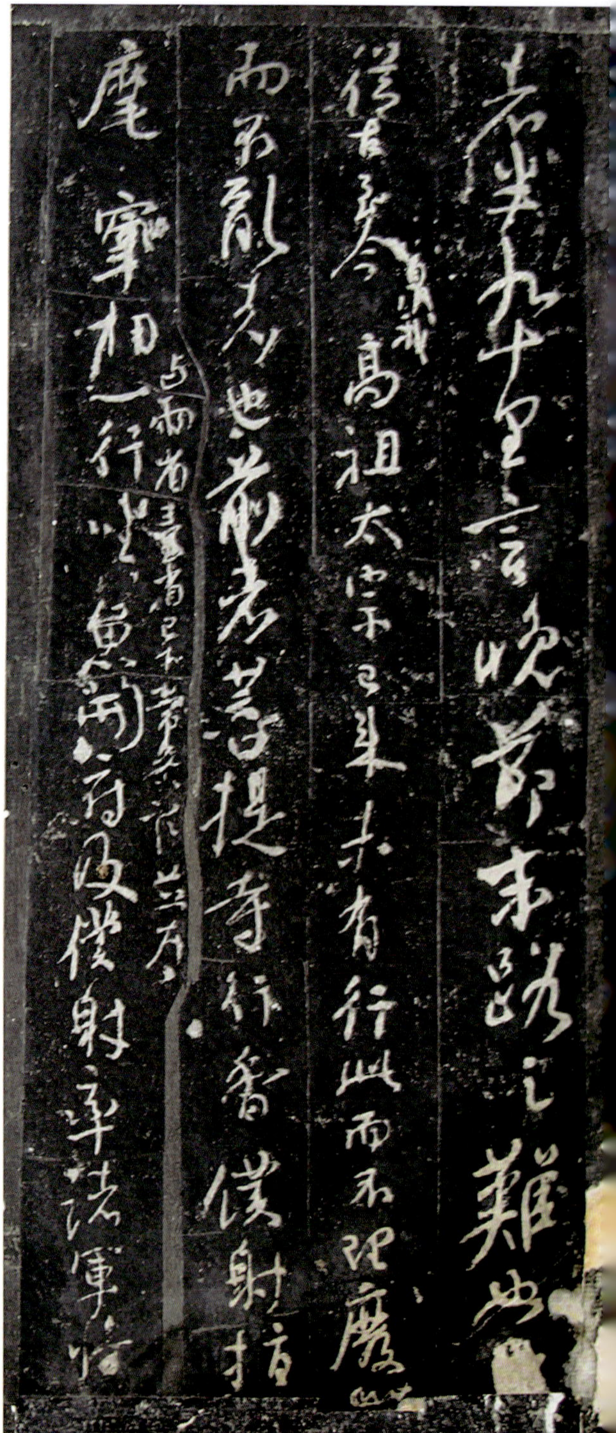

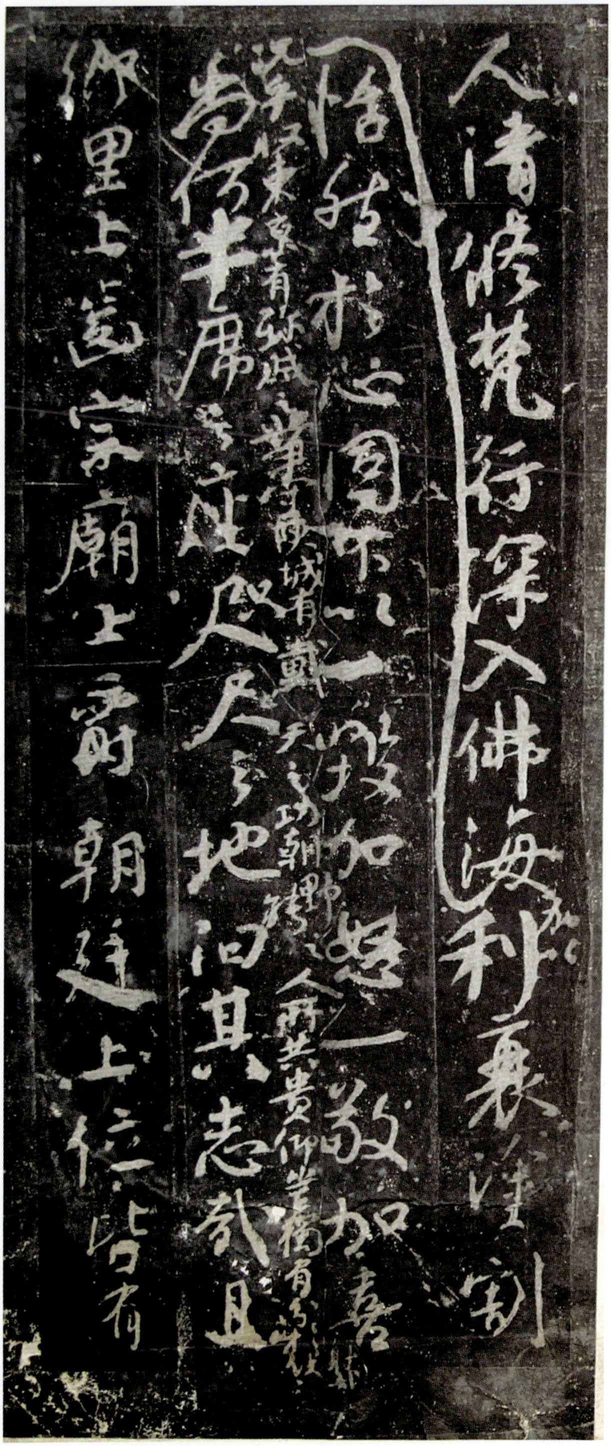

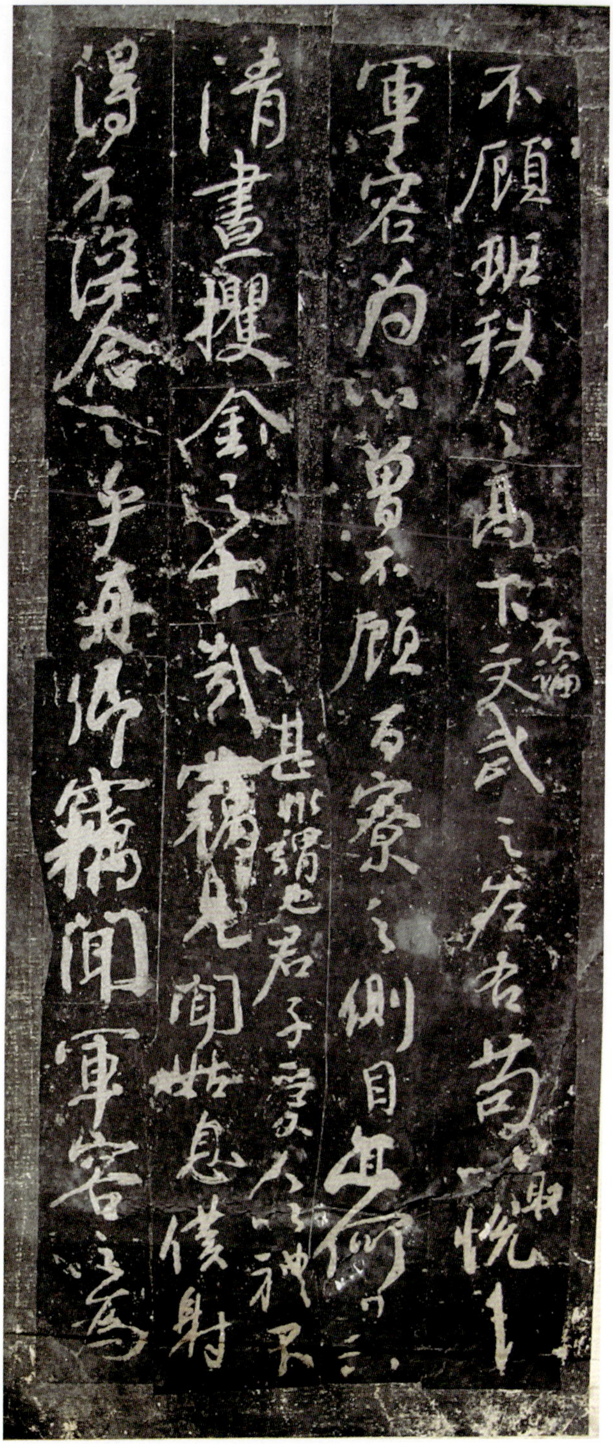

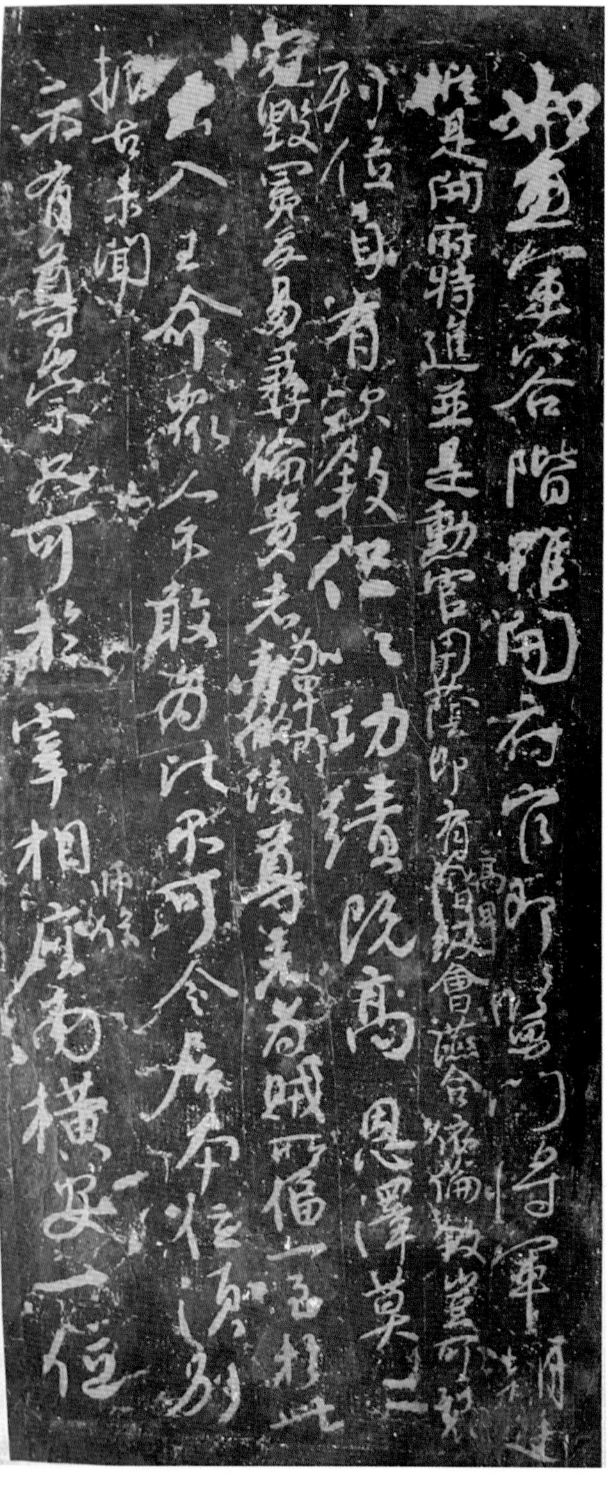

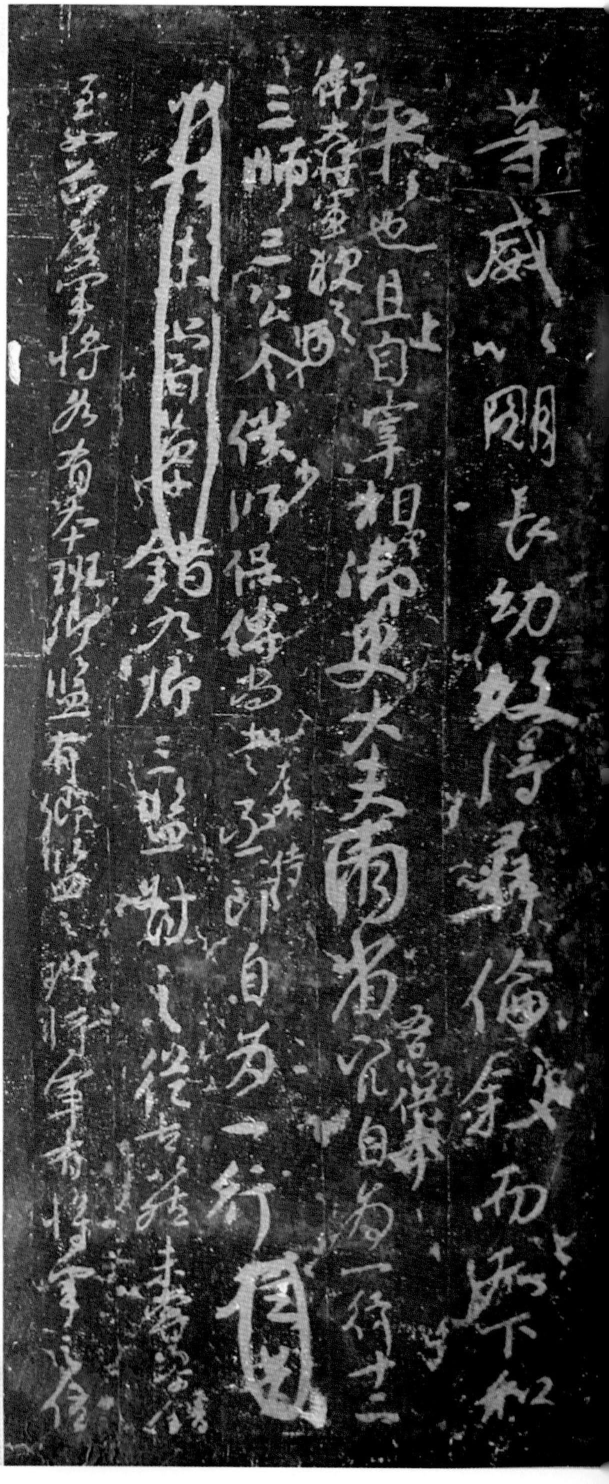

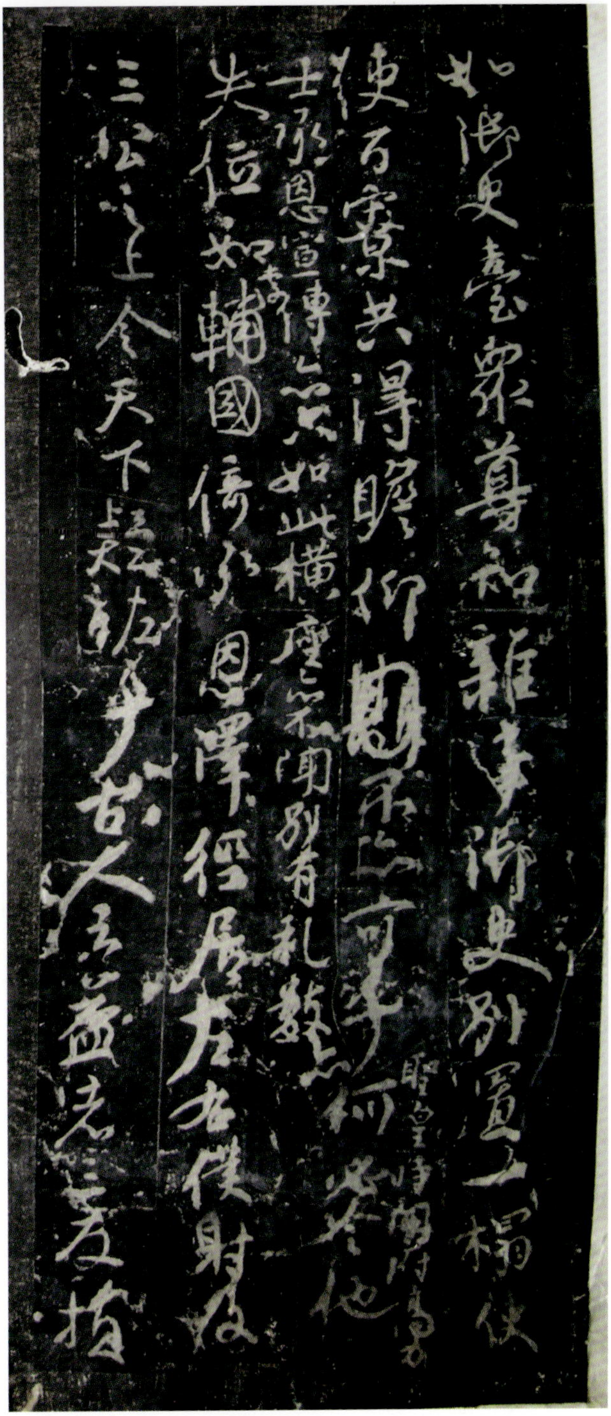

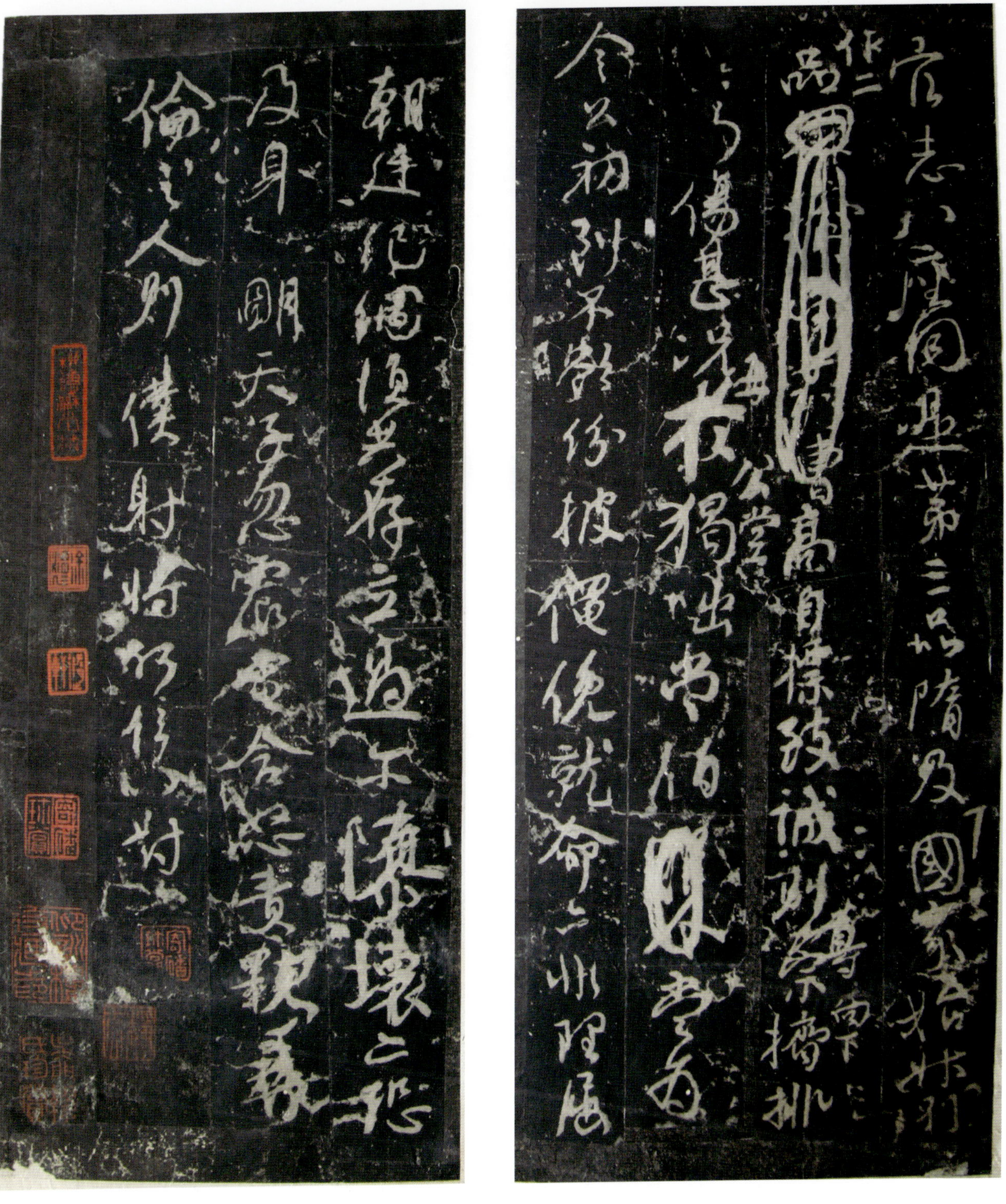

而终之始难。故曰：满而不溢，所以长守富也；高而不危，所以长守贵也。可不儆惧乎？《书》曰：“尔唯弗矜，天下莫与汝争功；尔唯不伐，天下莫与汝争能。”以齐桓公之盛业，片言勤王，则九合诸侯，一匡天下。葵丘之会，微有振矜，而叛者九国。故曰：行百里者半九十里，言晚节末路之难也。从古至今，自我高祖、太宗已来，未有行此而不理，废此而不乱者也。前者菩提寺行香，仆射指麾宰相与两省台省已下常参官并为一行坐，鱼开府及仆射率诸军将为一行坐，若一时从权，犹未可。何况积习更行之乎？

一昨以郭令公父子之军，破犬羊凶逆之众，众情欣喜，恨不顶而戴之，是用有兴道之会。仆射又不悟前失，径率意而指麾，不顾班秩之高下，不论文武之左右。苟以取悦军容为心，曾不顾百寮之侧目，亦何异清昼攫金之士哉？甚非谓也。君子爱人以礼，不（窃见）闻姑息。仆射得不深念之乎？

真卿窃闻军容之为人，清修梵行，深入佛海，况乎收东京有殄贼之业，守陕城有戴天之功，朝野之人所共景仰，岂独有分于仆射哉。加以利衰涂割，恬然于心。固不以一毁加怒，一敬加喜，尚何半席之座、咫尺之地能汩其志哉。且乡里上齿、宗庙上爵、朝廷上位，皆有等威，以明长幼，故得彝伦叙而天下和平也。且上自宰相、御史大夫、两省五品以上供奉官自为一行，十二卫大将军次之；三师、三公、令仆、少师、保傅、尚书、左右丞、侍郎自为一行，九卿三监对之：从古以然，未尝参错。至如节度军将，各有本班。卿监有卿监之班，将军有将军之位。纵是开府、特进，并是勋官，用荫即有高卑，会谳合依伦叙，岂可裂冠毁冕，反易彝伦，贵者为卑所凌，尊者为贱所逼？一至于此，振古未闻！

如鱼军容阶虽开府，官即监门将军，朝廷列位，自有次叙。但以功绩既高，恩泽莫二，出入王命，众人不敢为比，不可令居本位，须别示有尊崇，只可于宰相、师、保座南横安一位，如御史台众尊知杂事御史别置一榻，使百寮共得瞻仰，不亦可乎？圣皇时，开府高力士承恩宣傅，亦只如此横座，亦不闻别有礼数。亦何必令他失位，如李辅国倚承恩泽，径居左右仆射及三公之上，令天下疑怪乎？古人云："益者三友，损者三友。"愿仆射与军容为直谅之友，不愿仆射为军容佞柔之友。

又，一昨裴仆射误欲令左右丞勾当尚书，当时辄有酬对。仆射恃贵，张目见尤。介众之中，不欲显过。今者兴道之会，还尔遂非，再猲八座尚书，欲令便向下座。州县军城之礼，亦恐未然。朝廷公谳之宜，不应若此。今既若此，仆射意只应以为尚书之与仆射，若州佐之与县令乎？若以尚书同于县令，则仆射见尚书令，得如上佐事刺史乎？益不然矣。今既三厅齐列，足明不同刺史。且尚书令与仆射，同是二品，只校上下之阶，六曹尚书并正三品，又非隔品致敬之类。尚书之事仆射，礼数未敢有失。仆射之顾尚书，何乃欲同卑吏？

又据《宋书·百官志》，八座同是第三品，隋及国家始升，别作二品。高自标致，诚则尊崇，向下挤排，无乃伤甚？况再于公堂，猲咄常伯，当为令公初到，不欲纷披，黾勉就命，亦非理屈。朝廷纪纲，须共存立，过尔隳坏，亦恐及身。明天子忽震电含怒，责彀彝伦之人，则仆射将何辞以对？

赏析《争座位帖》，开篇是那理性的鸣响。

首行书写如心泉出峪，汩汩流出，平和中微显锐气。第二行书写即错落摇曳，第三行已见起伏提按意绪，为整段书写面目立下坚劲品格。

此段四至十二行文字为鲁公对郭英乂之陈述语。写得冷峻且渐含怒气，冲突隐现于理性述说之下，文字亢昂，铺天渲染气氛已浓，阵阵滚雷之声已由天际扑来，振荡耳鼓。鲁公书至“吁，足畏也！然美则美矣，（然）而终之始难”句时，内心激越之情渐与理性陈述并行。

《争座位帖》第一阶段强悍的踩板、阵鼓擂响之后，书稿出现了书家停顿下来的一段近乎死寂的间歇。

随之，鲁公拂去按捺的寂静，再度高扬起自己心底本真的轩然大波。是文、是书急切地纳入了争辩的第二乐章。

第二乐章是激愤的轻蔑，切入主题。自十八行“从古至今”句始，字形聚敛，看出鲁公援笔将事件由遥逝而暝远的时空中再度写来的意绪，字促神密，表现出严谨、了无停滞、自由挥运、一气呵成的叙事本领。此段用笔、结体、书意尽脱晋、隋之清逸形迹，而写出了鲁公“遒劲绵密”的自家面目。此段文字再次直指仆射郭英乂“不顾班秩之高下，不论文武之左右”谄谀奸宦、辱没忠臣、乱排座次之事实。至书“苟以取悦于军容为心，曾不顾百寮之侧目，亦何异清昼攫金之士哉”，文词激荡，书写剔透，直刺奸佞之心。特别是最后一句数字字形俱展，顿显开张激扬之心，真尔后千载人力不逮、而神韵亦不能再有之大真境地耳。尔后一行则多摇曳跳踯，遂于刚猛质直中增加了活脱、自由意象。又至“真卿窃闻军容……”句，怒气又添，笔画益发坚挺、字方意圆、阔大弩张，随即簇起全篇第二高潮。

鲁公心中又鸣鼓阵，迭澜再起。意浩浩涌之于心、力汩汩而趋之于笔，给人以摧心震撼。然由“清修梵行，深入佛海”至“能汩其志哉”诸句，则写得一字一境地，或正又斜，乍曲复直，跌宕诡奇，构成了独鲁公而能陈的绝妙篇章。

第三乐章有理性述说再燃心中义火。文、书、理、义交迭辉映，构成了“柔”的不凡，是流金溢彩的心灵宣泄。

这段文字书写尽展鲁公草、行书之面目。以往史、论多称鲁公得“草圣”张旭草法，又谓亦与“颠素”以“惊蛇入草”论道云云。

鲁公虽字由心出，而字皆合古法。其一，字因势而异，高低、大小、俯仰、伸缩有态，唯令活脱，不使板滞也。其二，字与字之间的开合变化，连同字法之笔画变化，每有殊趣，绝不雷同。如“尚书”、“如上”、“刺史”等字反复出现，而书意绝不相同，或开或合、或伸或缩，形同万类呼吸，契合天地运动之理。其三，行气贯通、因意布势、既正复斜、一往自然，了无小家拘陋习气，一显大匠运斤自如意绪。

本段时有大字重笔，使全段文字书写如临大水迭次涌动，掀天波浪迸发出振聋发聩的摧擂鼓声，令读、临、习、赏者得到真力弥满的充实而升华。

颜鲁公《争座位帖》于前段再次鼓荡书写中，把全篇推向高潮。然鲁公却于论争高昂激情中戛然中止，给人以挽狂澜于既倒、黄河奔突于壶口、白日消遁于彤云之悲剧感。

阵雷炸裂，戛然中止，但却没有结束。《争座位帖》至六十九行“又据《宋书·百官志》”句起，至全篇为终结阶段。这时，文词炸裂、情感炽发，而径呼出“朝廷纪纲，须共存立，过尔隳坏，亦恐及身”直刺郭、鱼二人咽喉。其声未匿，忽鲁公又发“明天子忽震电含怒，责彀彝伦之人，则仆射将何辞以对”排宕力句，而猝然作结，全篇由此戛然结束。真使奸佞辈胆裂心摧，无以复生矣。

全篇结尾之四行书，更见鲁公驾驭全局、贯穿始终的内蕴底力。后段书写尤见回绕盘屈、长戟大橹摇撼笔力。其中“理屈”二字尤见屈金回绕、剑器流光。“隳坏”二字大笔直书，兀突伟力，撞人心目，其冲决意绪，直为现代书法之端倪，使人叹为观止。

最后两行，鲁公“代天子言”。以直泄江河之势加以书写，“何辞以对”四字则以电掣光走、闪烁笔势写之，简极、力极、神极，终成千古绝响。

《争座位帖》就是灵光无碍、文思喷涌、义理高扬三佳兼备时的行书巨构，是人世间存留的恢宏行书交响。这是中国书史的丰功伟绩，是中华民族文化的丰碑，幸运、悲壮、壮美、宏伟同在。

笔者所藏的明拓颜鲁公《争座位帖》，曾由练廷璜、徐渭仁、胡其毅、吴华镳、缪日藻等收藏过。其中附贴有练廷璜与徐渭仁手札二通，吴华镳亲笔题跋三篇，钤印 15 方。

练廷璜，广东连平县人，道光乙酉年（1825）进士，分发江苏，历任阳湖、丹阳、元和、上海、长州、嘉定、宜兴、常熟、吴县等知县。皇帝欣赏其书法与才学，即升授江苏松江知府太守，三次诏见，诰授朝议大夫，例晋中宪大夫。

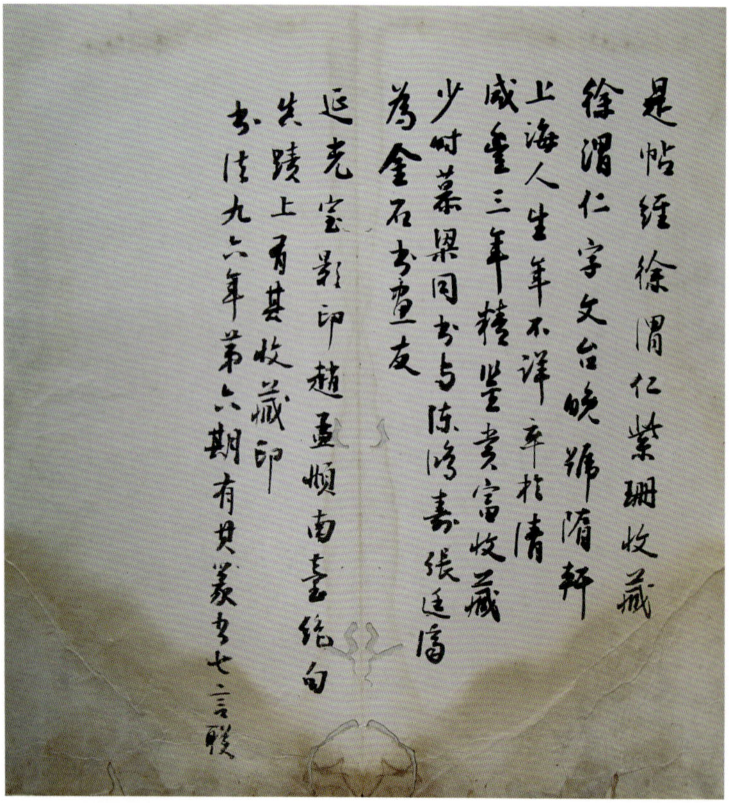
是帖经徐渭仁紫珊收藏
徐渭仁字文台晚号隋轩
上海人生年不详卒于清
咸丰三年精鉴赏富收藏
少时慕梁同书与陈鸿寿张廷济
为金石书画友
延光室影印赵孟頫南宫绝句
真迹上有其收藏印
书法九六年第六期有其篆书七言联

徐渭仁，字文台，号紫珊、子山、不寐居士，晚号隋轩。清著名藏书家、金石学家、书画家，上海人。天资敏慧，曾为国子监监生，于诗文、绘画、书法、碑帖，无不探讨。早年善书法，尤长汉隶，收藏碑帖甚丰，并精于鉴别，当时人称“巨眼”。徐谓仁得隋开皇年间《董美人墓志》，甚珍爱，遂自号“隋轩”。后又得王昶旧藏之《建昭雁足镫》，在宅中辟“西汉金镫之

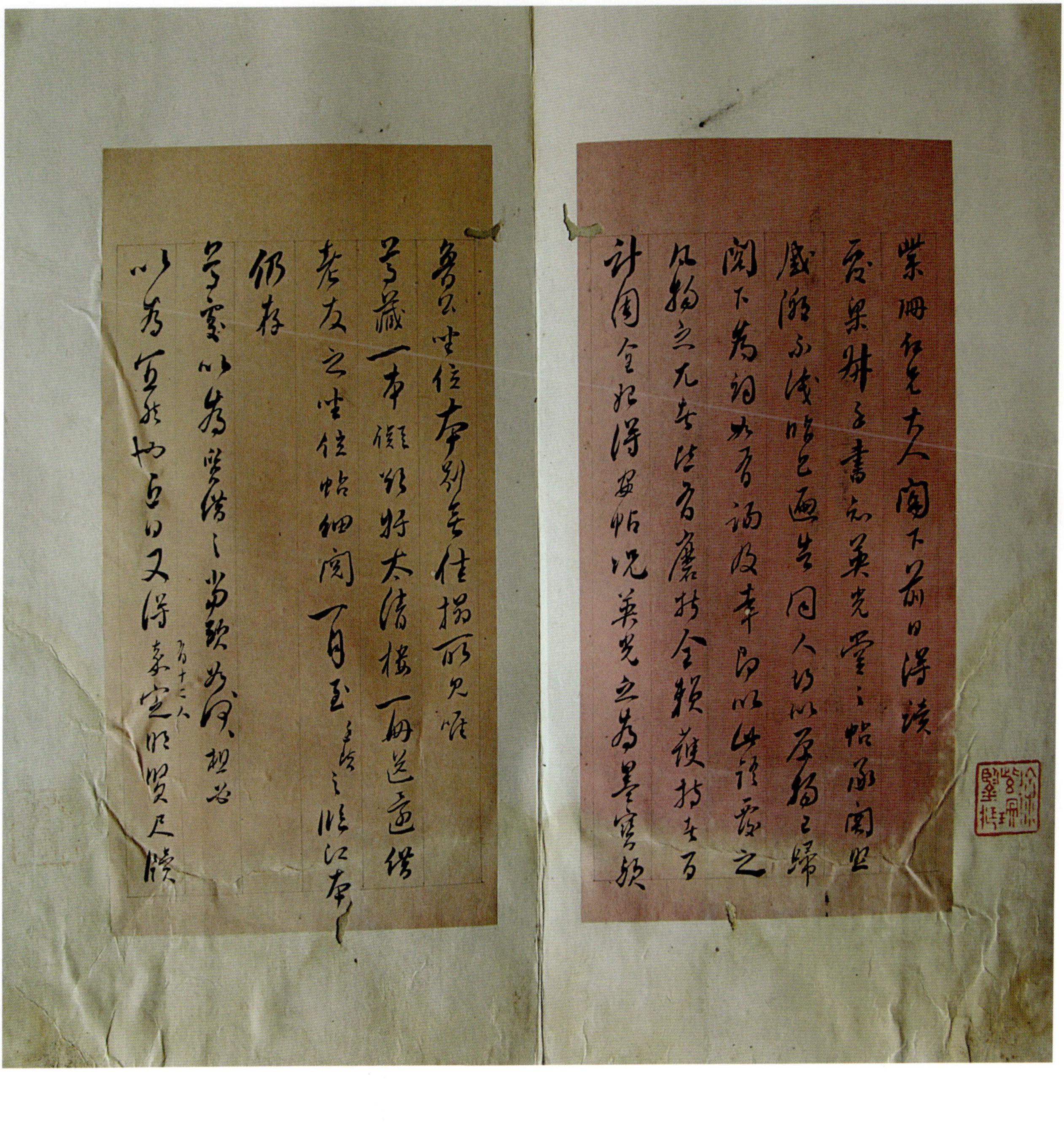

室”。年三十八，忽又学画，兰竹山水，闭门研求，搜罗历代绘画，题识名画。

少年时与梁同书友善，继而与陈鸿寿、张廷济、王学浩结为书画、金石之友，多藏佳拓古器。他留意搜存本地文献，先后在江南民间收书累计近万册，其中不乏宋元秘本真迹。宋元刊本有数种，如《唐女郎鱼玄机诗集》，先后由藏书家朱承爵、项元汴、何焯、兰陵缪氏、黄丕烈、徐紫珊、袁克文等人收藏，后被辗转收至国家图书馆。孤本如明嘉靖、万历《上海县志》等均经其收藏，并有手跋。南宋绍熙《云间志》3卷3册，该书前有学者孙星衍序，南宋杨潜序，末有钱大昕、顾广圻、孙星衍后记。宋拓《云麾将军碑》，该本钤有“七十二峰深处”、“半野草堂”、“徐紫珊秘箧印”、“撷芳亭”、“小凤石轩”、“文台”、“紫珊秘玩”、“上海徐渭仁收藏印”、“上海徐紫珊考藏书画金石书籍印”等朱文印记。又购得王昶所藏《建昭雁足镫》，遂名其藏室为“西汉金镫之室”。藏书楼名还有“春晖堂”、“宝晋砚斋”、“千声室”、“万竹山房”、“寒木春华馆”等。他还在露香园遗址重建万竹山房、秋水亭，藏张芝昌摹《石鼓文》等。所藏图书及字画均钤有“紫珊所得善本”、“寒木春华馆印”、“春晖堂藏书”、“实事求是斋”、“徐氏玉林堂

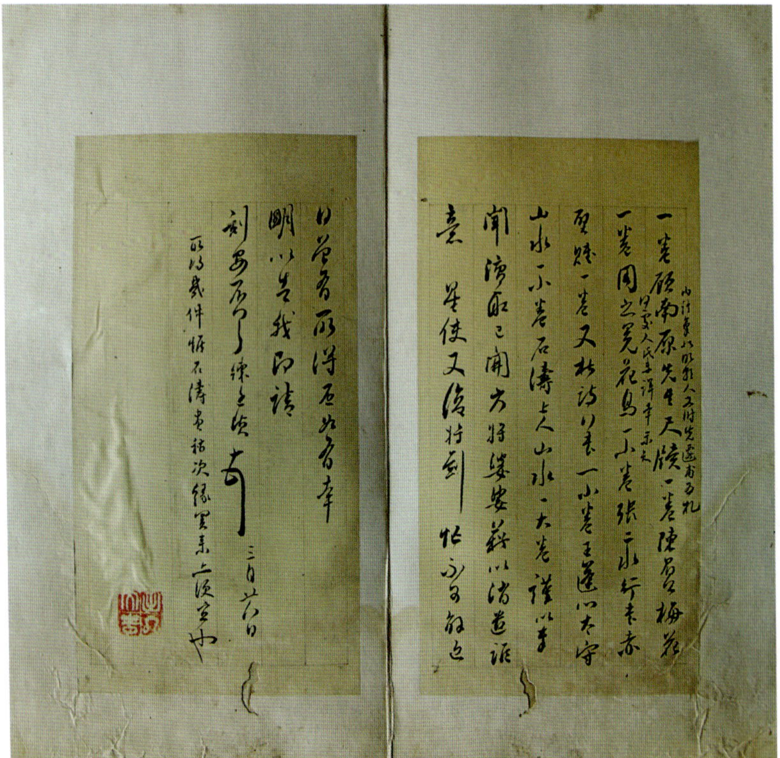

印”、“徐文台竹隐庵收藏印”、“文台”、“紫珊秘玩”、“上海徐渭仁收藏印”、“上海徐紫珊收藏书画金石书籍印”等。咸丰三年（1853）小刀会占上海县城，他留在城内未走，咸丰五年（1855），清兵入城，清官府仍加“从贼”之罪，被下狱而死。辑有《春晖堂丛书》、《隋轩金石文字》、《法帖》。

胡其毅，明遗民，字致果，号静夫，江宁人。平生谦谨自持，至老不变，为诗亦尚冲淡，著有《静拙斋诗选》、《微吟集》。

曹寅是曹雪芹的祖父，清康熙年间著名诗人、戏曲家。他一家三代四人，充任江宁织造，肩负康熙皇帝、雍正皇帝的特别使命——搜集、密报江南官私情形。而其中最重要的一项任务，是通过文化工作笼络明末遗民中的名士，以消解他们对满清贵族统治的不满情绪。曹寅受到康熙皇帝的格外赏识。

从胡文彬《读遍红楼》中可知曹寅与胡其毅的往来。

翻开《楝亭诗钞》（包括《别集》），集中所载曹寅的十二题诗是标明给胡静夫的。《诗钞》卷一有《杜些山、胡静夫过访》，卷二有《胡静夫先归白门即席同用依字》、《和静夫谢送惠山酒》，卷三有《闻静夫伤臂口占二诗慰之》、《和静拙翁围炉原韵》，卷四有《同人分曹剧饮拇战连北，期静夫不至，更订饮期，戏为韵语邀之》、《题胡静夫藏僧渐江画》、《二月廿四日大雪，戏柬静夫、逸巢二老闻连日出门看花》、《孟秋偕静夫子鱼熏尊五殷六过鸡鸣寺得诗三首》，卷五有《题胡静夫小照》；《别集》卷三有《戏和静夫咏竹夫人用韵》、《与曲师小饮和静夫来诗次东坡韵》。

那么这位被曹寅引为至交的胡其毅又是何等人物呢？清人卓尔堪《明遗民诗》卷十三“作者小传”载：“胡其毅，字致果，号静夫。江宁人，平生谦谨自持，至老不变，为诗亦尚冲淡，著有《静拙斋诗稿》。”《明遗民诗》卷十三收有胡其毅诗《春日登瓦官寺凤凰台》、《赠农家节妇有序》、《踰岭入幽棲寺》、《送洪仲閵还霍丘二首》、《孔庙柏歌》、《醉马行赠界系禅师（原姓郝字子荆，歙人）》、《偕王雪蕉先生诣碧峰寺访槁木师不遇》、《宿曹公西轩送秋作》、《房大生归自澧州》、《题传经堂赠卓火传》、《子夜歌》、《杨柳枝词和刘宾客韵》、《萧子涯》、《荐菊井》、《冬日村居十首（选四）》、《秋江》、《秋居杂兴八首（选一）》、《题徐湘波岩然室》，共18题24首。其中《宿曹公西轩诗送秋作》诗云：

枕籍西轩静，潇潇雨在林。
向来安梦境，犹自耿耿心。
冷绿蕉宜醉，春温布作衾。
老年知物候，床下泯虫音。

曹寅和他的友人们经常在宅中西轩相聚，诗酒酬唱，这在《楝亭诗钞》中是可以找到许多记载的。胡静夫为江宁名士，“谦谨自持”，又有诗才，自当是曹寅在那里的“统战”对象。他不但能出入西轩雅集，而且能够留宿于曹寅之西轩，其关系亦可见非同一般。

胡其毅身为遗民，对满清贵族的统治可能有过不满，但他能受曹寅格外款待，并有诗酒往还，恐怕复明之志到了晚年也消磨殆尽了。对此曹寅洞察明白，所以他在《题胡静夫小照》中写道：

爱戴夫须跑踔行，择书常伴可怜生。
斗鸡还是城东去，莫对时髦说旧京。

由此可见胡其毅的品格，他能收藏颜鲁公《争座位帖》，也足见此帖之价值。

再说藏家吴华镳。吴华镳是余觉女婿，余觉乃是苏州刺绣鼻祖沈寿的丈夫。

余觉是清末举人，近代画家，工诗词，擅工艺美术，精书法，善行草、楷书。初摹虞世南、褚遂良，继师王羲之，出入颜真卿、柳公权。晚年又潜心汉碑，笔势沉厚雄健，兼及娟秀雅逸。其妻沈寿因为慈禧太后绣寿屏及创作出《意大利皇后爱丽娜像》等杰出的仿真绣绣品而名播中外，以刺绣大师立世。

颜鲁公《争座位帖》藏书印中还有“柳修和堂”、“仰训楼”、“吴门缪氏珍藏印”。其中“吴门缪氏藏印”，为缪日藻藏书印。缪日藻，字文子，号南有居士。清吴县（今苏州）人，又称缪肜子。康熙四十一年（1702）生，乾隆二十六年（1716）卒。进士，官至洗马。所谓洗马，即为太子的侍从，一般为三品，他善鉴别书画。

值得一说的是，碑帖的收藏曾和古籍、青铜器、字画同列为最重要的收藏。碑帖素有“黑老虎”之称，很少有人用来送礼，在20世纪初期，有着很高的价格。当时宋拓、明拓珍本不比名家书画低，而如今，碑帖却与书画拉开了很大距离。

2003年，上海博物馆斥资450万美元，从海外购回4册宋拓《淳化阁帖》，给了沉闷的碑帖市场一针强心剂，一些原先已放弃碑帖项目的拍卖公司又开始重操旧业。2005年12月，翰海秋拍拍出一件《宋淳化阁帖第6卷》，估价75万至90万元，最后以396万元高价成交。

关于明拓颜鲁公《争座位帖》的拍卖纪录是：2009年，北京秋季艺术品拍卖会曾拍过一册，价达358400元；2011年5月22日，一册曾由毛泽东秘书田家英藏过的《争座位帖》，由中国嘉德拍卖，最后成交价为552000元。可见，珍贵的明拓碑帖价格升高呈必然之势，而具有名人题跋手迹更是身价倍增。

在当今收藏界，碑帖收藏还处于冷门收藏之列，因其需要收藏与鉴赏者较高的文化素养，也影响了它收藏的普及性。而碑帖文化是中华传统文化的重要组成之一，尤其是书法艺术，对后世影响巨大。传承碑帖文化，“为往圣继绝学”，我辈收藏同仁责无旁贷。

清康熙精写刻本
谢有熚《古文赏音》十二卷善本

清康熙四十六年（1707）刊

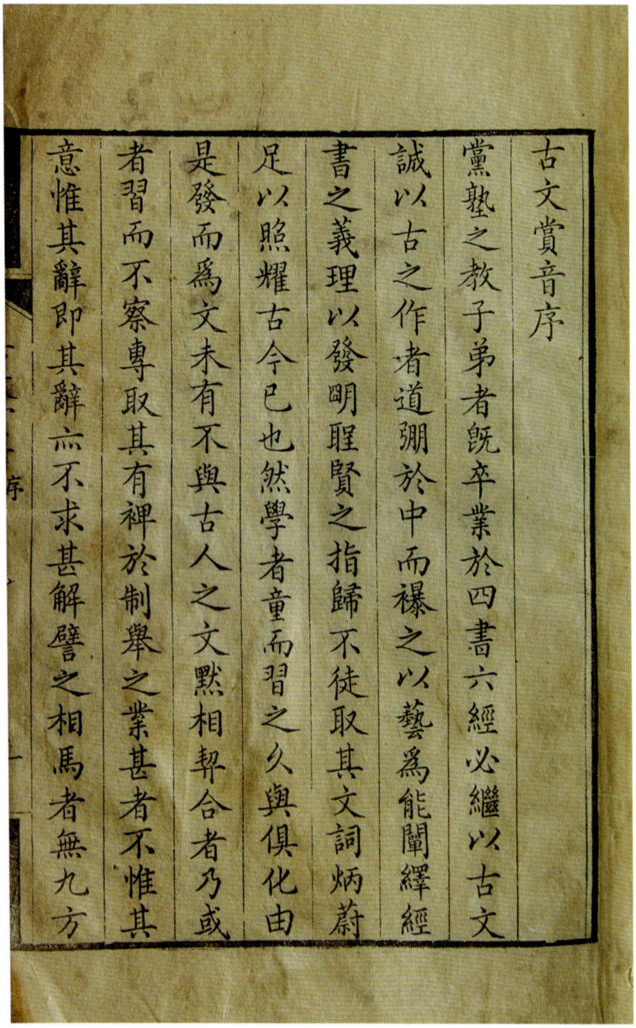
古文賞音序

黌塾之教子弟者既卒業於四書六經必繼以古文誠以古之作者道溯於中而襮之以藝爲能闡繹經書之義理以發明聖賢之指歸不徒取其文詞炳蔚足以照耀古今已也然學者童而習之久與俱化由是發而爲文未有不與古人之文默相契合者乃或者習而不察專取其有裨於制舉之業甚者不惟其意惟其辭即其辭亦不求甚解譬之相馬者無九方

康熙四十六年（1707）师俭阁刊本《古文赏音》，《中国古籍善本总目》集部总集类著录。

《古文赏音》十二卷，全六册。谢有熚纂，康熙四十六年师俭阁刊黑口本，手写上版。此书字体俊秀，无行格，墨刻圈点，卷端刻校记，朱笔圈点批校。2007年12月，有此版本在北京保利国际拍卖有限公司古籍善本拍卖会上估价人民币16000—20000元。

关于谢有熚个人资料，目前查询无果，只知道他是长洲（今江苏苏州）人。在彭际清（1740—1796）的《善女人传》中介绍了他女儿的一些情况：

谢贞女者。长洲诸生谢有辉之女也，字同县顾长源。贞女年十八，而长源夭，泣涕请于父母，愿归婿家。父母从其请，遂往。八门拜继姑，行庙见礼，既殓成服，自是长斋奉。佛日有程课，布衣操作以度朝夕。继姑授之田二十四亩，辞曰："吾家两世丧未葬，叔年幼，请以为公田。"从之。已而会田所入，佐以私财，葬舅姑与其夫而抚叔之子为己子。乾隆十一年诏旌其门，至年七十生日，其子欲延宾为寿。不许，寻得疾，卧床月余，忽语其子曰："治后事，后三日逝矣。"及期，盥沐令侍者焚香佛前，合掌称西方佛号而终。事在乾隆二十九年。

清道光家刻本
潘曾沂《潘丰豫庄课农区种法》

清道光八年（1828）刊

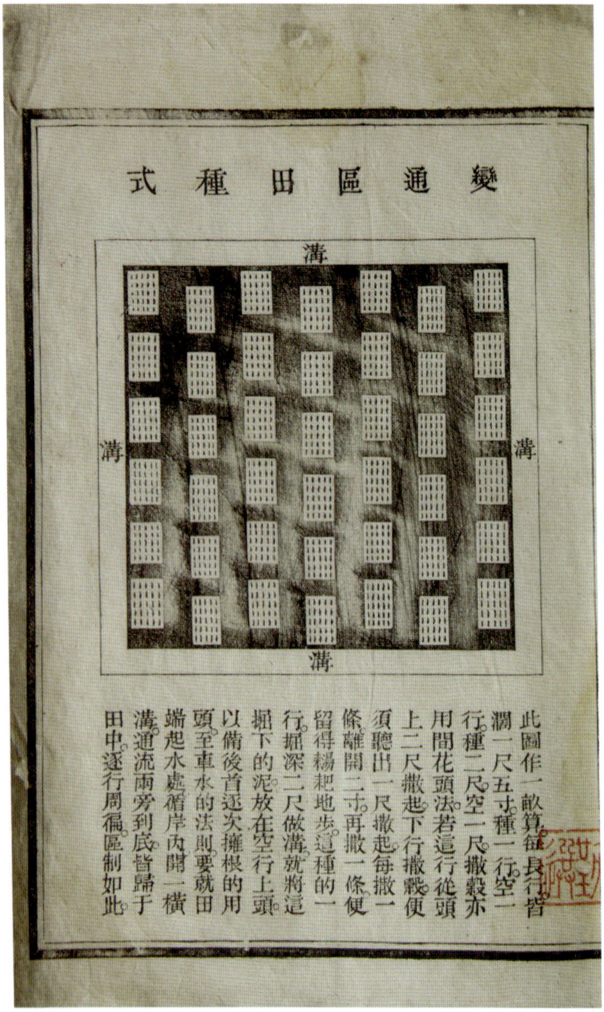

變通區田種式

溝

溝

溝

溝

此圖作一畝算每長行皆闊一尺五寸種一行空一行種二尺空一尺撒穀亦用間花頭法若這行從頭上二尺撒起下行撒戳便須聽出一尺撒起每撒一條離開二寸再撒一條便留得耡耙地步這種的一行掘深二尺做溝就將這掘下的泥放在空行上頭以備後首逐次擁根的用頭至車水的法則要就田端起水處循岸內開一横溝通流兩旁到底皆歸于田中逐行周徧區制如此

潘曾沂（1792—1852），吴县（今江苏苏州）人。初名遵沂，改名曾沂，字念祖、功甫，号春泉、小浮、小浮山人（因梦前身为浮渡山僧）、船庵、蔓庵、护生庵、瑟庵。室名丰豫庄、东津馆、东洋馆、凤池园、三十六梦龛。出身于世宦之家，为工部尚书、武英殿大学士潘世恩长子。年二十一中秀才，嘉庆二十一年（1816）中举人。五应礼部试不第。道光元年（1821）援例得内阁中书。五年，患肺病辞官归里，遂不复出。长斋礼佛，究心佛典，亦以济世利民为务。佐其父经营丰豫义庄，丰年买进粮食，荒年施舍赈济贫苦农民。十余年间，赈济大米四五万石。又创放生会。后以赈灾叙功得光禄寺卿衔。

潘曾沂文学成就较高，其诗语言通俗质朴，常有潜心悟道之语。林则徐称其“《楚游》一集，皆超悟悬解之作”（《桐江集·跋》）。吴嘉淦称其诗“冲淡蕴藉，有樊榭遗响，诵之者翛然自得弦外之音。中年以后，耽味禅悦，时多妙语，有未易

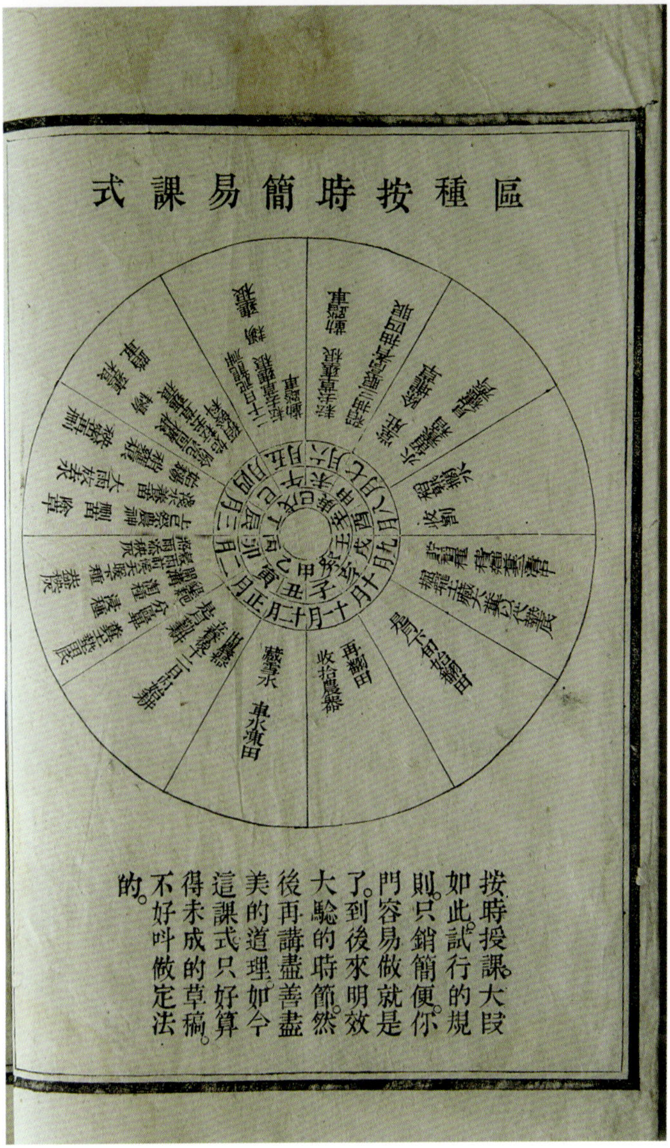

骤解其意趣者”（《重刻功甫小集·序》）。

著有诗集《放猿集》、《桐江集》、《江山风月集》、《船庵集》、《闭门集》、《功甫小集》。生平事迹见《清史列传》卷四、冯桂芬《功甫潘先生墓志铭》（《碑传集补》卷一一）、潘曾沂《小浮山人自订年谱》（《功甫小集》）。

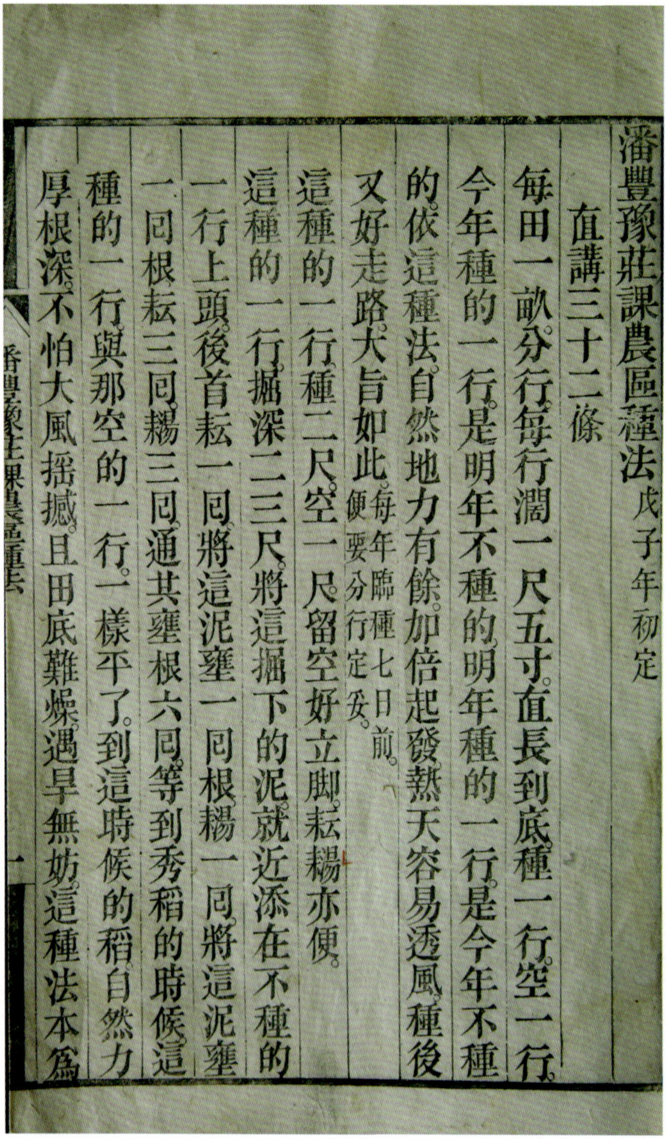
潘豐豫莊課農區種法 戊子年初定

直講三十二條

每田一畝分行每行濶一尺五寸直長到底種一行空一行今年種的一行是明年不種的明年種的一行是今年不種的依這種法自然地力有餘加倍起發熱天容易透風種後又好走路大旨如此每年臨種七日前便要分行定妥

這種的一行種二尺空一尺留空好立脚耘耨亦便

這種的一行掘深二三尺將這掘下的泥就近添在不種的一行上頭後首耘一回將這泥壅一回根耨一回將這泥壅一回根耘三回耨三回通其壅根六回等到秀稻的時候這種的一行與那空的一行一樣平了到這時候的稻自然力厚根深不怕大風搖撼且田底難燥遇旱無妨這種法本爲

潘曾沂藏书极为知名，他曾拟在苏州建一公共藏书楼，嘉惠乡里，聚集图书有数栋之多，可惜后来毁于火灾。潘世恩父子与黄丕烈关系密切。潘世恩回乡时主持过《苏州府志》的纂修，与黄丕烈至虞山访书，留下《四无唱和集》；他们亦参加过黄丕烈父子的吟社，唱和题咏，传为文坛佳话。黄丕烈亦常至潘宅“凤池园”，为座上宾，园中楹联、匾额皆出黄氏手笔。

潘曾沂一生鄙薄功名，“少无宦情，里居三十年”，长期在他的家乡经营农业，还组织过“课农会”（学习研讨农业的组织，类似现在的农学会）。他对农业生产和经营，悉心探求，体会颇深。潘氏具有重农思想，认为“人生一日不能废五谷，则一日不能弃其田”。他提倡发展西北水利，主张多种水稻，指出：“稻田既广，则西北之农大利，而东西之赋可减。”（这里所说的西北，是与东南相对而言，泛指北方，并非现在的西北。）笔者藏本就是他居乡务农的实录，是他经营农业的经验总结。丰豫庄，是潘氏家族义庄的名称，又称“潘丰豫庄”。《潘丰豫庄课农区种法》中的各篇，并非一时所作，其中总结“区田法”经验的一篇，作于道光八年（1828）。该书在《清史稿·艺文志》的“农家类”中有著录。潘曾沂的族侄潘祖荫曾于光绪三年（1877）将该书重刻过；清人赵梦龄所辑《区种五种》，列之为其中之五；农史专家王毓瑚教授的《区种十种》也把该书收录进去。

亲诣田间，指授种田。刊行价值，泽惠后人。

笔者藏本为道光八年（1828）刊本。

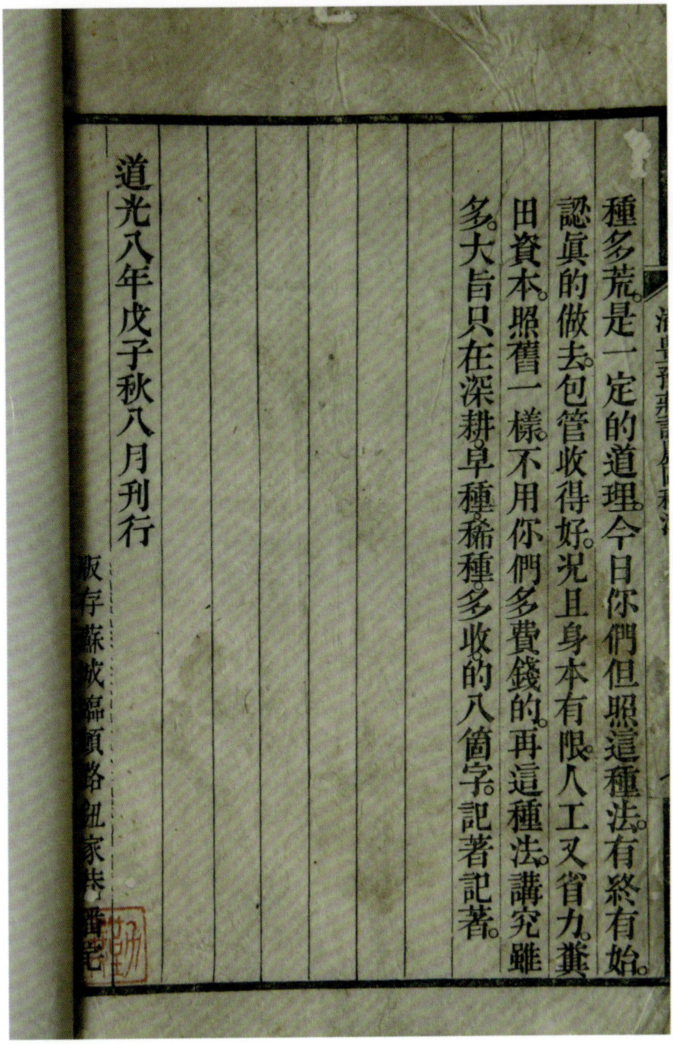
種多荒。是一定的道理。今日你們但照這種法。有終有始。認眞的做去。包管收得好。况且身本有限。人工又省力。糞田資本。照舊一樣。不用你們多費錢的。再這種法。講究雖多。大旨只在深耕。早種。稀種。多收的八箇字。記著記著。

道光八年戊子秋八月刊行

版存蘇城臨頓路紐家巷[illegible]宅

清道光刻本
俞汝昌《注解唐诗别裁集》二十卷

清道光十七年（1837）刊

《唐诗别裁集》初刻于康熙五十六年（1717），增补重刻于乾隆二十八年（1763）。有乾隆间刻本和扫叶山房石印本等。

笔者藏道光十七年（1837）冬刊《注解唐诗别裁集》，白鹿山房原装二函套，共十二册。此本有五人为序，应是注解的初刻初印本，此本也可称《唐诗别裁集引典备注》，全书共二十卷，由清人俞汝昌增注。

《唐诗别裁集》由清代沈德潜选编，共二十卷，选有作家二百七十余人，诗作一千九百余首，分体编排。因杜甫《戏为六绝句》中有“别裁伪体亲风雅”语，故名“别裁”。此书为旧时较有影响的唐诗选本。

《唐诗别裁集》在凡例中说明“是集以李、杜为宗”。沈德潜主张“备一代之诗，取其宏博”，在重点选录王维、李白、杜甫、岑参、韦应物、韩愈、白居易、李商隐等大家名家的诗外，也选录不少小家的作品。由于门庭比较宽广，能注重到不同时期、不同流派和不同体裁的作品，入选的题材和风格较为丰富多彩，因此，可大致反映唐代诗歌创作的基本面貌。书中还附有简要的评注，有助于理解诗意。但是，由于沈氏信奉儒家“温柔敦厚”的诗教，不敢多选那些大胆抨击时政、揭露封建社会矛盾的作品，并还选录了一定数量为封建帝王歌功颂德的

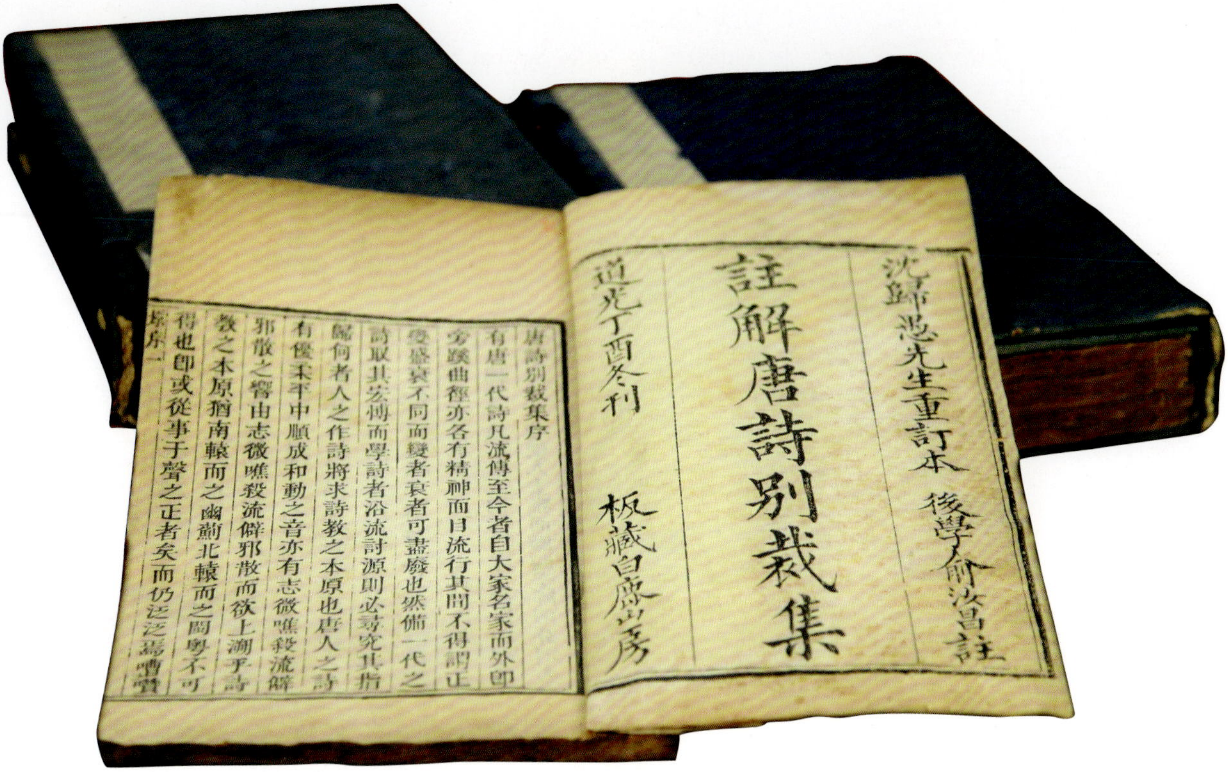

应制诗和试帖诗。

沈德潜（1673—1769），字确士，号归愚，长洲（今江苏苏州）人，清代诗人。乾隆元年（1736）荐举博学鸿词科，乾隆四年（1739）成进士，曾任内阁学士兼礼部侍郎。为叶燮门人，论诗主格调，提倡温柔敦厚之诗教。其诗多歌功颂德之作，但少数篇章对民间疾苦有所反映。所著有《沈归愚诗文全集》。又选有《古诗源》、《唐诗别裁集》、《明诗别裁集》、《清诗别裁集》等，流传颇广。

沈德潜早年家贫，从23岁起继承父业，以授徒教馆为生，过了40余年的教馆生涯。尽管处境并不如意，但他并未弃学，在奔波生活之余，勤奋读书，十六岁前已通读《左传》、《韩非子》、《尉缭子》等书。他早年师从叶燮学诗，不久即以诗文名世，曾自谓深得叶燮诗学大义，所谓“不止得皮、得骨，直已得髓”，其自负可见一斑。

沈德潜热衷于功名，但就是这样一个满腹才学的读书人，竟然科举屡不中，康熙三十三年（1694）被录为长洲县庠生后，四十年间屡试落第。在雍正十二年（1734）应博学鸿词科考试又被朝廷斥贬，他的诗作被禁止流传。四十岁所作《寓中遇母难日》中自表：“真觉光阴如过客，可堪四十竟无闻，中宵孤馆听残雨，远道佳人合暮云。”凄清之意和不甘寂寞的心情溢于言表。从二十二岁参加乡试起，他总共参加科举考试十七次，最终在乾隆四年（1739）才中进士，时年六十七岁，从此跻身官宦，备享乾隆荣宠，乾隆七年（1742），授翰林院编修。次年迁左中允。累迁侍读、左庶子、侍讲学士，充日讲起居注官。乾隆十二年（1747），命在尚书房行走，又擢礼部侍郎。乾隆十三年（1748），充会试副考官，以原衔食俸。乾隆十六年（1751），加礼部尚书衔。其间曾为父母乞诰命，乾隆给三代封典，并赐诗，其中有句云：“我爱沈德潜，淳风挹古福。”侍郎钱陈群在旁唱和曰：“帝爱沈潜德，我羡归愚归。”赐诗与和诗中巧妙地嵌入沈德潜的名“德潜”、号“归愚”，一时被传为艺林盛事。他七十岁时，乾隆皇帝召其讨论历代诗源，他博古通今，对答如流，乾隆大为赏识，称之为“江南老名士”，并对大臣们说：“我和沈德潜的友谊，是从诗开始的，也以诗终。”后乾隆又为他的《归愚诗文钞》写了序言，并赐“御制诗”几十首与他。在诗中将他比作李（白）、杜（甫）、高（启）、王（士祯）。沈德潜七十七岁辞官归里，屋居木渎山塘街，著书作述，并任苏州紫阳书院主讲，以诗文启迪后生，颇得赞誉。后获特许，在苏州建生祠，祠址在沧浪亭北的可园西侧。乾隆三十四年

（1769），沈德潜去世，终年97岁。追封太子太师，赐谥文悫，入贤良祠祭祀。乾隆还为其写了挽诗，以钱（陈群）沈二人并称“东南二老”，极一时之荣。

乾隆四十三年（1778），江苏东台县发生徐述夔诗案。已故举人徐述夔所著《一柱楼集》诗词被认为悖逆朝廷，引起一场文字狱，沈德潜因生前在书中为徐写传而受株连。乾隆大怒之下，亲笔降旨追夺沈德潜阶衔，罢祠、削封、仆碑，沈氏所有荣华顷刻之间化为泡影。

沈老名士死后没有保住名节，骸骨都不得安宁，其真正的缘由肯定不是这种牵强附会的罪过，还是跟那倒霉的诗有关。用乾隆的话来说，就是，“朕于德潜，以诗始，以诗终”。

清道光刻本
叶天士《景岳发挥》四卷

清道光二十四年（1844）刊

叶桂，字天士，号香岩，吴县（今江苏苏州）人，清代著名医学家。生活于清代康熙、乾隆年间。其祖父和父亲皆精于医。叶桂十四岁时，其父去世，遂从学于其父的门人朱某。桂聪颖异常，闻言即解，见识常出于其师之上。又能勤求古训，博采众方，虚心好学，凡闻有一技之长者，必执礼以师事之。十年间从师十七人，因而学业大进。治病多奇中。

叶氏一生忙于诊务，因而著述甚少。世传《温热论治》一卷，相传系叶氏门人顾景文随叶氏游洞庭山时根据其师口授记录而成。首刻并收录于清代唐大烈《吴医汇讲·卷一》。其后，华岫云辑《临证指南医案》，将《温热论治》更名为《温热论》，并列于卷首。后有章虚谷将其收入《医门棒喝》，王孟英将其收入《温热经纬》，并更名为《叶香岩外感温热篇》。此外，还有多种注本流传。《温热论治》反映了叶氏辨治温热病的学术经验之精华，揭示了温热病基本的传变规律，确立了以卫气营血为纲的温热病辩证体系，提出了察舌、验齿和辨斑疹、白痦等温热病诊断鉴别方法，制定了“在卫汗之”、“到气清气”、“入营透热转气”和“入血凉血散血”的温热病治疗大法，使得温热病的辨治完全脱离伤寒六经而自成体系，从而成为温热学的经典文献。它的问世，极大地促进了温病学和温病学派的形成和发展。叶桂成为温病学派最有影响的代表医家。叶氏的另一部著作《临证指南医案》十卷，刊于1766年，是其门人华岫云等收集叶氏临床治案，加以分类整理而成。全书以病为纲，分为89门，收载医案500余则，全面反映了叶氏丰富的临床经验和独到的学术见解。每门之后均有门人附论一篇，概括该门证治大意。本书问世之后，被多次翻刻，流传极广，影响深远。

张仲景（150~154年—215~219），名机，字仲景，汉族，东汉南阳郡涅阳县（今河南邓州市和镇平县一带）人。中国东汉伟大的医学家，世界医史伟人，元朝、

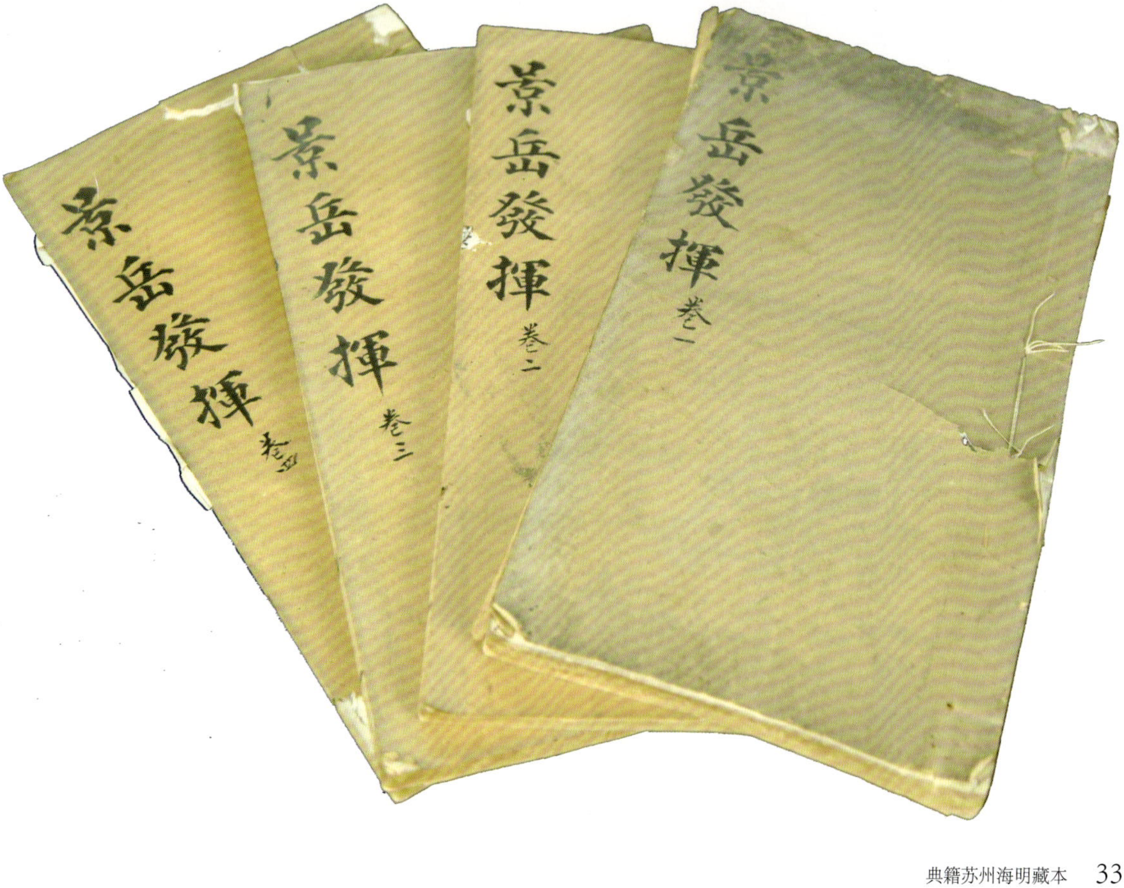

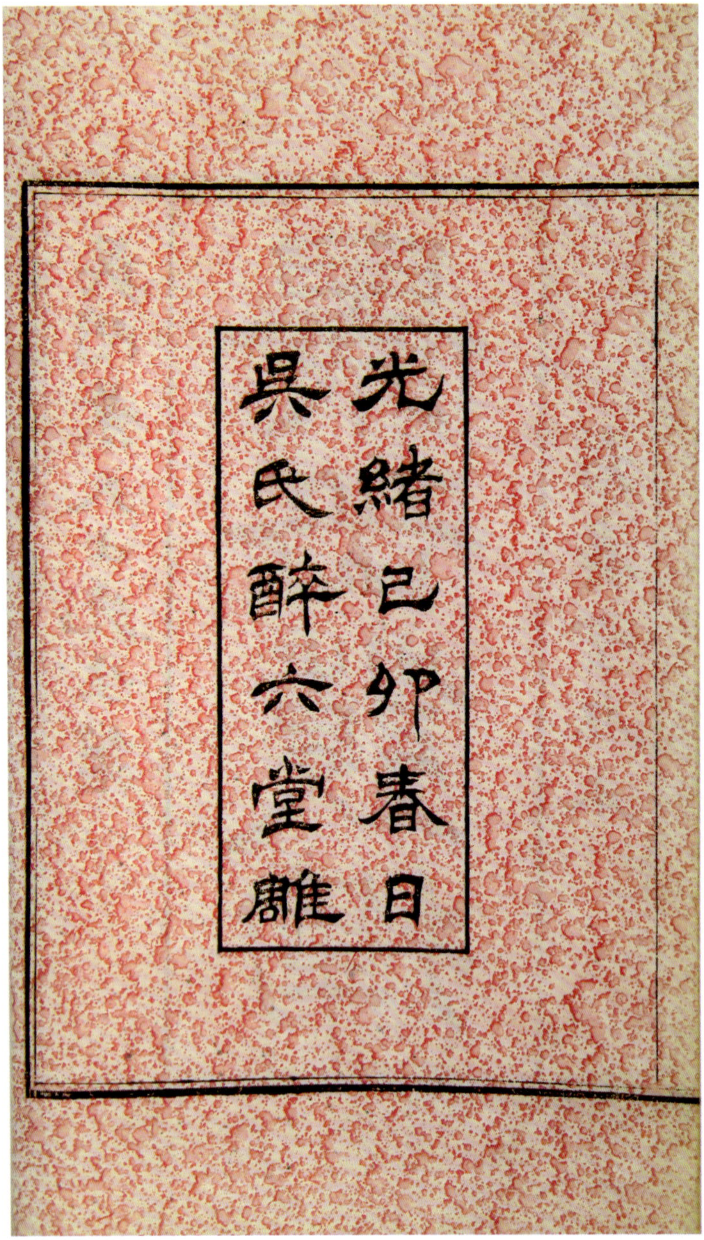
光緒己卯春日
吳氏醉六堂雕

明朝以后被奉为“医圣”，甚至有庙供奉香火。张仲景生在一个没落的官僚家庭，其父张宗汉曾在朝为官。由于家庭条件的特殊，他从小就接触了许多典籍。他从史书上看到了扁鹊望诊齐桓公的故事后，对扁鹊产生了敬佩之情，也为他后来成为一代名医奠定了基础。他一生勤求古训，博采众方，集前人之大成，揽四代之精华，写出了不朽的医学名著《伤寒杂病论》。这部医书是中医史上第一部理、法、方、药具备的经典，开辨证论治之先河，形成了独特的中国医学思想体系，对于推动后世医学的发展起了巨大的作用。

他所确立的“辨证论治”原则，是中华民族医学宝库中的灿烂明珠，使中华民族的医学独具特色而自立于世界民族之林。自隋唐以后，张仲景的著作远播海外，在世界医学界享有盛誉。从晋朝至今，中外学者整理、注释、研究、发挥《伤寒论》、《金匮要略》而成书的已超过1700余家，这在世界史上亦属罕见。张仲景是中华民族悠久文明史上最杰出的科学家之一，他的学说哺育了世代名医，为中华民族的繁衍昌盛做出了巨大贡献，至今依然是“道经千载更光辉”。

笔者藏本《景岳发挥》四卷刊于道光二十四年（1844）九月，应为初刻初印。此本从“医圣”张仲景切入，重点对张景岳所主张温补学说提出论评，当然其中观点未必中肯，这是不同学派的辩论之争。

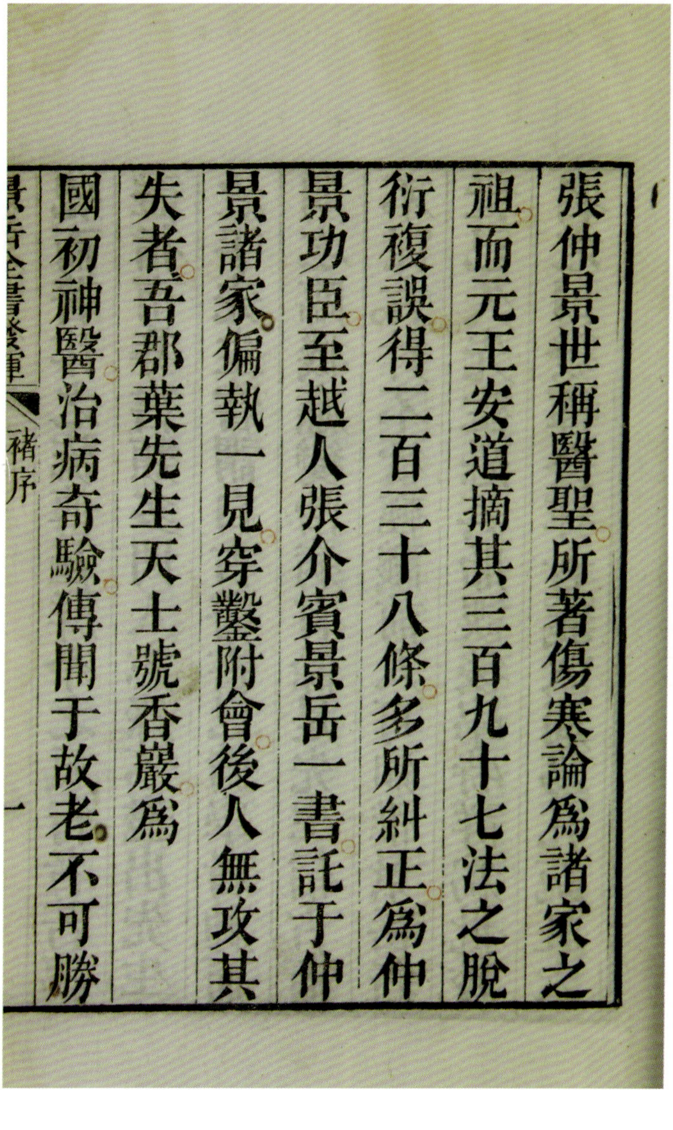
張仲景世稱醫聖所著傷寒論爲諸家之
祖而元王安道摘其三百九十七法之脫
衍複誤得二百三十八條多所糾正爲仲
景功臣至越人張介賓景岳一書託于仲
景諸家偏執一見穿鑿附會後人無攻其
失者吾郡葉先生天士號香巖爲
國初神醫治病奇驗傳聞于故老不可勝

景岳全書發揮　褚序　一

清道光善本
顾千里《思适斋集》十八卷

清道光二十九年（1849）刊

顾广圻（1770—1839），字千里，号涧苹，别号思适居士，清著名校勘学家、藏书家、目录学家。元和（今属江苏苏州）人。嘉庆诸生。博览四部图书，通经学、小学，尤精校雠学，与孙星衍、黄丕烈等人称清一代校勘学巨匠。

顾千里于目录学尤为专门，他如天算舆地，亦靡不贯淹 。尝以邢子才“日思误书，更是一适”语，自号思适居士。著有《思适斋集》十八卷，又摘先儒语录为《遯翁苦口》一卷。

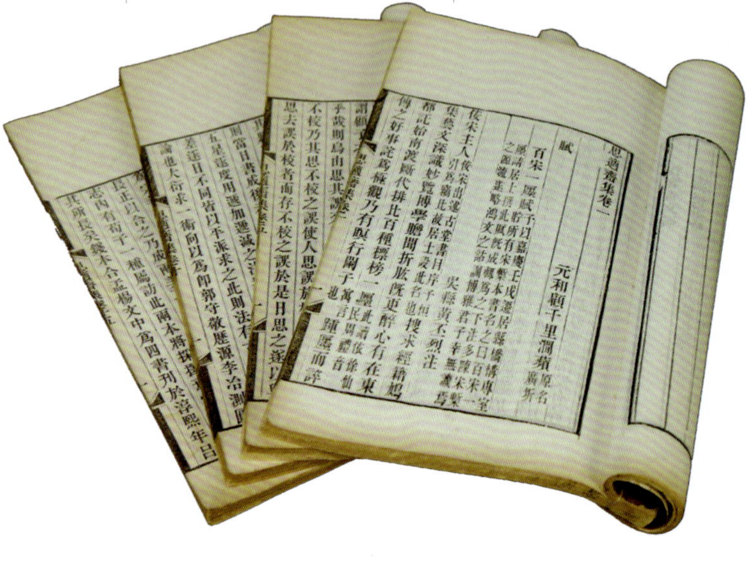

他提出校勘古书要做到“唯无自欺，亦无书欺；存其真面，以传来兹”，主张“凡天下书，皆当以不校校之”。经他亲自校过的图书，都具有较高的学术价值。乾嘉间与卢文弨并称雄于东南。晚年被孙星衍、张敦仁、黄丕烈、胡克家、秦恩复等人相继延聘校书，先后校有《说文》、《礼记》、《仪礼》、《国语》、《战国策》、《文选》诸书，并替胡克家作了《文选考异》十卷。

藏书印有“陈黄门侍郎三十五代孙”、“时思误书亦是一适”、“千翁”、“顾千里经眼记”、“顾涧苹藏书”、“广圻审定”等。

顾千里与黄丕烈有着长时期的深厚友情。两大目录学家的学术成就交相辉映。黄丕烈的士礼居藏书题跋，由近代潘祖荫、缪荃孙等搜辑成书。顾千里所著，除《思适斋集》十八卷外，1935年版本目录学家王大隆又辑《思适斋书跋》四卷、《思适斋集补遗》二卷问世。

《〈思适斋集〉漫语》中有记：

> 今岁七月，友人携顾千里之《思适斋集》见示。此集为1849年上海徐渭仁所刻丛书本，虽校勘未精，仍被后世学者引为善本，便收之箧下。
>
> 《思适斋集》凡十八卷，为赋及诗三卷，词一卷，文十四卷。先生邃于考订之学，尤精校雠，其序诸书及题跋，皆一时绝学也。顾氏校雠之学，实为古今第一，与黄丕烈有“顾校黄批”之目，人以书中有其二者手迹宝之。
>
> 昔日，李慈铭有云：“终日阅顾千里《思适斋集》。其《释名略例》、《焦氏易林》后序两文，不但为读二书者之津梁，亦通诸经之圭臬也。余如《监铁论考证后序》、《宋本淮南鸿烈解跋》，皆荟萃经学，深有功于古书。《重刊宋本名臣言行录序》、《广陵通典序》，以骈语疏其考据，亦尔雅可观。”
>
> 李氏一语，可见后世学者对是书之推重。

笔者藏本《思适斋集》四册十八卷为道光二十九年（1849）十月，上海徐渭仁校刊。关于徐渭仁，笔者在颜鲁公《争座位帖》一文中已有介绍。

清同治刻本曾朴祖父曾熙文《明瑟山庄诗集》四卷

清同治十年（1871）刊

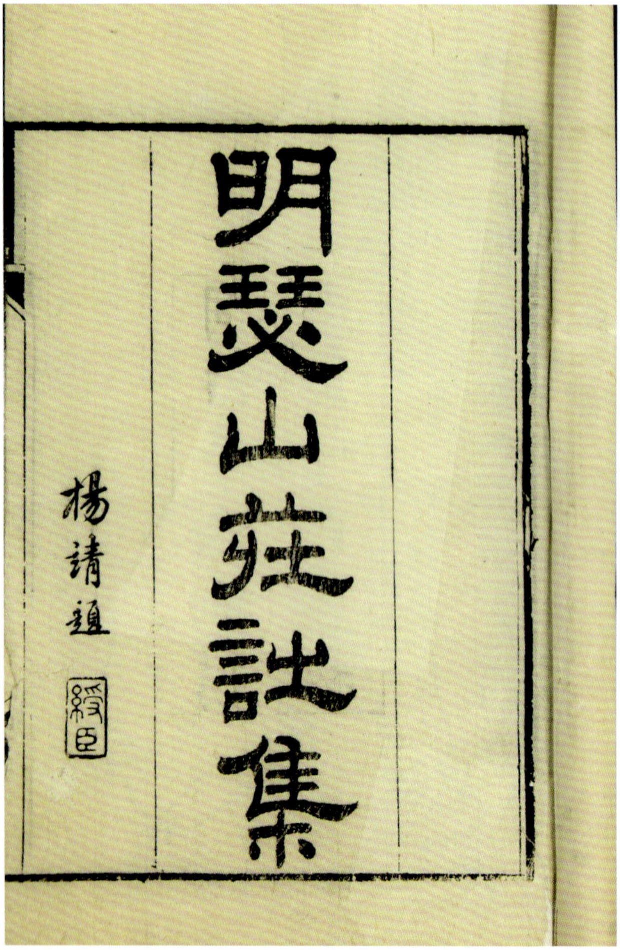

曾熙文（曾朴的祖父），字叔巘，号退菴。廪生，道光壬辰（1832）科举人，乙未（1835）、丙申（1836）会试堂备，甲辰（1844）大挑二等，即选教谕内阁中书、加四级。诰授奉直大夫，晋赠奉政大夫花翎员外郎衔，内阁中书、加五级，覃恩累赠中宪大夫刑部郎中、加二级。著有《明瑟山庄诗集》八卷、《文集》二卷、《制义》一卷。县府志有传。

这里，我们不妨说一说曾朴。

曾朴（1872—1935），家谱载名为朴华，初字太朴，改字孟朴，又字小木、籀斋，号铭珊，笔名东亚病夫。江苏常熟人，出身于官僚地主家庭。近代文学家、出版家。著名著作有《孽海花》。

曾朴生于书香世家，曾家是常熟望族之一，祖上世代为官。曾朴的父亲曾之撰中年辞官回到家乡，用了二十年时间，在明朝御史钱岱“小辋川”基址上苦心营建家园，号“虚霩园”。曾之撰对曾朴寄予了殷切的期望，希望他映雪苦读换来春风

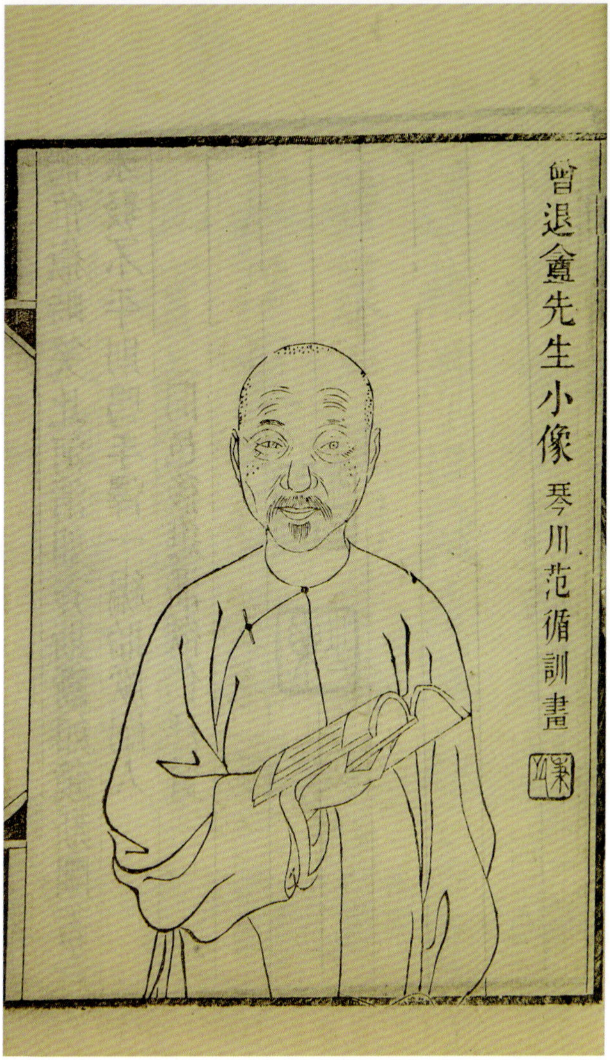

得意。曾朴自幼聪慧好学，他表面上受着科举应试的教育，实际上常常背着他人沉浸在文艺书籍中，他文学的基石在无形中得以奠定。

曾朴于光绪十七年(1891)中举。次年赴京参加会试，以墨污考卷出场。

弄污考卷事件发生后，曾之撰为了不让曾朴过于难堪，立刻斥资给他捐了个内阁中书。在京任职的曾朴，眉宇间流露着自信，翩翩才子，交游广阔，豁达不羁。他留京几年，终觉得小京官生涯不足以偿其志，遂愤然出都，脱离宦海。

戊戌变法前夕，曾朴居上海，原是秉承父命拟创办实业，但在沪时常与改良派人物谭嗣同、林旭、唐才常、杨深秀等交往，畅谈维新，筹措变法活动，把创办实业的事置之脑后了。次年，变法失败，改良派六君子被杀，曾朴适回常熟料理父丧，幸未罹难。此际，曾朴诗词有《李花篇》，隐讽慈禧太后偏宠太监李莲英事，又有《盆荷》一首，隐叙光绪被囚瀛台事，非议朝政，为变法殉难志士鸣不平，也流露出希望光绪脱去桎梏重振国运的愿望。常熟名士沈北山冒死上疏请西太后交出政权，杀荣禄、刚毅、李莲英三凶，这件哄动全国的大案，曾朴暗中亦有参与。沈北山回常熟后匿居曾宅，事败，被捕入狱，曾朴百般照拂。1900 年，江南知府经元善联名 1231 人上书要求慈禧收回“废光绪、立溥儁”的成命，曾朴也参与此举。这一时期的曾朴，受改良主义影响是颇深的。

曾朴自幼笃好文学，养成了对文学的浓厚兴趣。他曾在北京同文馆特班学习过法文。光绪二十四年（1898）在上海结识曾经在法国侨居多年的陈季同。在陈指点下，曾朴三四年内集中阅读了大量法国文学作品和文学批评论著，并阅读了许多法译的西欧各国文学名著，自云“因此发了文学狂”。

“五四”运动发生那年，曾朴即摒弃旧学，立嘱留德学医的朋友在欧洲购买大批文学书籍，打算全面介绍法国文学，并着手编辑了法国文学史大纲。他对“五四”新文学运动是抱着赞颂态度的。他主张中国的文学应开辟“新路径”，输入外国新文学，注入新血液以扩大中国文学领域；他也赞扬“为人生而艺术”的观点，提倡纯净的大众化的白话文和“平民文学”。

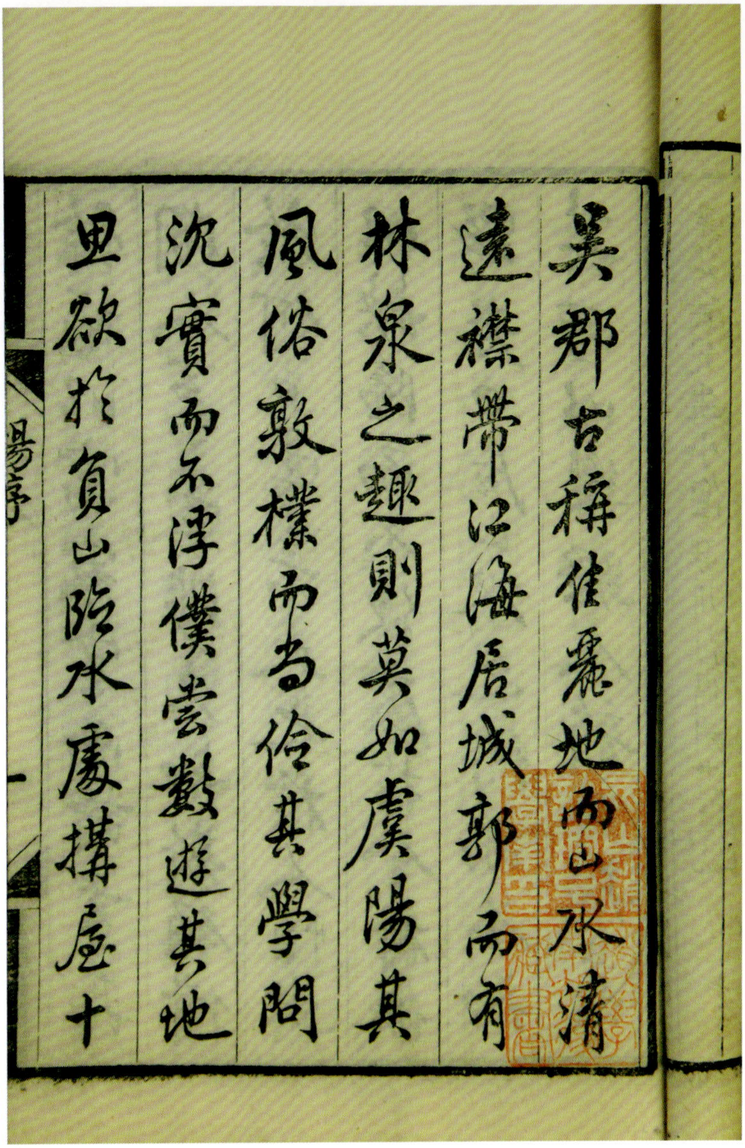
吳郡古稱佳麗地而山水清
遠襟帶江海居城郭而有
林泉之趣則莫如虞陽其
風俗敦樸而為儉其學問
沈實而不浮僕嘗數遊其地
思欲於負山臨水處構屋十

曾朴于 1902 年至 1903 年间在沪经营丝业失败，遂于 1904 年与丁初我、徐念慈创办小说林社，大量发行译、著小说以鼓荡新风气，其中也包括金松岑等编著的鼓吹民族革命思想的作品。继又发行《小说林》杂志，当资产阶级民主主义革命家秋瑾牺牲后，这个杂志发表了不少诗文、传奇以示哀悼。在这一时期内，曾朴继金松岑原作续撰《孽海花》，其民族革命与民主革命的思想也由此开始萌发滋长。这不但在文艺创作中体现了出来，也在其政治活动中付诸实践。当时，清廷借英款建沪杭南铁路，实则是出卖中国主权，舆论哗然，曾补与马相伯等鼓动苏浙商界通电请愿，鼓荡民气，誓死反对卖国行为。

这年秋冬之间，清廷将残杀秋瑾的浙江巡抚张曾敭调长江苏，曾朴与上海《时报》主人狄平子领衔发起驱张运动，被清廷密电嘱捕，但他屹然不为动，鼓动驱张风潮日益高涨，终于迫使清廷收回成命。在这一阶段内曾朴与资产阶级革命派人物金松岑、黄人、庞壁子、黄宗仰等人交往甚密，从他所写小说《孽海花》的思想倾向看，曾朴在这一时期所表现的资产阶级革命民主主义立场是十分明显的。从改良主义者转变为革命民主主义者，正意味着曾朴是紧跟着历史车轮前进的。

1927 年，曾朴与长子虚白在沪创设真美善书店，办《真美善》杂志（真美善语出法国革命时期的文学口号）。这一时期，曾朴的主要贡献是介绍法国文学。据现有资料统计，他翻译的法国文学创作和文艺评论有 31 篇（部），尤其对法国进步的浪漫主义大师雨果介绍最力，雨果反对古典主义的强烈倾向的《克林威尔》，反对暴政的《嬉王》、《欧那尼》，暴露资本主义社会里黑暗的《笑面人》、《巴黎圣母院》等戏剧和小说，都是由他最早介绍到中国来的。废寝忘食的工作使得曾朴突发心脏病，曾朴几近不治，卧床两年，不能写字读书，只能靠欣赏法国音乐、和家人用法语对话打发时间。

在“五四”后，上海涌现的富有天才的文人墨客中，曾朴是个异类。相较于徐志摩等人的留学经历，曾朴在从未跨出国门、从未接受过正统的西式高等教育的情况下，仅仅凭借西欧小说和上海霞飞路上的异国风情而在精神上构建了一个全盘西化的世界。曾朴一生致力于文学评论和翻译，力图将法兰西文学文化的精髓介绍到中国来。他住在马斯南路(现思南路)上白人众多的洋房里，家居内部陈设与巴黎家庭毫无二样，在他家举办的文学沙龙，当时吸引了许多上海知名的文艺家。

1931年，《真美善》杂志停刊，他回到家乡常熟虚霩园，潜心园艺，游憩养病，1935年病逝。

曾朴一生共育有五子，分别为曾虚白、曾耀仲、曾光叔、曾叔懋与曾熹。

笔者藏本即虞山曾氏藏版，清同治十年(1871)刊行。

清光绪刻本《归震川先生年谱》

清光绪六年（1880）刊

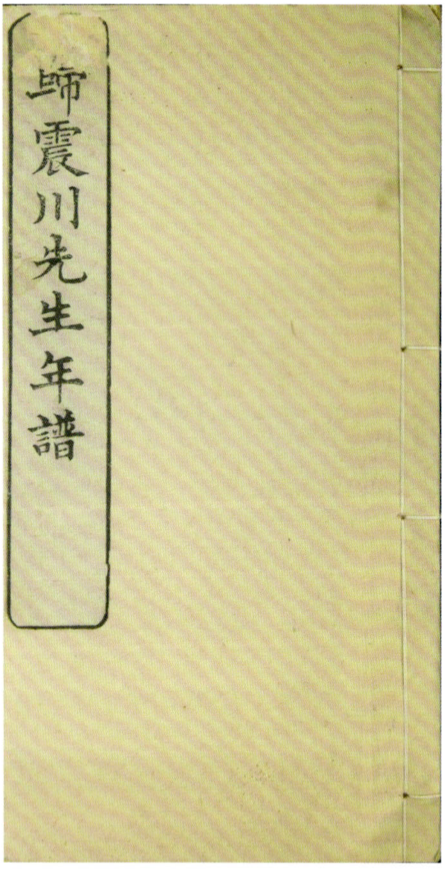

《归震川先生年谱》，明朝孙岱著，清朝光绪六年（1880）嘉兴金吴澜刊本，原名《归、顾、朱三先生年谱》，此谱乃其中之一。谱约万余字。前有汪照《序》，云：“捃摭旧闻，采本传、行状、行述、墓志、墓表，排缵事行，谱之以年，其用意可不谓勤乎？”“是编事核文直，兼仿《山谷年谱》例，以诗文目系编年之下”，俾道与文并传。而后又有钱大昕《序》，云：“读斯谱而如睹公之须眉言论，宛然登畏垒之亭而雍容揖让于其间。”又有光绪五年（1879）金吴澜《序》，言以编年之法，增纂遗事借斯录抄本并刊之。金乃辑刊者。此谱较完备，前有归氏世系，记至万历三年止。末总论谱主志向、诗文、成就、著作。谱记其家事、求学、求试、著述、授徒、交游、从仕等，详其著述、政事。附录王世贞《书〈归熙甫文集〉后》、方苞《书〈归震川文集〉后》、王鸣盛《〈纯翁类稿〉序》等。

钱大昕为《归震川先生年谱》所作的序，对于年谱的历史有简要说明，他认为唐人集中的年谱都是宋人所写，并举了一些例子。对于谱主都有独到的评论，对于是谱的写作渊源也有交代，甚至对于年谱的体例也间有论及。钱大昕，清代著名经史学家，上海嘉定人。钱大昕认为归震川先生的文章乃“近代之韩欧阳也”，对其评价极高。对于归有光的年谱，他在序中曾经透露，清初汪尧峰先生曾经尝试为归震川先生做年谱，“而世复不传”。又对年谱的作者孙岱作了介绍，“生于先生讲学之乡，濡染教泽，诵先生之文，因论次先生遗事，谱其年月，甲乙分明，皆可征信”。并认为，读此年谱，谱主音容笑貌、言论思想，跃然纸上。

归有光（1507—1571），字熙甫，别号震川，江苏昆山人。他出生在一个家道中落的大族中，八岁丧母，父亲是一穷秀才。归有光自幼聪颖过人，可毕生经历坎坷，仕途蹭蹬。自十四岁开始五次乡试不第，直到嘉靖十九年（1540）三十三岁时，总算以第二名中举。次年参加会试又名落孙山。

嘉靖二十一年（1542），归有光携妻带女离开昆山，徙居嘉定县安亭江上，一边读书应考，一边设帐教徒。旧时的安亭江在吴淞江之左，是宋代开挖的一条“自吴江东至青龙，由青龙泄水入海”的河道。后来官府恐走逃商税，遂塞此一江。归有光在世时，安亭江已“了不可见”。后人所称之安亭江实指其故道而已，亦泛指安亭。归有光在安亭的卜居之所思美堂，乃其岳父王氏家庭之宅，其位置在今安亭泾西岸、小安亭井亭桥西南角。时宅中尚有“屋数十楹”。宅西有清池古木，垒石为山，山有亭，登之隐隐见吴淞江环绕而东……就在这荒江老屋中，归有光前后度过了二十余个春秋。其间，他屡次上京赴会试落榜，并先后丧子失妻。然而，这一切人生变故，均未让他在科考和讲学的道路上止步。

归有光讲学安亭，四方求学者纷纷慕名而至，少则几十人，多时百余人，人皆称其为震川先生。在这片小天地里，他纵论文史，谈经说道，培养了一批又一批弟子，并写下了许多脍炙人口的叙事散文，被誉为上承唐宋、下启清代的散文大家。在他的教诲和影响下，安亭及其周边地区，渐渐科名鹊起，人文蔚盛。龚有成、孙

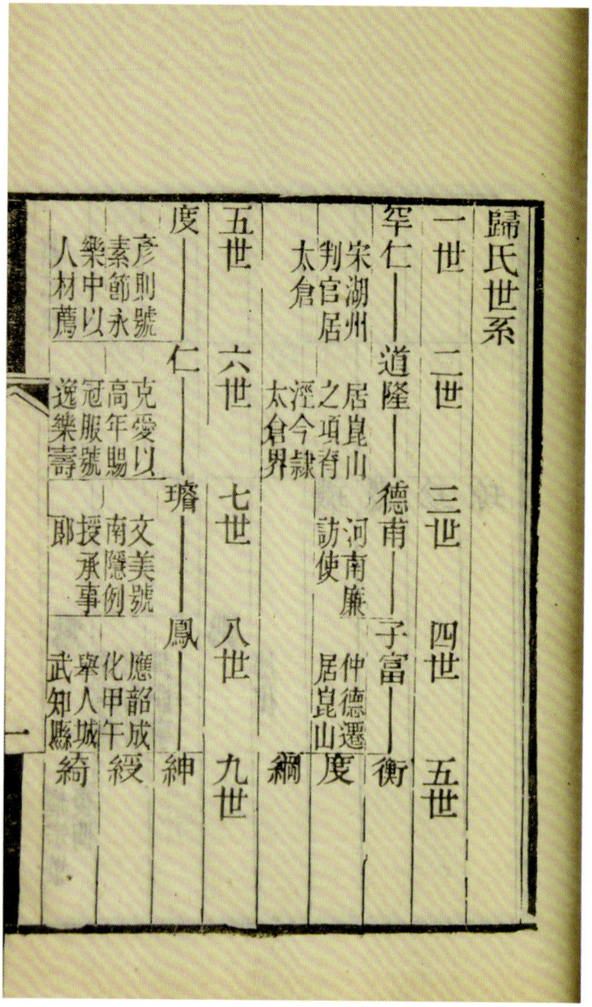
歸氏世系
一世 二世 三世 四世 五世
罕仁—道隆—德甫—子富—衡
宋湖州判官居太倉
居崑山之項脊涇今隸太倉界
河南廉訪使
仲德遷居崑山
度 綱
五世 六世 七世 八世 九世
度—仁—璿—鳳—紳
彥則號素節永樂中以人材薦
克愛以高年賜冠服號遂樂壽
文美號南隱例授承事郎
應韶成化甲午舉人城武知縣
綬 綺

岱、唐钦尧、唐有升、娄坚、张应文、张应武等名振于时的学者，都是震川先生的高足。而安亭这一蕞尔之地，亦因此而广为世人所知。到了清代，乾嘉学派的代表人物钱大昕、王鸣盛等，无不推崇归有光，并以他为楷模，从事文史研究，成就自己的事业。

从个人种种不幸的际遇中，归有光目睹了民生疾苦，体察了人间的冷暖和世态的炎凉。因此，在安亭读书讲学之余，他常来往于安亭和嘉定县城之间，留心时务国忧，对于诸如抗倭、马政、赋役等国家大事，均有谋划和议论，百姓称道。尤其在水利方面，他潜心研究先贤治水方略，实地探访河道，撰成《三吴水利录》一书，提出了一整套循本治根的治水思想。隆庆三年（1569），一代名臣海瑞采纳了归有光的治水设想，对吴淞江进行了大规模的疏浚，并获得成功。

嘉靖三十四年（1555），倭寇进犯嘉定，归有光曾一度回昆山避居。十年后，五十八岁的他第九次上京参加会试，终于考中进士，从此告别安亭，开始了短暂的为官生涯。他官至南京太仆寺丞，参与编修了《世宗实录》。六十六岁卒于任上。

星转斗移，人事沧桑。至明末清初，震川先生故居虽已难觅遗踪，可他的大名却常驻嘉定人心。清道光八年(1828)，江苏巡抚陶澍奏建震川书院于安亭菩提寺东，由知县淡春台以及嘉定、昆山、新阳、青浦四县绅士出资建造，占地十一余亩。书院内奉祀归有光像，以使生员“入其堂若见其人”，睹贤思齐，奋发进取。此后的七十余年中，震川书院一直是“昆、新、嘉、青四邑士子会文之地”。光绪二十八年（1902）朝廷命令废书院，震川书院遂于次年改为震川小学堂，后因经费短缺而停办。光绪三十二年（1906），在震川学堂旧址创办嘉定最早的中学——苏淞太道立震川中学堂，一年后停办。民国三十五年（1946），又将昆山徐公桥的私立震川初级中学迁入，同年奉令改称昆青嘉三县联立震川初级中学。其间，安亭地方人士捐建的士清堂、紫衡堂、梯丹堂、文治堂、樊轩等校舍相继落成启用。1949 年嘉定解放，这所以“震川”为名的学校才更名为苏南黄渡师范学校初中部。10 多年前，曾有教育界人士提议，将震川书院遗址上的安亭中学改名震川中学，以传承震川先生之文脉。

清光绪刻本《顾亭林先生年谱》

清光绪六年（1880）刊

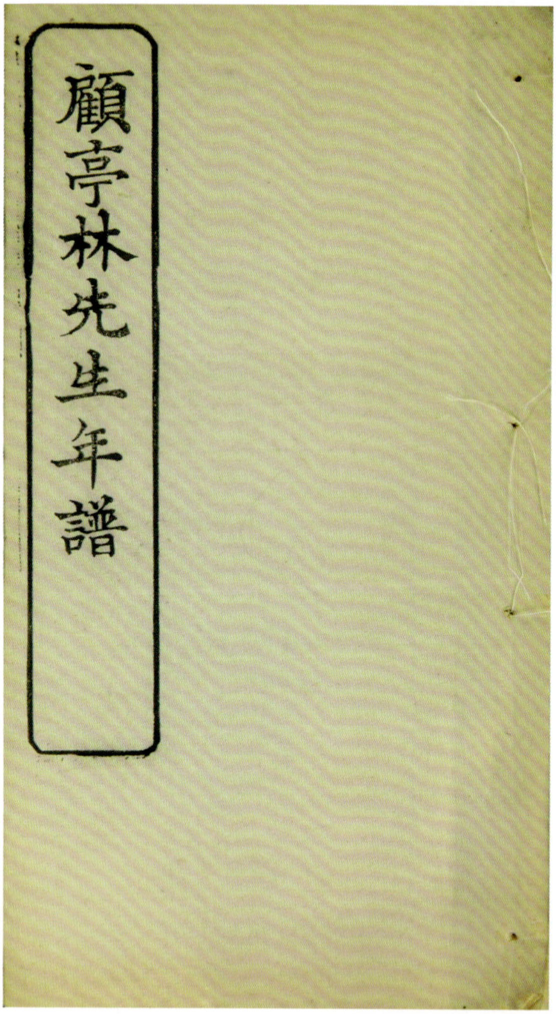

顾炎武（1613—1682），原名绛，字宁人，昆山人。明亡后，以慕文天祥学生王炎午为人，改名炎武，亦自署蒋山佣。学者尊为亭林先生。明末清初著名的思想家、学者。知识渊博，与黄宗羲、王夫之并称“明末清初三大儒”。著有《日知录》、《音学五书》、《军制论》、《天下郡国利病书》。

笔者藏本《顾亭林先生年谱》为清光绪六年（1880）刻本。张穆著。前后各有炎武读书像一幅。此刻本由金吴澜作序，吴映奎辑。

顾炎武先生为清初大儒，他的思想影响着一代又一代后人。因此在他去世后，不断有学者为他编纂年谱。在清人的众多年谱中，当以道光年间张穆所辑年谱最为完备。然而由于历史条件的局限，这部年谱也间有未尽善之处，所以最近若干年来，陆续有学者对张穆所辑年谱进行订补。

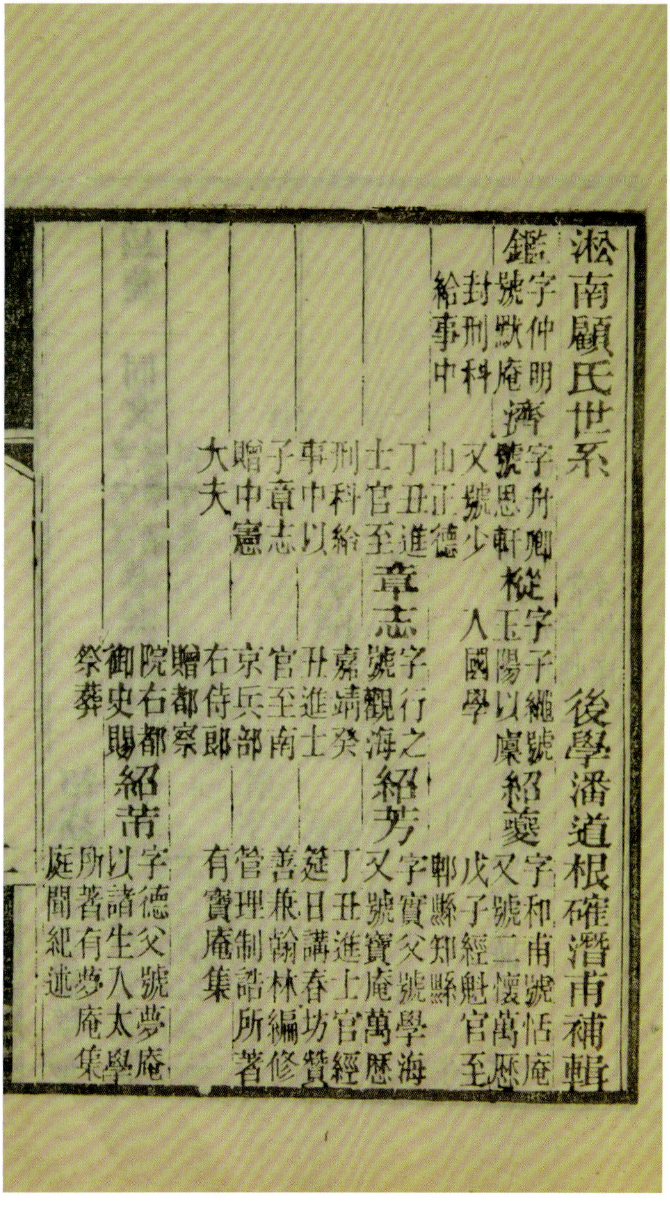
淞南顧氏世系　後學潘道根確潛甫輯

鑑　字仲明號默庵封刑科給事中

濟　字舟卿號思軒又號少山正德丁丑進士官至刑科給事中以子章志贈中憲大夫

樅　字子繩號玉陽以廩入國學

紹夔　字和甫號恬庵又號二懷萬歷戊子經魁官至郫縣知縣

章志　字行之號觀海嘉靖癸丑進士官至南京兵部右侍郎贈都察院右都御史賜祭葬

紹芳　字實父號學海又號寶庵萬歷丁丑進士官經筵日講春坊贊善兼翰林編修管理制誥所著有寶庵集

紹芾　字德父號夢庵以諸生入太學所著有夢庵集庭聞紀述

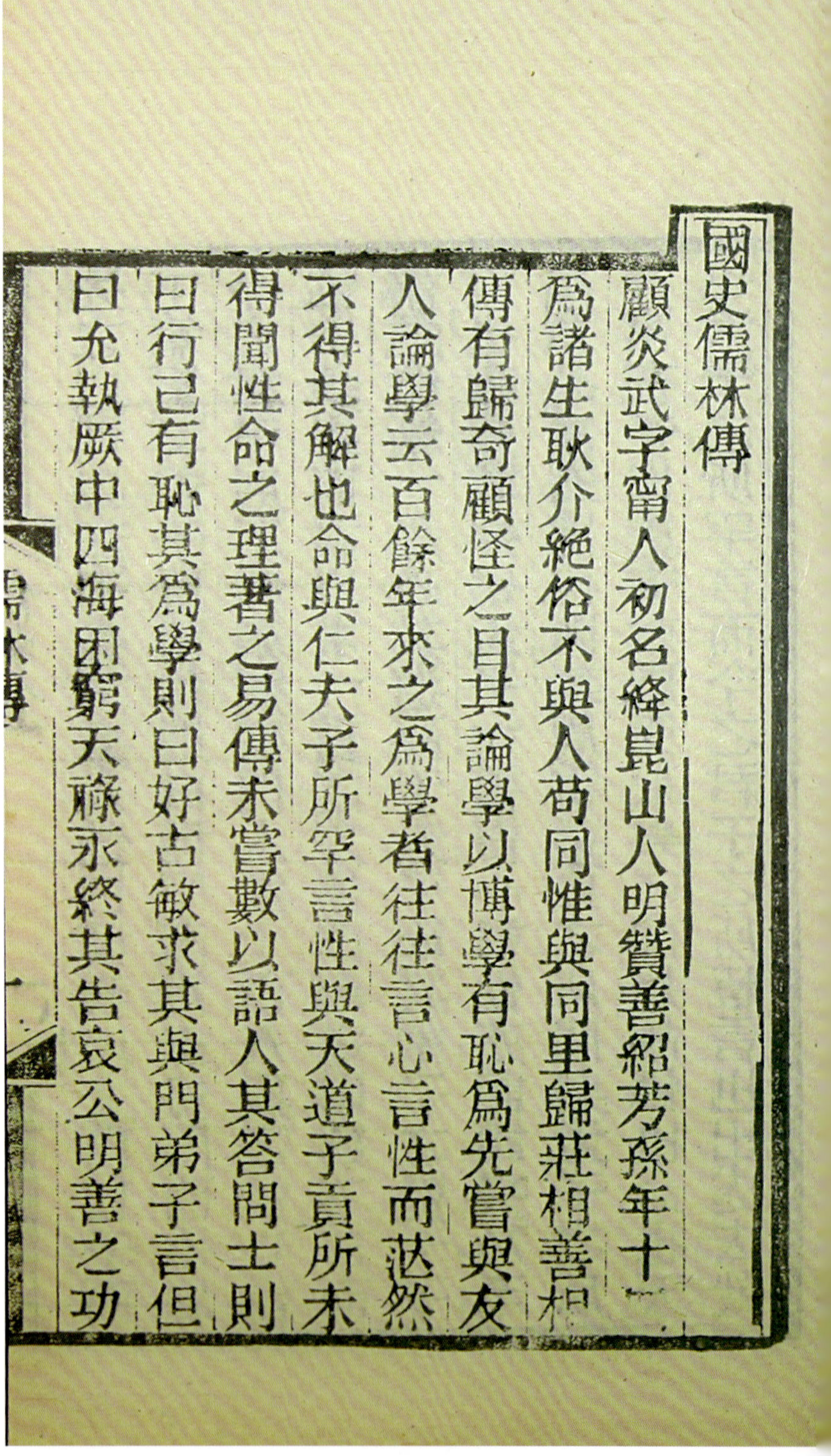

國史儒林傳

顧炎武字甯人初名絳崑山人明贊善紹芳孫年十一
爲諸生耿介絶俗不與人苟同惟與同里歸莊相善相
傳有歸奇顧怪之目其論學以博學有恥爲先嘗與友
人論學云百餘年來之爲學者往往言心言性而茫然
不得其解也命與仁夫子所罕言性與天道子貢所未
得聞性命之理著之易傳未嘗數以語人其答問士則
曰行己有恥其爲學則曰好古敏求其與門弟子言但
曰允執厥中四海困窮天祿永終其告哀公明善之功

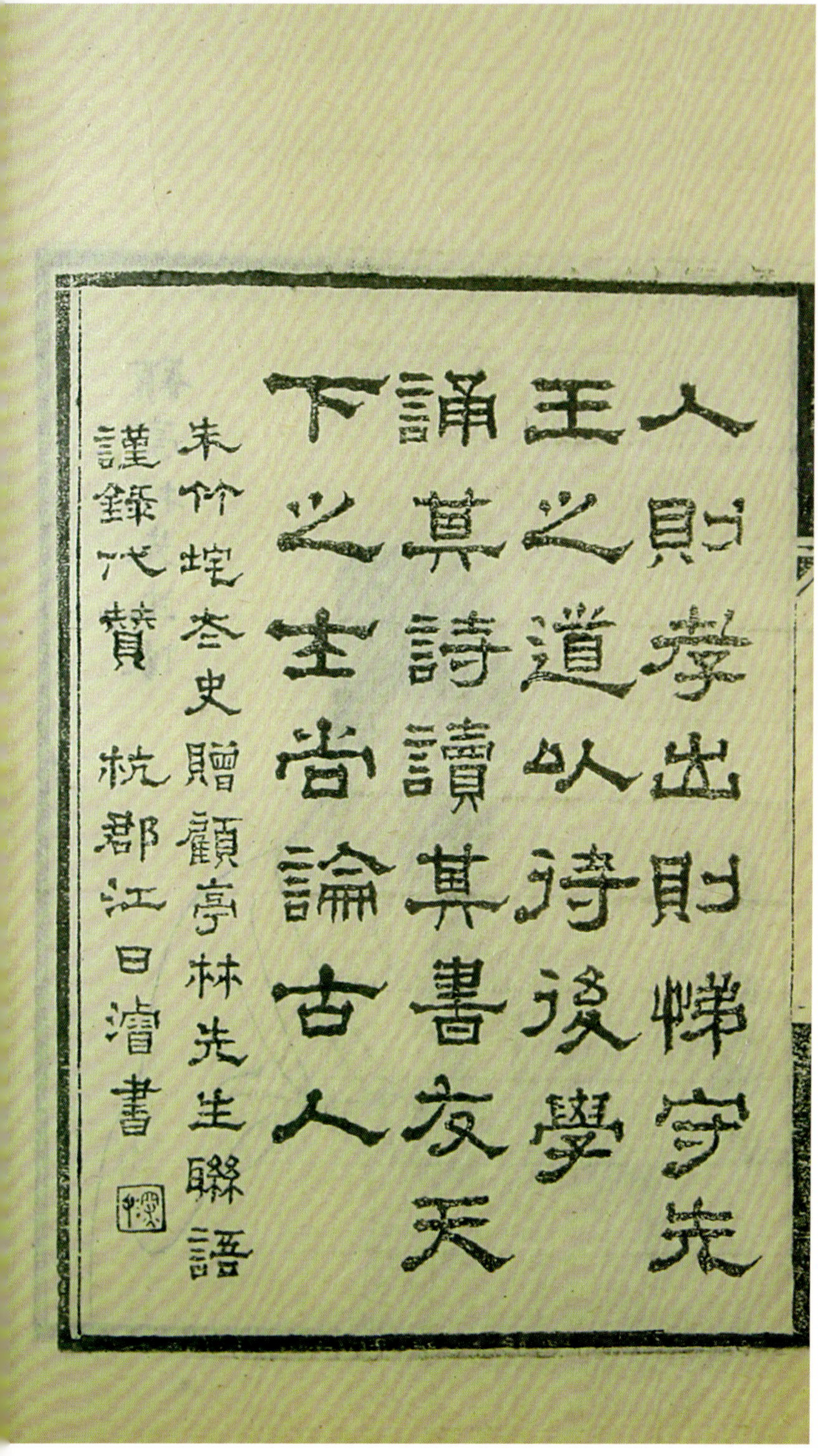

人則孝出則悌守先王之道以待後學
誦其詩讀其書友天下之士尚論古人

朱竹垞太史贈顧亭林先生聯語
謹錄代贊 杭郡江日濬書

清光绪刻本
《朱孝定先生编年毋欺录》三卷

清光绪六年（1880）刊

朱孝定（1627—1698），名用纯，字致一，自号柏庐。清初江苏昆山人。自幼致力读书，曾考取秀才。朱孝定父朱集璜是明末学者，清顺治二年（1645）守昆城抵御清军，城破，投河自尽。朱孝定始终身未入仕，居乡教授学生，主张知行并进，一时颇负盛名。康熙间，他坚辞博学鸿词科之荐。著有《删补易经蒙引》、《四书讲义》、《劝言》、《耻耕堂诗文集》、《大学中庸讲义》和《愧纳集》。其《治家格言》，世称《朱子家训》，流传很广。

笔者藏本为光绪六年（1880）刻本。此书由嘉兴金吴澜、周荣植等人作序，李祖荣校辑。

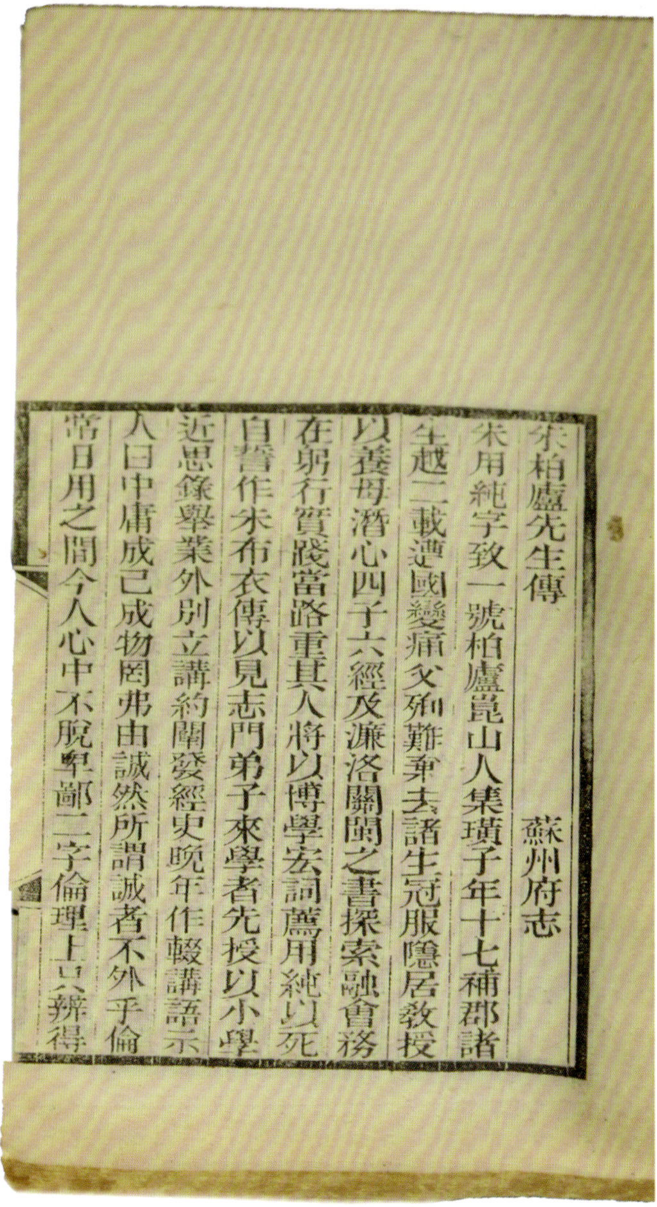

朱柏廬先生傳　蘇州府志

朱用純字致一號柏廬崑山人集璜子年十七補郡諸生越二載遭國變痛父殉難棄去諸生冠服隱居教授以養母潛心四子六經及濂洛關閩之書探索融會務在躬行實踐當路重其人將以博學宏詞薦用純以死自誓作朱布衣傳以見志門弟子來學者先授以小學近思錄舉業外別立講約闡發經史晚年作輟講語示人曰中庸成己成物罔弗由誠然所謂誠者不外乎倫常日用之間今人心中不脫卑鄙二字倫理上只辨得

清光绪刻本《朱节孝先生观复堂稿》

清光绪六年（1880）刊

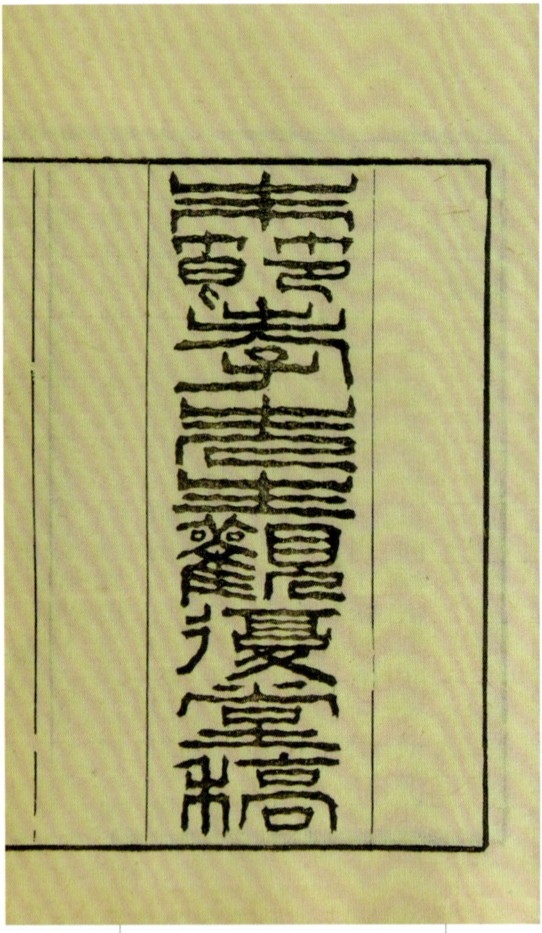

朱孝定之父朱节孝（1597—1645），也称朱集璜，昆山人。此刊本内含“吴门友弟邱氏题观复堂稿”、“嘉兴金吴澜序”、“徐枋作朱先生传”。观复堂稿分“先像记、瞻先迹记、题镜客后”等41篇。同里后学潘道根手录，金吴澜校刊。书尾有“道光己酉四月二日潘道根敬跋”。

笔者藏本为清光绪六年（1880）刻本。

觀復堂稿畧

鹿城朱集璜以發甫著　同里後學潘道根手錄

嘉興金吳瀾臚青校刊

先像記

前人志事奚在乎以顏儀色笑求之抑末爾雖然無所覯或冥矣有所覯斯觸矣顏儀色笑迺於祖考志事爲有助今見祖考一遺札一遺器猶竦然奉之若將臨焉況儀型儼然敢不敬乎璜舊存先像惟朱兵部公及高大父沂州公曾大父甯州公大父審理公四像然積貧

二

清光绪刻本
过云楼主顾文彬《眉绿楼词》

清光绪六年（1880）刊

顾文彬（1811—1889），晚清官员、收藏家。字蔚如，号子山，晚号艮盦，一为艮庵。过云楼主。元和（今江苏苏州）人。道光二十一年（1841）进士。

顾文彬自幼喜爱书画，娴于诗词，尤以词名。其词多抒写离愁别绪，意境清幽，风格细密。他并工于书法，因厌倦官场，称疾辞官归里后，在同治、光绪年间，于明代尚书吴宽旧宅遗址上营造九年，耗银二十万两建成苏州怡园。园中一石一亭均先由画师拟出稿本，待与顾文彬商榷后方定，有花木泉石之胜。园成之后，江南名士云集，名盛一时。怡园中又建“过云楼”，收藏古代金石书画，名迹甲吴下。所藏碑版卷轴，乌阑小字，题识殆遍。酷爱收藏，精于鉴别书画，“自唐宋元明清诸家名迹，力所能致者，靡不搜罗。”所著录书画皆为个人收藏，考辨多精审。有《过云楼书画记》详为述录。“过云楼”名出于苏东坡语“书画于人，如同过眼烟云”，遂取名藏书楼为“过云楼”。苏州有“江南收藏甲天下，过云楼收藏甲江南”之说。顾文彬晚年精选所藏书画二百五十件，编纂成《过云楼书画记》十卷，著录了他一生搜集、赏析、研究历代法书名画的业绩。家居十五年而卒，子顾麟士，字鹤逸，亦为藏书大家，聚书益富。孙顾则扬，悉心守藏。新中国成立后，据顾则扬的遗愿，顾家将四代相传的三百余件书画，以及明代的善本书和罕见稿本十部捐赠上海博物馆。《过云楼书画记》外，顾文彬还著有《眉绿楼词》八卷、《过云楼帖》等。《蝶板新声》为《眉绿楼词》中一册。

笔者藏本为清光绪六年（1880）刻本。

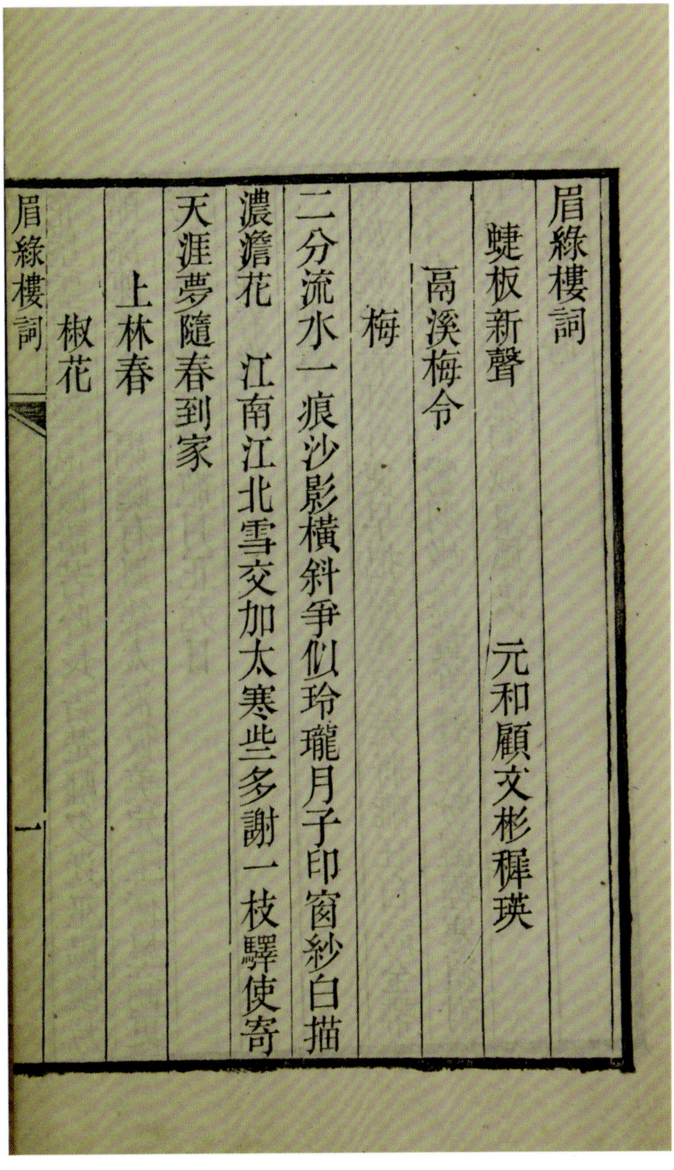

眉綠樓詞

蜨板新聲　元和顧文彬稺瑛

高溪梅令

梅

二分流水一痕沙影橫斜爭似玲瓏月子印窗紗白描

濃澹花　江南江北雪交加太寒些多謝一枝驛使寄

天涯夢隨春到家

上林春

椒花

眉綠樓詞　一

清光绪刻本
蔡沈集传《状元尚书》六卷

清光绪十二年（1886）刊

笔者藏《状元尚书》六卷为光绪十二年（1886），姑苏彙文轩藏版。此书为研究《尚书》的经典著作。

此书即《书集传》，又称《书经集传》、《书经集注》，是蔡沈受朱熹之命而作，因《尚书》今文、古文并注之，故称“集传”。此书经朱熹订定，然于《尚书》文句释义中，亦有不同于朱熹者。

此书去除汉唐以来的繁琐考据，以简明的文字训释经文。同时又继承朱熹的理学传统，阐扬心学心法，提倡德、仁、敬、诚。其训释颇具独到见解，比《尚书》“伪孔传”（伪造的孔安国《尚书传》）为简明易懂。书中驳斥“伪孔传”旧注，多有精辟之语。在宋人阐释《尚书》之书中，此书最善，对后世影响深远。

《尚书》又称《书》、《书经》，为一部多体裁文献汇编，长期被认为是中国现存最早的史书，但是“清华简”证明传世的《尚书》为伪书。该书分为《虞书》、《夏书》、《商书》、《周书》。战国时期总称《书》，汉代改称《尚书》，即“上古之书”。因是儒家五经之一，又称《书经》。

《尚书》是中国最古老的皇室文集，是中国第一部上古历史文献和部分追述古代事迹著作的汇编，它保存了商周特别是西周初期的一些重要史料。《尚书》相传由孔子编撰而成，但有些篇是后来儒家学者补充进去的。

西汉初存29篇，因用汉代通行的文字隶书抄写，称《今文尚书》。另有相传在汉武帝时从孔子住宅壁中发现的《古文尚书》（现只存篇目和少量佚文，较《今文尚书》多16篇）和东晋梅赜所献的伪《古文尚书》（较《今文尚书》多25篇）。现在通行的《十三经注疏》本《尚书》，就是《今文尚书》和伪《古文尚书》的合编本。

该书光绪三年（1877）版，在2013年北京卓德国际拍卖有限公司古籍善本书画专场拍卖中，起拍价为20000元。

清光绪刻本
严辰《墨花吟馆感旧怀人集》
清光绪十五年（1889）刊

此书于光绪十五年（1889）九月刊行。

严辰（1822—1893），原名联奎，榜名仲泽，会试改名辰。字缁生，号桐溪、达叟，别署墨花吟馆、写韵楼。家居桐乡乌镇北栅马道弄严厅宜园。祖上自杭州迁来，以二百金贸布起家，家业隆起，人称“严百半”、“严半镇”，曾祖严大烈为徽籍商人，至性过人，好施予，严厅宜园为其所建；祖严兆元，官钱塘县教谕。严辰，清道光二十三年（1843）举人，咸丰九年（1859）进士，官至翰林院庶吉士。因制赋中用了“女中尧舜”四字，触怒了太后慈禧，1862年降职担任刑部主事。后辞乡归里。严辰归里后，热心地方兴革，重视文化教育。同治三年（1864），江浙粮荒严重，严辰自上海募米运至乌镇，赈济贫民。后又开办善后局，修筑运河桥梁，以利交通。四年（1865），创办立志书院于青镇，任书院山长。十年（1871），又于书院前河埠之西建文昌阁。其后，任桐乡桐溪书院、濮院翔云书院山长多年，建立乡镇义塾六处，为乡里培育大量人才。为人刚正不阿，关怀民生疾苦。时征收漕米，官吏常借“样盘”克扣百姓。光绪元年（1875），奏准革除“样盘”，立碑永禁，百姓称善。又创建积谷仓，钱谷并储，得谷数千石、银三万余两。八年、十五年大灾，百姓赖以度荒。

严辰久有志于修县志，曾数请人主笔，皆不称意，乃于光绪三年（1877）自任总纂，邀集文友相助。严辰身负重任，奔赴各地采集文献典籍，遍访时人耆宿，或家居或舟居，日以编志为课，且时常带病采辑。数年之间，全国18行省仅3省未到，省内各府县方志几全备无缺，又亲至殳山、甑山勘测山之大小高下，以订旧志之讹。十年辛苦，至十三年（1887），《桐乡县志》编定付梓。全志二十四卷，首四卷，体例有创新，内容三倍于旧志。俞曲园为题书名，并赞“体大而义精，文详而事核”。十九年（1893），因病赴皖就医，逝于安庆。另著有《墨花吟馆诗钞》、《病儿读钞》、《感旧怀人录》、《同怀忠孝集》等。

从严辰自序中得知，《墨花吟馆感旧怀人集》一书著于沈氏耦园。耦园，原名“涉园”，位于苏州市仓街小新桥巷，为清顺治年间保宁知府陆锦所筑，取陶渊明《归去来兮辞》中的“园日涉以成趣”之意，黄石假山是耦园的特色。耦园为全国重点文物保护单位，已被联合国教科文组织列入世界文化遗产。此园因在住宅东西两侧各有一园，故名耦园。南北驳岸码头亦是耦园特色之一，尽显姑苏“人家尽枕河”的特色。

墨花吟館感舊懷人集自序

余抱病三年聊以筆墨自遣上年春夏間編成年譜一卷已付手民冬間遭亡兒之變懷抱愈惡病益增劇無意人間事矣乃延至今春尚難解脫復思藉吟詠以自遣因念平生師友存少亡多而知遇之感交際之情有不能忘於心卽有不能已於言者每夕枕上得詩數首不兩月而成感舊詩一百二十首爲亡者作懷人詩六十首爲存者作其中軼事瑣言恐閱者索解不得乃各述其爵里與詩中所指於詩後降格敘之間有詩文可相證明者附註於後詩之前後以爵爲序實用前人成

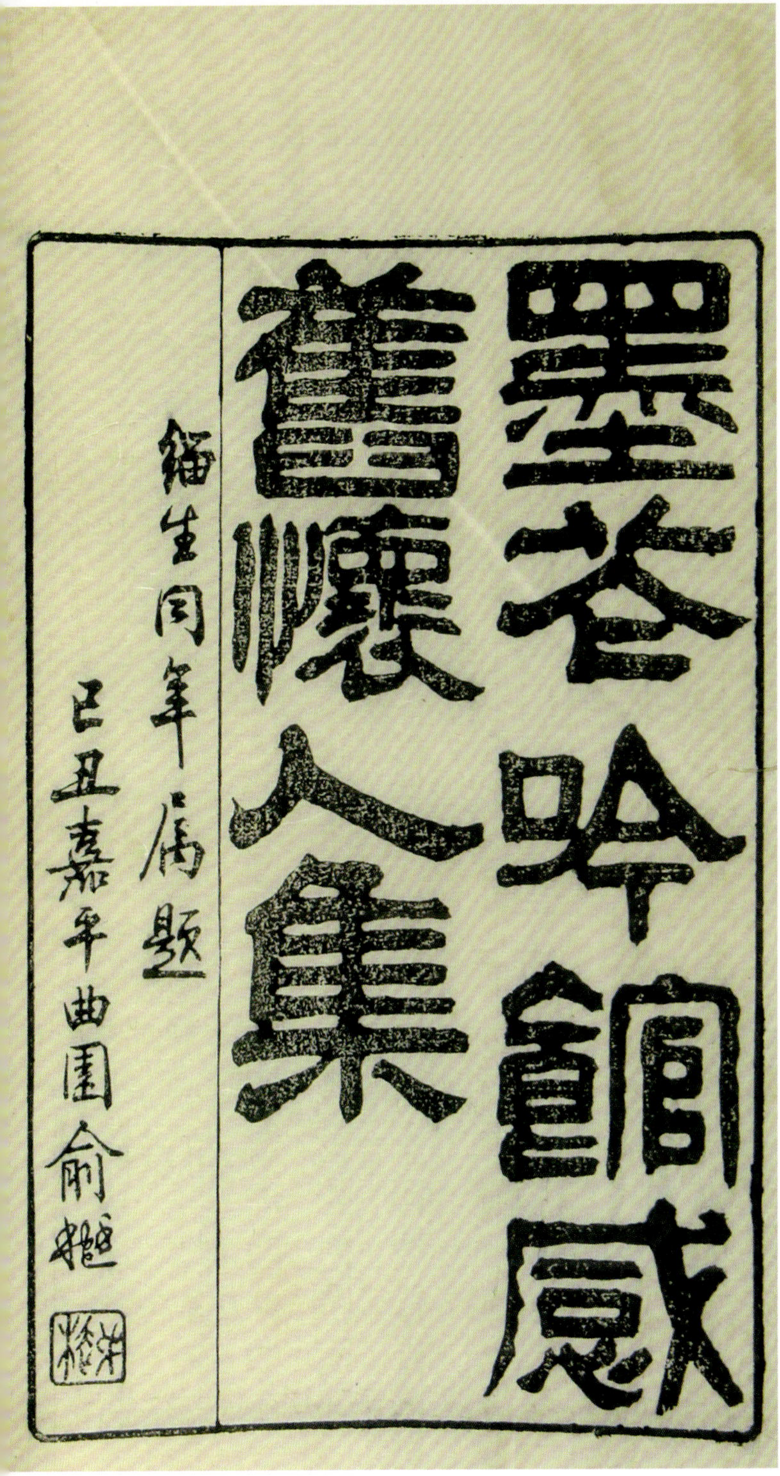

墨香吟館感舊懷人集

繆生同年屬題

己丑嘉平曲園俞樾

清光绪刻本
吴昌硕《缶庐诗》四卷并别存一卷

清光绪十九年（1893）刊

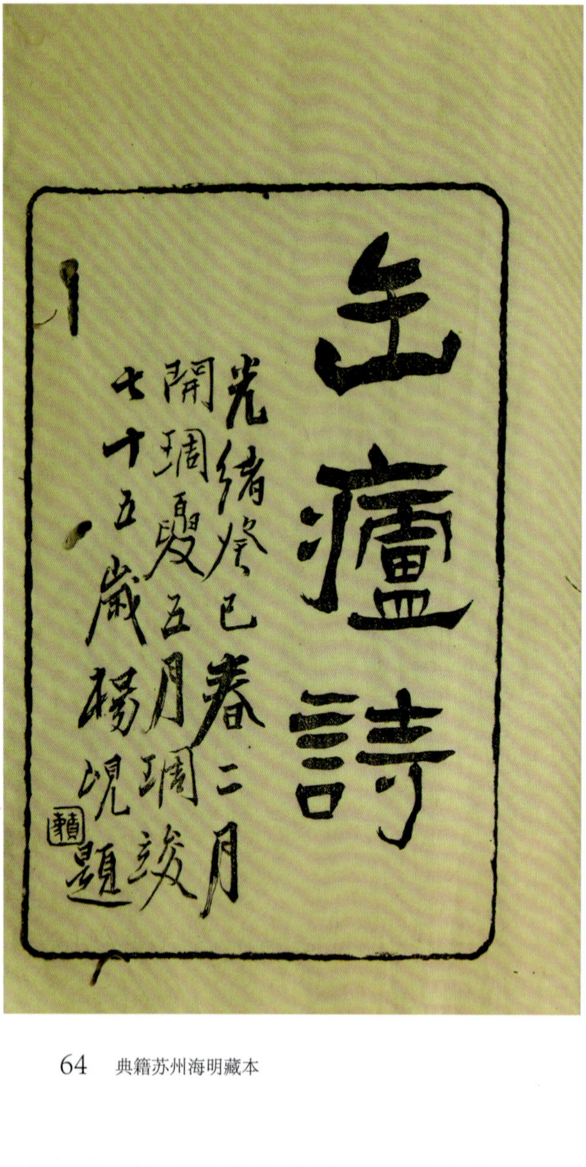

此版为最早的吴集，作者吴昌硕自刻以供朋赏玩，刊于光绪十九年（1893）春，二月开雕，五月出版，四卷并别存一卷。

吴昌硕（1844—1927），原名俊，字昌硕，别号缶庐，又署仓石、苍石、仓硕、老苍、老缶、大聋、石尊者等，浙江安吉人。他是我国近现代书画艺术发展过渡时期的关键人物，“诗、书、画、印”四绝的一代宗师，清末明初时期著名国画家、书法家、篆刻家，与任伯年、赵之谦、虚谷并称“清末海派四大家”。吴昌硕的艺术别辟蹊径、贵于创造，最擅长写意花卉，他以书法入画，把书法、篆刻的行笔、运刀、章法融入绘画，形成富有金石味的独特画风。他以篆笔写梅兰，狂草作葡萄，所作花卉木石，笔力敦厚老辣、纵横恣肆、气势雄强，构图也近书印的章法布白，虚实相生、主体突出，画面用色对比强烈。

清道光二十四年（1844）8月1日，

吴昌硕生于浙江省孝丰县鄣吴村一个读书人家。幼时随父读书，后就学于邻村私塾。十余岁时喜刻印章，其父加以指点，初入门径。咸丰十年（1860）太平军与清军战于浙西，全家避乱于荒山野谷中，弟妹先后死于饥馑。后又与家人失散，替人做短工、打杂度日，先后在湖北、安徽等地流亡数年，二十一岁时回到家乡务农。耕作之余，苦读不辍，同时钻研篆刻书法。同治四年（1865）吴昌硕中秀才。同治十一年（1872），他在安吉城内与吴兴施酒（季仙）结婚。为了谋生，也为了寻师访友，他时常远离乡井，经年不归。光绪八年（1882），他才把家眷接到苏州定居，后来又移居上海，来往于江、浙、沪之间，观览历代金石碑版、玺印、字画，眼界大开。

定居上海后，吴昌硕广收博取，诗、书、画、印并进。晚年风格突出，篆刻、书法、绘画三艺精绝，声名大振，公推艺坛泰斗，成为“后海派”艺术的开山代表、近代中国艺坛承前启后的一代巨匠。二十二年（1883）被举为安东（今江苏省淮安涟水县）县令，到任一个月便辞官南归，自刻“一月安东令”印记之。三十年（1891）夏季，与篆刻家叶为铭、丁仁、吴金培等人聚于杭州西湖人倚楼，探讨治印艺术，1913杭州西泠印社正式成立，吴昌硕被推为首任社长，艺名益扬。

1927年11月6日，吴昌硕突患中风，1927年11月29日病逝沪寓，享年84岁。1933年11月，迁葬于浙江余杭县塘栖附近超山报慈寺西侧山麓，墓地坐落于宋梅亭畔。墓门石柱上刻有沈淇泉所撰联语：“其人为金石名家，沉酣到三代鼎彝，两京碑碣；此地傍玉潜故宅，环抱有几重山色，十里梅花。”鄣吴村有他的衣冠冢。西泠印社辟有吴昌硕纪念室。1984年，在递铺镇建吴昌硕纪念馆，1987年，修复其在鄣吴村的故居。吴昌硕的绘画、书法、篆刻作品集有《吴昌硕画集》、《吴昌硕作品集》、《苦铁碎金》、《缶庐近墨》、《吴苍石印谱》、

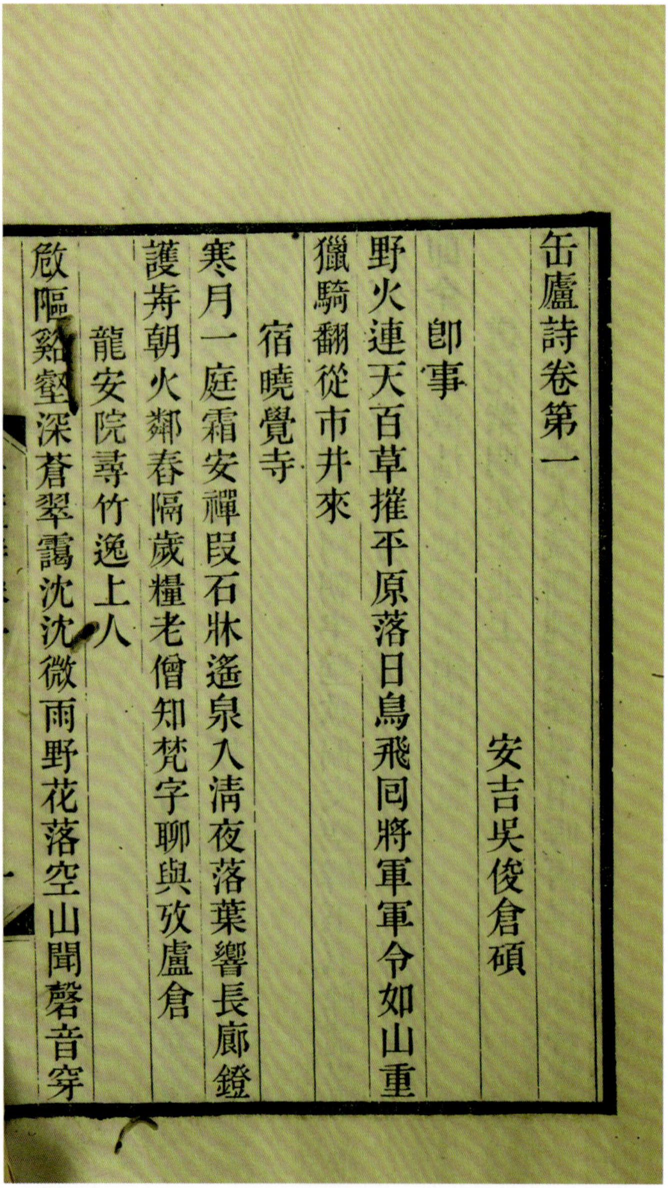
缶廬詩卷第一

安吉吳俊倉碩

即事

野火連天百草摧平原落日鳥飛回將軍軍令如山重獵騎翻從市井來

宿曉覺寺

寒月一庭霜安禪叚石牀遥泉入清夜落葉響長廊鐙護寿朝火鄰春隔歲糧老僧知梵字聊與攷盧倉

龍安院尋竹逸上人

敧嶇谿壑深蒼翠靄沈沈微雨野花落空山聞磬音穿

《缶庐印存》等，诗有《缶庐诗》。吴昌硕有三子一女，次子吴涵、三子吴东迈均善篆刻书画。

吴昌硕生前出版有两种诗集。光绪十九年（1893）刊有《缶庐诗》行世，入民国后，复有《缶庐集》四卷，为吴兴刘承干刊行，前有郑孝胥，沈增植、刘承干、谭献等名流的序。刘承干是民国时期著名的藏书家，是懂得书法趣味的人。故不惜工本仿宋体上版，佳纸好墨，开本宽大，远比光绪十九年的《缶庐诗》赏心悦目。《缶庐集》虽刊行较晚，但传本极稀，许多研究者对于该书的卷数表述都有出入，可见大多是没见原书。吴昌硕的诗世称高古冷逸，绝非当代“羊羔体”获奖诗人所能想象。

《缶庐诗》封面由杨岘题署。杨岘字见山，浙江学者。诗文书法均峻拔不俗，为人更是洒脱耿直。因轻视权贵，常以“藐翁”自号。他长吴昌硕二十五岁，既是长辈，又兼吴氏敬佩其道德学问，曾提出要拜杨岘为师，被杨婉拒。但吴昌硕心中始终视杨岘为尊师，并刻“寓庸斋内老门生”以示不忘之意。

《缶庐诗》之前，吴昌硕曾有诗稿，但编成却未刊印，因此《缶庐诗》系其生平第一部诗集。这年吴昌硕五十岁。

吴昌硕曾跟诗友褚宗元说过，他是“三十学诗，五十学画”，而《缶庐诗》中大量有关画的诗作表明，吴昌硕在五十岁时对画的理解和把握已经达到很高的境界。所以他的“五十学画”之说是不可信的，是谦虚之辞。而细审《缶庐诗》，吴昌硕对诗词的学习，则确乎先于学画。

诗、书、画、印的有机融合，是中国传统画家孜孜以求希望到达的境界。所以历代画家在画余皆用力于诗道，几成定律。

王维自形成“诗中有画，画中有诗”的艺术风格后，被后世举为文人画之祖，衍风长远。吴昌硕早年学诗就宗王维，并对王诗的喜爱至老不衰。据他的弟子王个簃回忆，直到吴昌硕逝世前几天，仍与他谈诗，谈王摩诘、孟东野。读《缶庐诗》卷一第二首《宿晓觉寺》：“寒月一庭霜，安禅段石床。遥泉入清夜，落叶响长廊。镫护前朝火，邻舂隔岁粮。老僧知梵字，聊与考卢仓。”这种寒寂悠闲的意境是一下子就能够体会出来的。然而吴昌硕到底不是王摩诘，他的身世环境、所处的时代背景，和王维相去甚远。内忧外患、官庸民贫的大环境，以及诗人壮年离家初到上海的窘迫，种种状况，在吴昌硕心中留下的不是安闲之情，而是不平的激情，发为诗，就有了《饥看天图诗》、《题酸寒尉像》，有了《答寒吟》中“贫家断炊米罄瓶，山芋豆屑调作羹。十指冻折号失声，饥肠辘辘不住鸣。道旁日见僵尸横，大官赏雪临高厅”，从这里读者读到的就是一股郁勃之气了。

《缶庐诗》收诗作四卷及别存一卷中除感时叹世外，作为画家，吴昌硕对书法、绘画及刻印的理解占了很大比重。

吴昌硕书画超迈古人，自标高格，是一位开宗立派的大师。他的画风直观、形象。而细读其诗，对研究他画风之所以形成则大有帮助。

吴昌硕经历的坎坷，性格的倔犟，注定了他的画同其诗作一样，不会墨守成规、亦步亦趋。收入《缶庐诗》的刻印云：“赝古之病不可药，纷纷陈邓追遗踪。摩挲朝夕若有得，陈邓外古仍无功。天下几人学秦汉？但索形似成疲癃。我性疏阔类野鹤，不受束缚雕镌中。……今人但侈摹古昔，古昔以上谁所宗？诗文书画有真意，贵能深造求其通。”吴昌硕借刻印道出了他的艺术见解，即应该时加锤炼，自出机杼，独立面目。

吴昌硕画梅是近百年来的妙手。吴昌硕酷爱梅花，每年冬季， 他常远赴苏州邓尉、杭州孤山、余杭超山赏梅。他曾题画：“梅花、水仙、石头吾谓三友，静中相对，无势利心，无机械心，形迹两忘，超然尘垢之外。”还写下过像“十年不到香雪海，梅花忆我我忆梅。何时买棹冒雪去，便向花前倾一杯”这样动人的诗句。之所以如此，我想当是梅花斗霜傲雪、不畏严寒的品质引起了吴昌硕的共鸣，而将之视作知己吧。

吴昌硕诗风严谨，尝自言“乱书堆里费研磨，得句翻从枕上多。苦吟只恐身尽废，一杯自酌漫蹉跎”。因此他的诗，时人评价很高。如陈石遗就赞为“书画家诗句少深造者。缶庐出，前无古人矣”。

吴昌硕善作诗文，苦吟数十年，未尝间断。所作诗篇以傲兀奇崛、古朴隽永见长，一般地说，用典较多，不甚通俗，但有些绝句纯用白描手法，活泼自然，接近口语，具有明丽俊逸的特点，风格上与民歌很相近。所作题画诗寄托深远，颇有浪漫主义气息；评论前人书画，尤多独到见地。早年所作五古，有一部分含有讽刺意味，揭露了当时黑暗社会某些不平现象。他的散文作品写得不多，大都是序跋、考证和题画小品之类，写得都很朴质淳厚、平易近人。题画小品中尤多精心之作。抒发生活实感，鞭挞丑恶现象，颇能以少胜多；读时依稀与作者一灯相对，娓娓而谈，意味非常深长。

清光绪精刻本
缪荃孙《艺风藏书记》八卷

清光绪二十六年（1900）刊

缪荃孙是近代著名藏书家，一生与书为友，学识渊博，著作等身。自幼嗜好读书，更酷爱藏书。经多年搜求，所得珍本、秘籍多达十余万卷。为使所藏珍贵书籍不致流散，因撰《艺风藏书记》八卷，收书627种，10962卷。详载每种书的卷数、行款、序跋、书牌等，并详加校勘。后又陆续撰成《续记》八卷、《再续记》，共载书861种，15000余卷。

缪荃孙（1844—1922），字炎之，又字筱珊，晚号艺风老人，江苏江阴申港镇缪家村人。中国近代藏书家、校勘家、教育家、目录学家、史学家、方志学家、金石家。我国文化教育科技界尊称他为中国近代图书馆的鼻祖。

缪荃孙出身于官宦家庭，生而聪颖，幼承家学，11岁已读完儒家五经。清咸丰十年（1860）九月太平军占江阴，随继母渡江避居淮安，就读于丽正书院，从院长丁俭卿学习文字学、训诂学和音韵学。后举家迁居成都，时年已二十一岁，从阳湖汤彦成研究文史，考订文字。清同治元年（1862）应四川乡试中举，因非川籍人，未授名。后充总督吴棠、川东道姚彦士幕僚，遍历川东北各地，搜拓石刻。张之洞任四川省学政时，缪荃孙曾执贽门下，为其撰写《书目答问》四卷。清光绪十五年（1876）考中进士，曾任翰林院编修、清史馆总纂，并历主南菁、

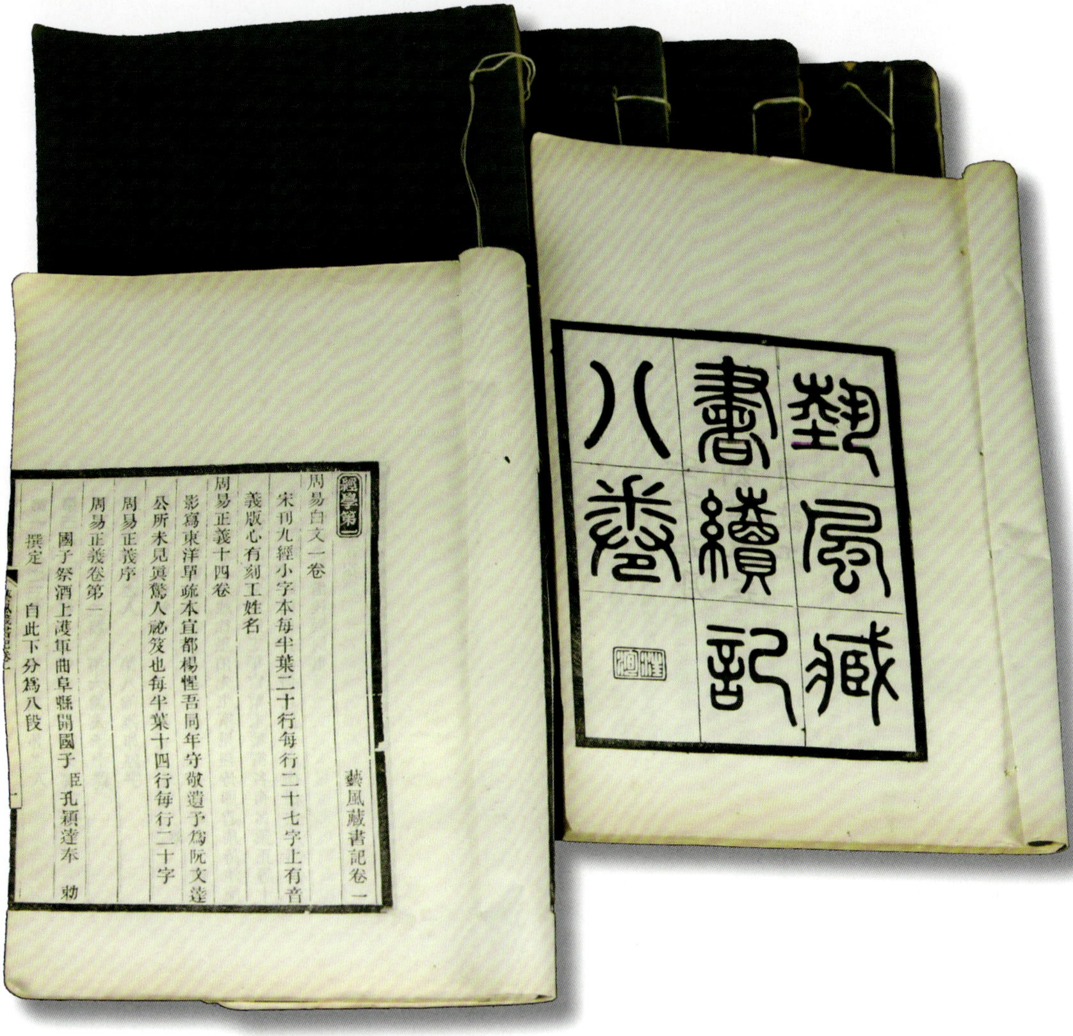

泺源、龙城、钟山等书院讲席，创办过江南图书馆和京师图书馆。他学识渊博，交流广阔，著述繁富，尤于金石碑帖、版本目录之学钻研特深，熟稔文史掌故，名满学术界。在清末民初，他与王壬秋、张季直、赵尔巽齐名，誉称四大才子。

清廷开馆修史，缪荃孙任国史院总纂，由于父母亲（指继母）的相继去世，缪荃孙二度告假回家营葬，后因与徐桐不协，遂辞去史职被张之洞召之武汉修《湖北通志》，并被聘为南京钟山书院院长，抢救古籍，成绩斐然。

八国联军入侵中国，割地赔款，霸占中国，受张之洞之召赴武汉讨论时局，为推行洋务、改革教育，亲自赴日本考察。归国后，亲自参与商定课程，编写课本，采取中西之学兼重，培养了一大批人才。1908 年，张之洞负责学部，力请缪荃孙为京师图书馆馆长，清帝特召他进京，一手创办成京师图书馆。

东渡日本考察学务归国后，缪荃孙主持创办我国南北两大图书馆——江南图书馆（现南京图书馆）、京师图书馆（今北京图书馆）。后因创办江南图书馆的需要，奔波于江苏、浙江的藏书家之间，抢救了一批即将流入日本的藏书善本，从而保存了数万册具有重要文献价值及艺术价值的藏书,使江南图书馆的馆藏名列全国之首。时江南藏书家有常熟瞿氏、归安陆氏、钱塘丁氏，号称江南三大家，陆心源藏书被日本购去后，国人痛惜。而丁氏藏书亦中落。他担心丁氏藏书重蹈陆心源藏书的覆辙，遂以 7 万元购“善本书室”、“八千卷楼”的藏书，补充江南图书馆。1910 年，奉调去北京，任京师图书馆正监督职务，以城北积水潭广化寺为藏书楼，亲自清理秘阁藏书，分类清理内阁大库珍本，从内阁大库中检出元明旧帙和南宋所藏古籍,辑刻《宋元本留真谱》,于牒文、碑板、序跋等加以著录。编纂成《京师图书馆善本书目》八卷，《各省志书目》四卷。同时，广购古籍，辑刻京师藏书目录。对我国近代公共图书馆和国家图书馆的建设有卓越贡献。1912 年后，他移居上海，继续从事目录学研究，先后撰有《艺风堂藏书记》、《清学部图书馆善本目录》、《清学部图书馆方志目》、《艺风堂金石文字目》、《南北朝名臣年表》等。私人藏书极富，先后购藏六百余种善本，书籍十余万卷，藏书处名“艺风堂”、“联珠楼”、“对雨楼”、“云自在龛”等。辛亥革命爆发后，缪荃孙辞归南返，寓居上海，被特聘为清史总裁，草拟全史凡例，并负责《儒林》、《文苑》、《循吏》、《孝友》、《隐逸》、《土司》、《明遗臣》七传的编写工作。江阴续修县志，缪亲定大纲，分人编写，自己总其大成，历时数载，脱稿完工，不久便在上海寓所去世。所藏书在其逝世后，因家道日渐中落，其子缪禄保先后售予上海古书流通处，其中金石拓片约一万余件售予燕京大学。

缪荃孙的一生，其学问与艺术造诣是多方面的，如在历史学、方志学、目录学、金石考据、金石鉴赏、教育、图书馆学等方面著作等身；另一方面，在书法艺术上亦有着不同寻常的贡献。他节衣缩食，收集、整理了大量的金石拓片、古帖善本、古玩字画，为后人研究清末民初书法艺术保存了大量的第一手资料，为中国近代书法事业起到了承前启后的巨大作用。

可以这样说，与缪荃孙同时代及晚于他出生的众多学人、书法家、金石家无一不直接或间接地受到他恩泽（康有为语）。这是因为，一方面缪荃孙学识渊博，又接受过新思潮的影响，这主要体现在他的遍览家藏十万卷图书，又去日本考察教育，给民初的教育带来了国外的最新动态；另一方面，缪荃孙所收藏的数千种金石拓片及碑帖均是历代名迹，且亲自过目编辑整理成册，不但自己研习探求，且乐于借给他人学习。同时代的书家、篆刻家或多或少都在缪处读到过名迹拓本，稍后于缪荃孙的柳诒徵、吴昌硕、胡适、刘海粟、徐悲鸿、胡小石、吕凤子等均到过缪荃孙府上，这些学生，最后都从事过教育，培养了许多学生，无意间，又把缪荃孙的学术思想、治学态度，以及书法艺术、碑拓版本的学问传给了他们的学生，这是较为可喜的。

20 世纪 80 代之前，江阴还属于苏州管辖，这种渊源不可分割，缪荃孙自是苏州一脉。

笔者藏本《艺风藏书记》二册八卷，《艺风藏书续记》四册八卷，木刻精印本，光绪二十六年（1900）刊。

清光绪刻本
余怀《板桥杂记》三卷

清光绪三十四年（1908）刊

《板桥杂记》作于康熙三十二年（1693）。记载狭邪之事，共分三卷，上卷雅游，中卷丽品，下卷轶事。其自序曾阐述了以狭邪、艳冶之事生发感慨的原因，认为："鼎革以来，时移物换。十年旧梦，依约扬州。一片欢场，鞠为茂草。红牙碧串，妙舞清歌，不可得而闻也；洞房绮疏，湘帘绣幕，不可得而见也；名花瑶草，锦瑟犀毗，不可得而赏也。间亦过之，蒿藜满眼，楼馆劫灰，美人尘土，盛衰感慨，岂复有过此者乎！"因此，极力渲染当年的繁华，以对照今日的凄凉，是这本笔记写作上的特点。

《板桥杂记》，明末清初文学家余怀（1616—1696）所著。余怀，字澹心，一字无怀，号曼翁、广霞，又号壶山外史、寒铁道人，晚年自号鬘持老人。福建莆田黄石人，侨居南京，因此自称江宁余怀、白下余怀。晚年退隐吴门，漫游支硎、灵岩之间，征歌选曲，与杜浚、白梦鼎齐名，时称"余杜白"。

全书分上、中、下三卷，收选了一些优秀的小品文，记述了明朝末年南京十里秦淮南岸的长板桥一带旧院诸名妓的情况及有关各方面的见闻。故事性强，可读性高。

上卷：雅游。描写明末清初金陵秦淮河畔的梨园，秦淮河灯船，妓院和江南贡院。

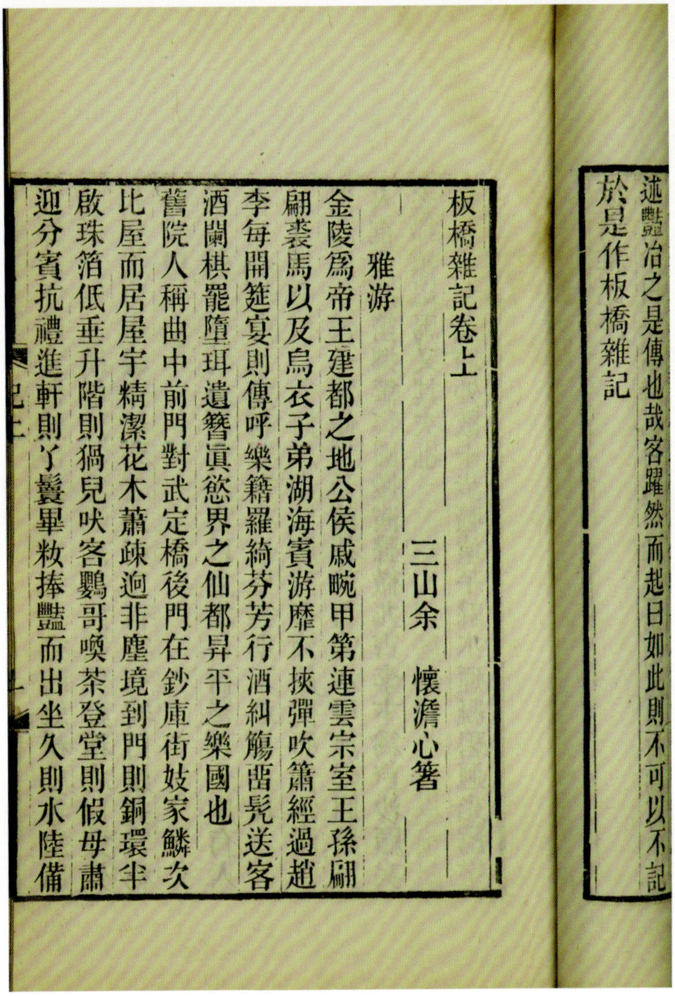

中卷：丽品。描写包括尹春、李十娘、顾媚、董小宛、李香、寇媚等秦淮群艳。

下卷：轶事。描写金陵、瓜洲、嘉兴等地方的轶事。

鲁迅在《中国小说史略》中写道：“唐人登科之后，多作冶游，习俗相沿，以为佳话……自明至清，作者尤夥……清余怀之《板桥杂记》尤有名。”

《板桥杂记》记十里秦淮南岸的旧院，记风俗，记轶事，记过往岁月中的金沙银屑。旧院的长板桥附近，“一带妆楼临水盖，家家分影照婵娟”。尽管当时明帝国风雨飘摇，二百余年的大业接近了尾声，但大厦将倾却无碍南都的声色犬马、畸形繁华，文酒笙歌也于此时达到鼎盛。《板桥杂记》沉痛的兴亡之感，已经超越了对旧日裙屐笙歌、繁华往事的缠绵追忆，因此也超越了“狭邪之是述，艳冶之是传”的《北里志》一类的作品，而成了永世流传的杰作。

《板桥杂记》由尤侗作序。尤侗，生于万历四十六年（1618），祖籍长洲（今江苏苏州市）。其家世代书香，自称是“簪缨不绝”。其父为明太学生，但终生未仕，在家课子。尤侗五岁开始居家习读“四书”、“五经”，受业于其父祖。其天资聪颖，喜读《史记》、《离骚》等，以博闻强记闻名乡里，世人称其为“神童”，并入学为诸生，一时间颇负才名。

顺治三年（1646）副榜贡生，顺治帝曾称誉尤侗是“真才子”，惜六入考场皆名落孙山，九年授永平（今河北卢龙）推官。曾在衙署门柱撰写了一副楹联：“推论官评，有公是，有公非，务在扬清激浊；析理刑法，无失入，无失出，期于扶弱锄强。”顺治十三年（1656）春，他以大清典律杖责鱼肉乡里的“旗丁”后，反遭弹劾，刑部以“擅责投充”，例应革职，改为降二级调用。尤侗不等降级调用，愤然辞官，当年七月偕同妻儿返回故里，“拜见父母，悲喜交集”。决定从此收心归隐，自号“晦庵”，将居处改为“看云草堂”，取杜甫诗意“年过半百不如意，明日看云还杖藜”。尤侗精通南曲（昆曲）、北曲，以一腔忧愤创作了许多剧本，包括杂剧《读离骚》、《吊琵琶》、《桃花源》、《黑白卫》、《清平调》五种，及传奇《钧天乐》，均在顺治十三年至康熙七年间（1656—1668）完成。

康熙十八年（1679）应诏入选博学鸿词科，以二等十二名授翰林院编修，参修《明史》，分撰列传三百余篇、《艺文志》五卷，“受知两朝，恩礼始终”。康熙二十一年（1682）尤侗长子尤珍高中进士，完成了他一生未了“科名”夙愿，于是慨然引退：“知足不辱，知止不殆。吾年逾六十，子幸成名，可以休矣！”康熙二十二年（1683）在史局以撰述第一的成就致仕返乡，归隐苏州亦园。书斋名为“西堂”，故自号“西堂老人”。后在苏州城滚绣坊建有园林，面积约十亩，定十景名为：南园春晓、草阁凉风、葑溪秋月、寒村积雪、绮陌黄花、水亭菡萏、平畴禾黍、西山夕照、层城烟火、沧浪古道。

康熙三十八年南巡，尤侗年近八旬仍亲迎于道，三月十八日恰逢康熙帝诞辰，作《万寿词》以祝寿，“上嘉焉，赐御书‘鹤栖堂’匾额”。四十二年康熙帝再度南巡，晋为侍讲，时人比之为李白。隔年六月因年老逝于家中，葬于苏州西郊太湖边光福镇官山姚姊坞。

笔者藏本为光绪三十四年（1908）刊本。

实录苏州歌姬的清光绪刻本《吴门画舫录》

清光绪三十四年（1908）刊

《吴门画舫录》是苏州歌姬的实录。西溪山人的《吴门画舫录》，不分卷，书前有沈廷炤、郭麟、吴锡麒、汪廷楷、彭兆荪五篇序言。有两篇序言标明的时间为嘉庆乙丑和丙寅，也即1805年和1806年。这距离《扬州画舫录》的刊布大约十年。

吴门是苏州的别名，故书中所记都是苏州故事。《吴门画舫录》记载歌姬数十人，或详或略，或长或短，述其姓名、容貌、技艺、逸事。作者虽然优游于花丛，但文字并不邪淫。如对书中第一人杜凝馥这样写道："杜凝馥，字宛兰，行三，居下塘。柔情绰态，一时有牡丹之目。性爱兰，碧箔银床，香盈一室，既对美人，复挹骚客，过者往往流连忘返。"非但不涉情色，相反对那些被迫堕入平康的女性抱有深切的同情。如记歌姬钱梦兰有个凶恶的丈夫，"少不悦则当头棒喝，不顾月缺花残，甚至温柔乡里，锥刺横施，玉藕弯中，刀痂不绝"。梦兰在"珠啼玉泣，困苦终宵"的境况之下依然梳妆接客，故作者叹道："吁，可慨也！"

《吴门画舫录》着眼于青楼中人，但因都是作者亲见，故在存史上也不无价值。如有个马如兰，曾与著名诗人袁枚交往："马如兰，少鉴赏于随园老人，名籍甚。"还有个憨园，与著名文学作品《浮生六记》有关："潘

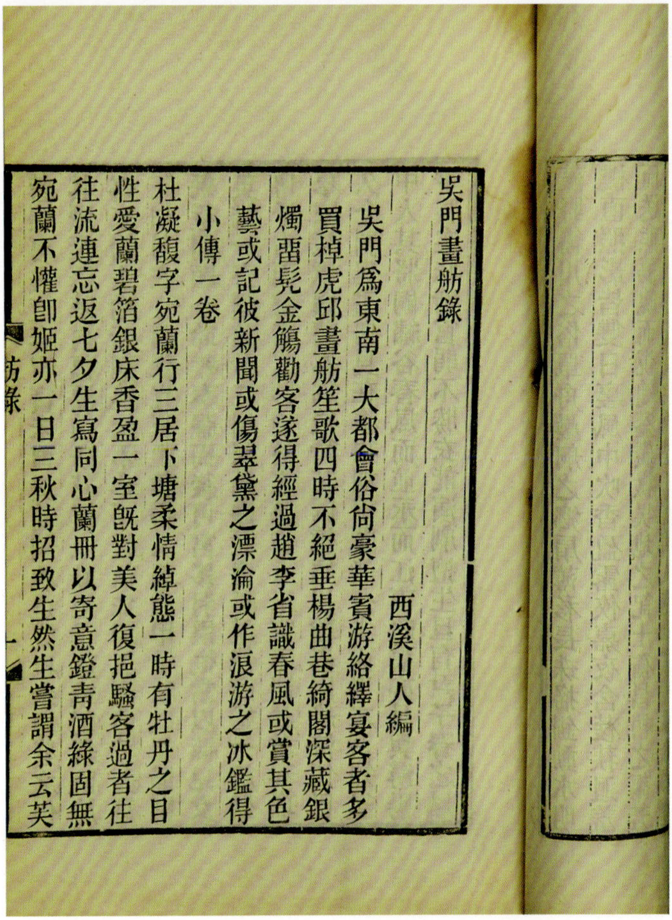
吳門畫舫錄

西溪山人編

吳門爲東南一大都會俗尚豪華賓游絡繹宴客者多買棹虎邱畫舫笙歌四時不絕垂楊曲巷綺閣深藏銀燭畱髠金觴勸客遂得經過趙李省識春風或賞其色藝或記彼新聞或傷羣黛之漂淪或作浪游之冰鑑得小傳一卷

杜凝馥字宛蘭行三居下塘柔情綽態一時有牡丹之目性愛蘭碧箔銀床香盈一室既對美人復挹騷客過者往往流連忘返七夕生寫同心蘭冊以寄意鐙青酒綠固無宛蘭不懽即姬亦一日三秋時招致生然生嘗謂余云芙

冷香，居城中。友人竹士为余言，姬貌昳丽，解吟咏，有《柳絮诗》绝工。其二女，长憨园，次文园，喜翰墨，亦院中矫矫。”《浮生六记》中说，芸娘曾想给沈复纳妾，“时有浙妓温冷香者，寓于吴，有《咏柳絮》四律，沸传吴下，好事者多和之”。于是前去，“见冷香已半老，有女名憨园者瓜期未破，亭亭玉立，真‘一泓秋水照人寒’者也，款接间，颇知文墨；有妹文园，尚雏”。沈复夫妇十分满意憨园，但因后来发生变故，事未成功。想不到这位憨园，竟在《吴门画舫录》中有载。另据《虎阜志》，曾记“乌程女子潘冷香，其夫幕游，久客不归，冷香郁郁，惟以诗词自遣。乾隆戊申，来寓下塘，有《柳絮词》四首，传诵吴中，一时名士，皆有和作”。因为此志成书略早，憨园、文园尚未长成，所以仅记了潘冷香。《浮生六记》虽是小说，其真实性由此亦可窥豹一斑。只是憨园其母姓潘，《浮生六记》误记为姓温了。

《吴门画舫录》也有涉及扬州的地方，如记崔秀英系来自维扬：“崔秀英，一名漱英，行二，居山塘彩云弄。丰肌弱骨，雅度翩跹，净洗铅华，见者不疑其平康人也。慕寂静，寡酬应。尝买舟游西子湖，登鹫岭，步苏堤，抚西泠松柏，吊小青墓，飘飘有出尘之想……喜拨弦，一歌小调，喉珠一串，不数燕赵佳人，盖是曲以北地胜，姬来自维扬，得擅其妙。”又记花鼓戏艺人陈桐香曾到过扬州：“陈桐香，字璧月，行三，浙之姚江人。微眺含睇，蛾眉连蜷，裙下双趺，尤为罕俪。工演剧，非昆非弋，俗谓花鼓戏者是……姬少倾心于梁溪某公子，有终焉之志。将之邗江，公子填词赠别云：‘阿娘知道嫁东风，挈儿也作飘零絮。’盖时姬尚十五待字女也。”

据说有些歌姬听说作者撰写此书，主动请作者把自己写进书里的：“郑默琴，字韵梧，少字良家，及笄而父悔之，其人鄙弃不复争。乡里鉴于前车，无问名者。父母相继卒，旋为匪人卖，遂入籍。居恒怏怏，不屑作倚门伎俩。欲择人事，而物色风尘，蹉跎未偶者数年矣。闻余辑《画舫录》，介客述梗概，属书之。”

《吴门画舫录》成书后七八年，又有人作《吴门画舫续录》，分为内编、外编、纪事三卷。其自序时间在嘉庆癸酉，也即1813年。据作者说，他写此书只是想为苏州歌姬做点拾遗补缺的事情。就补录人物而言，《吴门画舫续录》的确做到了。而且正因为要补《吴门画舫录》之缺，所以此书收录的范围更广。譬如，《吴门画舫录》只记了一个扬州人崔秀英，《吴门画舫续录》则记了三个扬州人，为我们今天了解当年扬苏之间的交流，提供了难得的材料。

当年旅苏的扬州美人中，第一个是豪侠好义的王兰珍："王兰珍，行大，维扬人，今居下塘袁家弄。丰姿艳逸。词气倜傥，有豪侠好义之风。余初晤时，即语余以人情之儇薄，随举一二事，意趺趺不平，见于眉睫，其冷眼热心人哉。"其次是长于酬应的卞爱珠："卞爱珠，字琴霞，维扬人，今寓水潭头琴香旧居。姿貌中人，长于酬应，谈言爽利，无娇慵态。能持家，御下颇严肃。"最后是善解人意的田小莲："田小莲，行二，维扬人，向与卞琴霞同寓礼拜寺前。婧服倪装，献酬应对，靡不中节。而浅笑低颦，百端交集，意灵犀一点，通澈人寰。"可见当时扬州歌姬在苏州的风采。

书中又多记擅长昆曲者，如潘素珍"豪于饮，工昆曲"；徐小娥"昆曲能联净旦于数阕，各极其妙"；孔蓉仙"幼读书，能通字义，昆曲与姊相伯仲"。书中写有的苏州歌姬曾经"学曲于邗江"，"游江淮间工小曲"，可以看成是扬苏文化交流的实证。至于有一位苏州风尘女子高玉英，爱读《红楼梦》，常常与人论难"真假"二字，给人的印象也很深。

笔者藏本为光绪三十四年（1908）刊本。

清精刻
王颂蔚《古书经眼录》
清光绪年间刊

王颂蔚（1848—1895），字芾卿，号蒿隐，初名叔炳。长洲（今江苏苏州）人，王鏊第十三世孙。早年师从冯桂芬，二十岁时由冯桂芬聘请修撰《苏州府志》，与叶昌炽、管礼耕、翟氏校定《铁琴铜剑楼书目》。通籍后，撰《周礼义疏》及《明史考证捃逸》若干卷，同叶昌炽、袁宝璜合称“苏州三才子”，擅长版本目录学，他著的《古书经眼录》影响深远。笔者藏本为光绪年间初刻初印精本。他的旧居在苏州十全街237号。

王颂蔚为清光绪六年（1880）进士，改庶吉士继续进修，散馆改户部主事，补军机章京。因其内心钦慕朱蓉生、梁节庵等为人，故常说：假使我能为御史言官之职，则愿足矣。王颂蔚每每看到耿直忠诚的为官事迹，都手抄笔录。

朝廷考核录用御史，他参加考试，且获第一名。想不到军机处因其工作出色，业务熟练，上奏不能放任而未成，但耿言敢说之志不衰。弹劾安徽巡抚阿克达春贪污黩职、在购买北洋海军军舰时浮报冒领价款一案的上奏文稿，即由王颂蔚撰写。

王颂蔚为官廉洁清介，曾派任工程监督，厂商按常例赠送因工程节约所提奖金，他坚决不收，说：提工价的十分之一奖金，虽为常例，但我不能随俗浮沉。潘祖荫和翁同龢都是他的座师，官居高位，但他除非请教学问，平时决不轻易拜访。潘公清风亮节，待人严谨，唯独对王颂蔚推崇备至。

王颂蔚还提倡“开贤良、登俊良、讲求实学”，希望士人“学习测量、化学、光学”，并“咨商制造”。1890年任会试考官时，他曾力荐蔡元培的考卷。

甲午中日战争爆发，翁同龢氏入主军机处，王颂蔚积极进言：“军机处总持战局，更应该先知道战区地形，今军机处连高丽地图都没有，每当前方奏报军情，连所指地名在哪里都不知道，如何能运筹帷幄、决胜千里呢？”于是，军机处令北洋进高丽地图。但该图简单疏漏，难以使用。

时王颂蔚有友人自日本归来，携有日本报馆所印中国地图，凡铁道、港口、电线等一切罗列，十分周详。王深

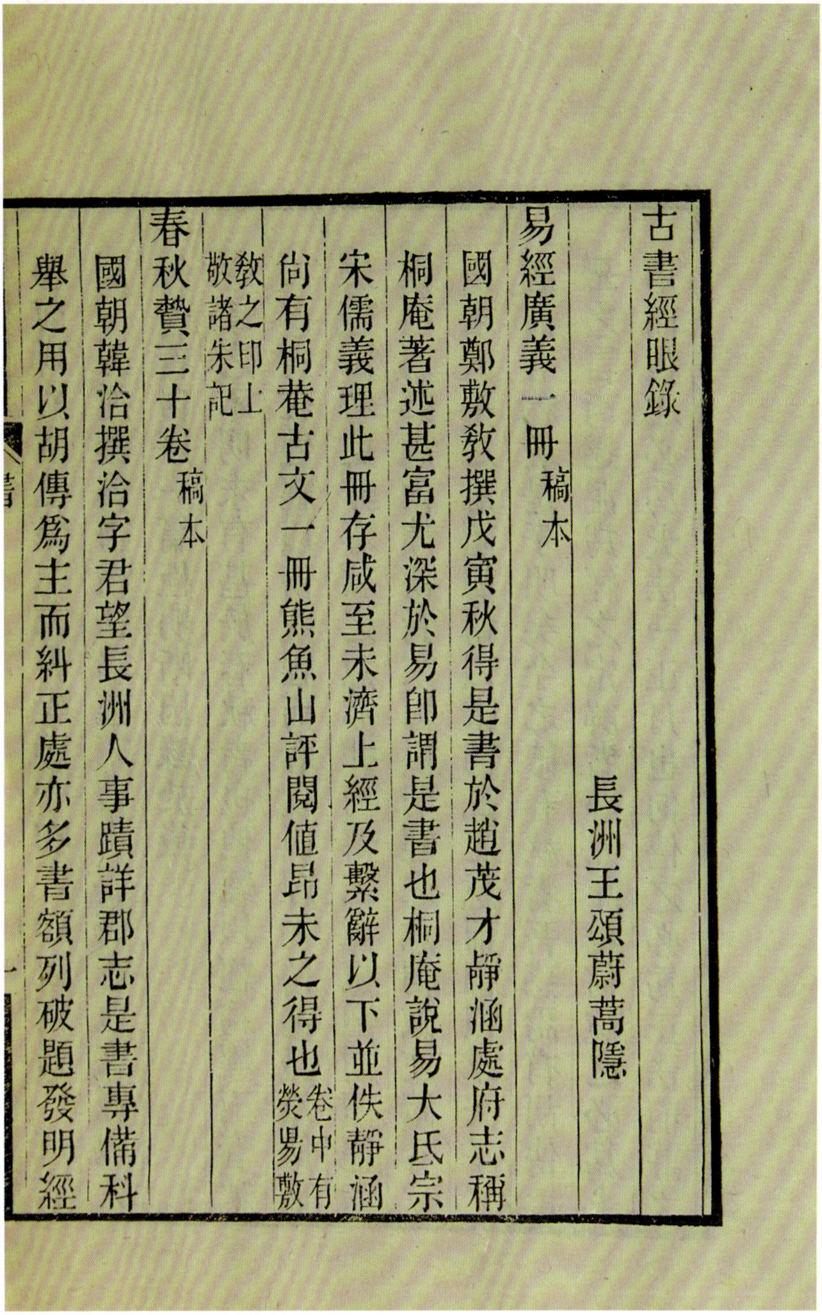
古書經眼錄
長洲王頌蔚蒿隱
易經廣義一冊 稿本
國朝鄭敷敎撰戊寅秋得是書於趙茂才靜涵處府志稱
桐庵著述甚富尤深於易即謂是書也桐庵說易大氐宗
宋儒義理此冊存咸至未濟上經及繫辭以下並佚靜涵
尚有桐菴古文一冊熊魚山評閱値昂未之得也卷中有熒易敷敎之印上敬諸朱記
春秋贊三十卷 稿本
國朝韓洽撰洽字君望長洲人事蹟詳郡志是書專備科
舉之用以胡傳爲主而糾正處亦多書頷列破題發明經

为叹息：“敌人准备已非一日，而我们则在临渴掘井，如何能制胜敌人！”不久，中国果然失败，割地赔款，他深为悲愤，抑郁寡欢，于光绪二十一年（1895）七月在北京逝世，终年仅四十八岁。有一子王季烈，一女王季常。

说到王颂蔚，还不如王谢长达在苏州有名，王谢长达是王颂蔚的夫人，在苏州以办学知名，振华女学就是由她一手创办的。1934 年 12 月 25 日，王谢长达去世，蔡元培特地从南京赶到苏州吊唁。

蔡元培虽然是振华的挂名校董，还曾为长达图书馆题名，但亲自前来吊祭，颇不寻常。原来，王颂蔚于蔡元培有知遇之恩，并且还是蔡元培的座师。具体是这样：蔡元培考完会试后，即去拜见乡试考官李文田，把自己的会试卷拿给李文田看，李阅后大摇其头，认为蔡元培的八股文做得太不中绳墨，会试断难考取。孰料，当蔡颓然准备南返之际，却传来了取中贡士的消息。原来房官正是苏州王颂蔚。据张一麐《纪念蔡孑民先生》说，王颂蔚看见蔡元培头场卷子，觉得不类当年流行的八股文，甚奇其文，及见二、三场卷，“则渊博无比，乃并三场荐之，且为延誉”。这样，蔡元培就顺利地中了贡士。殿试在两个月后进行，不过蔡元培当年并没有参加。

蒋复璁认为，蔡元培是不知自己中了贡士就已经南归，才放弃了随后的殿试。不过，蔡元培《自写年谱》则说，殿试是他自己放弃的。他当年之所以没有继续参加殿试，乃是“因殿试朝考的名次均以字为标准，我自量写得不好，留待下科殿试，仍偕徐君出京。”这是比较奇怪的事情，少年科第，精进不已，正好趁热打铁，一鼓作气，何以甘心放弃上进之途，留待下科呢？原来是自己觉得字写得不好。李慈铭的《郇学斋日记》记：“蔡进士（元培）来，沈进士（宝琛）来，两生皆年少未习楷书，故不待复试而归。”他的说法与蔡元培自己的说法相合，都是因为字的问题，毅然决然地放弃了当年的殿试，完全出自自知之明。

我们现在来分析，即使有李文田丧气的分析在先，作为考生，除了有特殊变故，也不至于不等结果出来，就赶着回去的。毕竟，一旦中了，还要拜见老师，且在京有一系列的应酬，试毕即返，不符合一般情理。那么，知道得中了，而因为担心自己的楷书，而自动放弃，可能性如何呢？而且不是只有蔡元培，放弃的还有沈宝琛。难道两个年轻人对殿试的认识这么冷静清醒，协同一致？

蔡元培的放弃，还与王颂蔚有关，他们是听了老师的话，才放弃了随后的殿试的。而当年，老师的话具有非常的权威性，毋庸置疑，不容违背。

原来，当蔡元培去王颂蔚府上以门生礼拜师谢师时，王颂蔚对他说："以君之文，可得连捷，然殿试须兼重书法，君殊不逮。与其连试不效，须隔三载，不如停试一次，尽一年之力，从事白摺工夫，或能于明年补试获隽也。"果然，1892 年，蔡元培复试获隽，得中二甲三十四名进士，成为翰苑人物。据此可见，王颂蔚并不认为蔡元培的八股文坏，反而还相当看好他的文章的。

1935 年 1 月 19 日，王谢长达追悼会上，蔡元培不忘师恩，说"鄙人于四十余年前，受黻卿先生教训"，黻卿先生，指的就是王颂蔚。

人的一生出处，有时候就在关键的几句话上。

平江逸史陆丙文等册页

清同治至光绪年间刊

喜看小院添新色，年年春风留旧尘。谈书论画，评古述今，浓淡墨润，藏我心缘。笔者有藏本平江逸史陆丙文及友人余庚、魏伯铭、赵友兰所作书画册页，共二十四幅，时间在同治至光绪年间。研究发现，该册页除了具有很高的艺术价值外，也是研究清代苏州及周边地区历史文化的珍贵史料。

陆丙文，平江逸史、寿石盦主人。钤印："寿"、"陶寿"、"士安"、"平江陆士安"。二十四幅册页中陆丙文字画有八幅。

字画主要内容以诗词和人物山水为主。可圈可点之处：一是艺臻化境，即画家经过长期锤炼，其思想感悟和生活实践已浑然一体。笔墨的意境清新脱俗，诗情画意，引人遐思。二是其绘画追求简约凝练，朴实无华，带有禅意。画中描摹之古人生活形态无论是夜读，还是采菊，皆笔墨双修，意味与意蕴真是绿叶香风共一揽。三是作品讲究布局，简洁明朗、笔法工细、活泼生动、设色艳丽，清新典雅。诗词书画交融一体，余韵悠长。其画间跳荡着画家一颗烂漫的童心，天人合一，流露回归自然的向往。

画中款识提及的"六如居士"应是唐寅。"新罗山人"，应是清代中期的著名画家华嵒。

华嵒的人物画，刻画形象十分注重“写心”与“传神”，着意人物个性的表达。他汲取明末具有独创风格的人物画名家陈洪绶的画法，但在造型上有夸张而少变形，更符合观众的感受心理。又对南宋著名画家马和之的笔法心领神会，行笔飘逸，线条流畅，以求物质感为宗旨，这种笔法对当时画坛和后世人物画的创作，有着相当大的影响。他的山水画，以描绘隐游生活的亲身感受为主，直师造化。学明唐寅、清恽南田和石涛，也师法宋元名家墨意。从其“大痴老叟法堪师，弄墨风堂作时雨”诗句看，他曾锐意师法“元四家”之一的黄公望（号大痴）。由于思想上有超尘脱俗的“离垢”意念，故笔下的山水，多洁净无尘，清明爽朗，给人一种可爱而不可求、可望而不可及的美的享受，构思、立意、章法、笔致上均不同凡响，在清代中期山水画中独树一帜。他的画作成就最为突出的，是花鸟图。他画的花鸟，品类繁多，生动活泼，自然成趣，幽静的花草与闹于林间枝梢的各种鸟禽，都安置得恰到好处，既展示出大自然中动植物纯朴无饰的自然美，又把千姿百态的自然界生态意识与画家的独特感受和谐地融合在一起。天地人浑然一体、协调统一的精神，在他的笔下达到了炉火纯青的高度。这种意在其中、情见于外的艺术魅力，使他的花鸟画作有着无比美好的审美价值。他直学南田，但运笔、设色上又自成风格，故已达到“并驾南田、超越流辈”的境界。

画中款识还提到“白阳山人”，应是陈淳。

陈淳（1483—1544），初名淳，字道复，自号白阳山人，长洲（今苏州）人。他曾以诸生资格贡入太学，卒业后，放弃做官的机会，回到苏州，纵情于艺术创作的生活。陈淳自幼饱学，对于经学、古文、词章、书法、诗、画，都有相当造诣。尝游文徵明门下，文徵明笑着对他说：“吾道复举业师耳，渠书、画自有门径，非吾徒也。”后来，

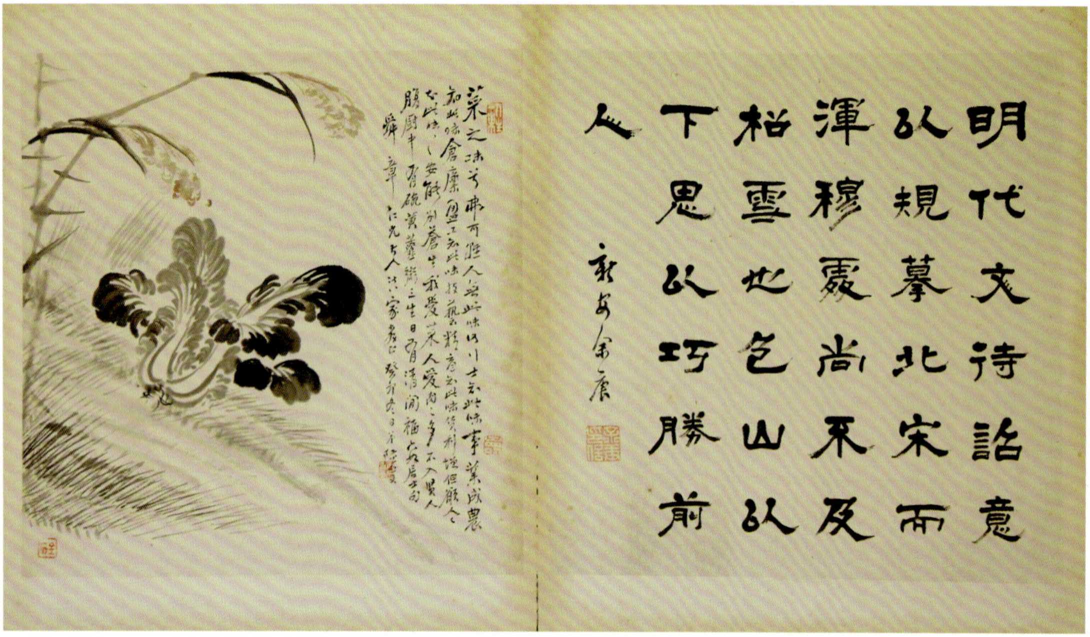
明代文詩詒意
以規摹北宋而
渾穆處尚不及
松雪也色山以
下思以巧勝前
人
新安余康

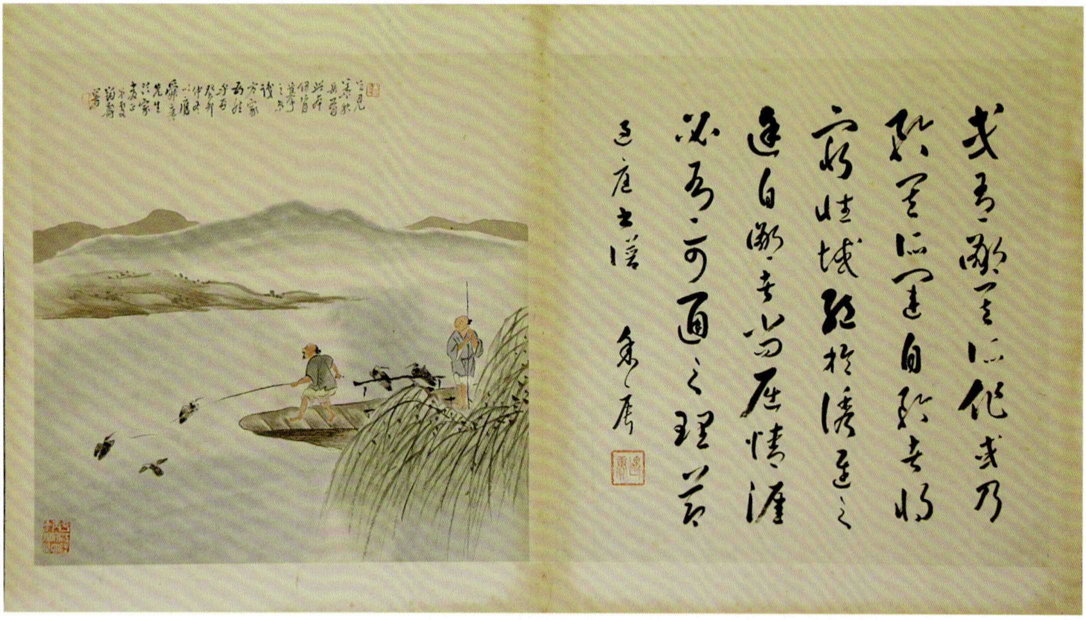

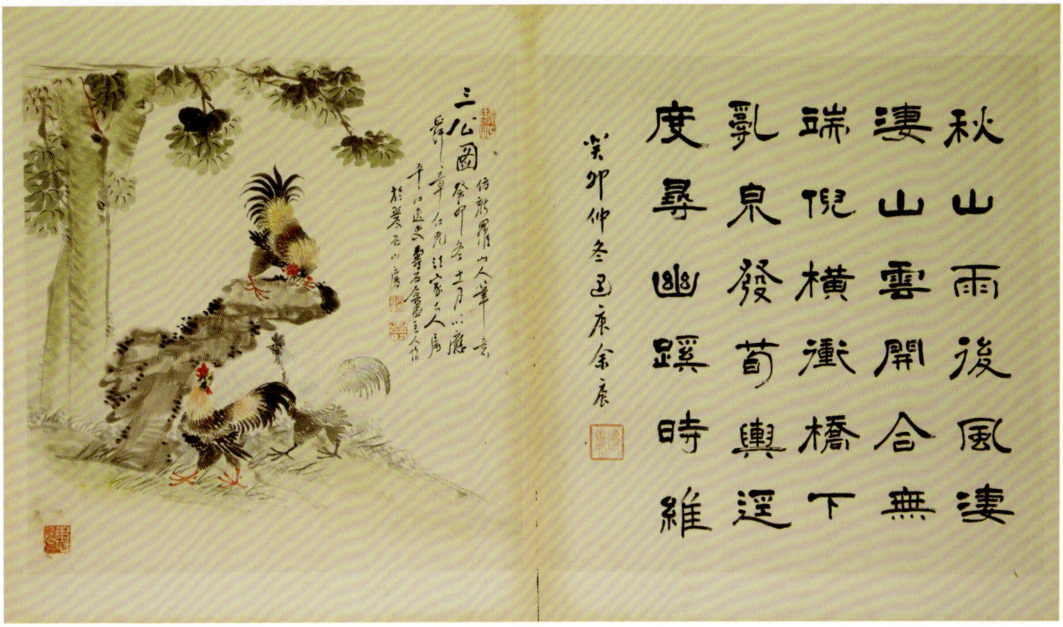
三公圖
秋山雨後風淒
淒山雲開合無
端倪橫衢橋下
亂泉發荀輿逕
度尋幽蹊時維

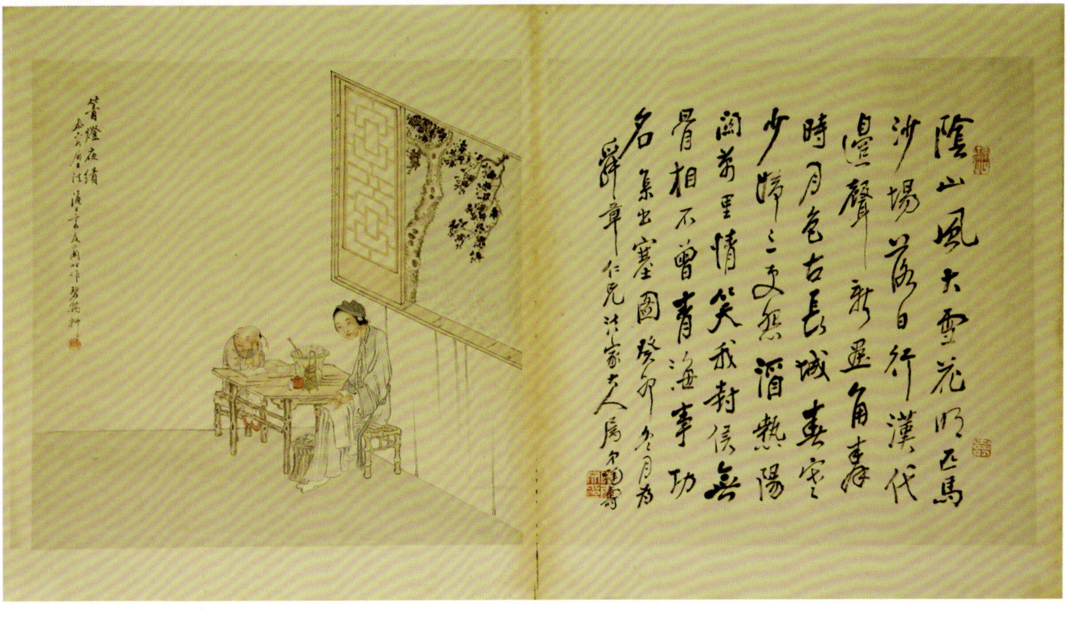
陰山風大雪花明疋馬
沙場落日行漢代
邊聲新畫角秦
時月色古長城

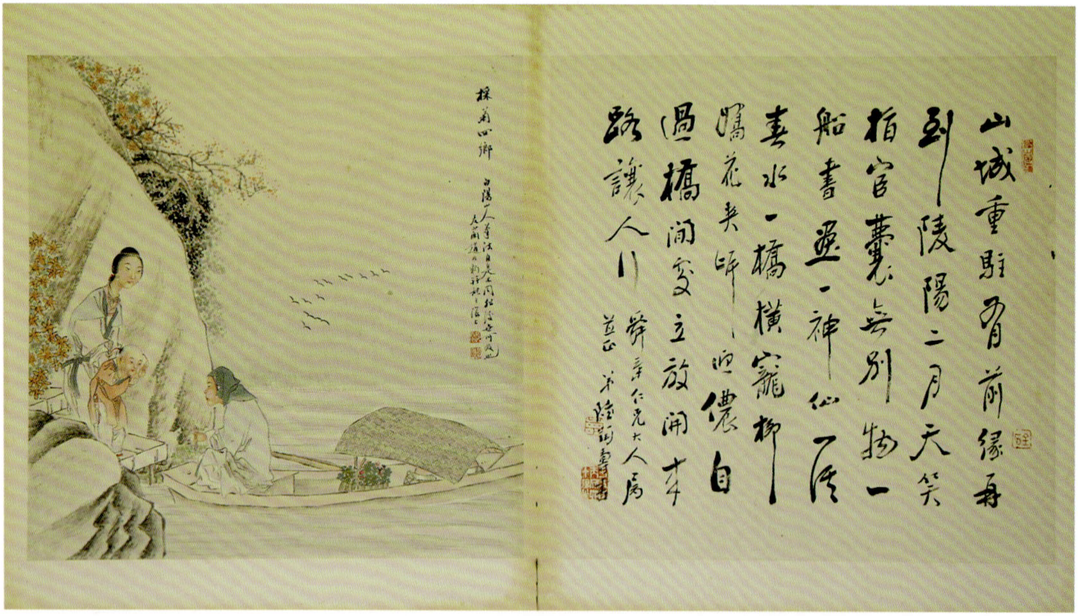

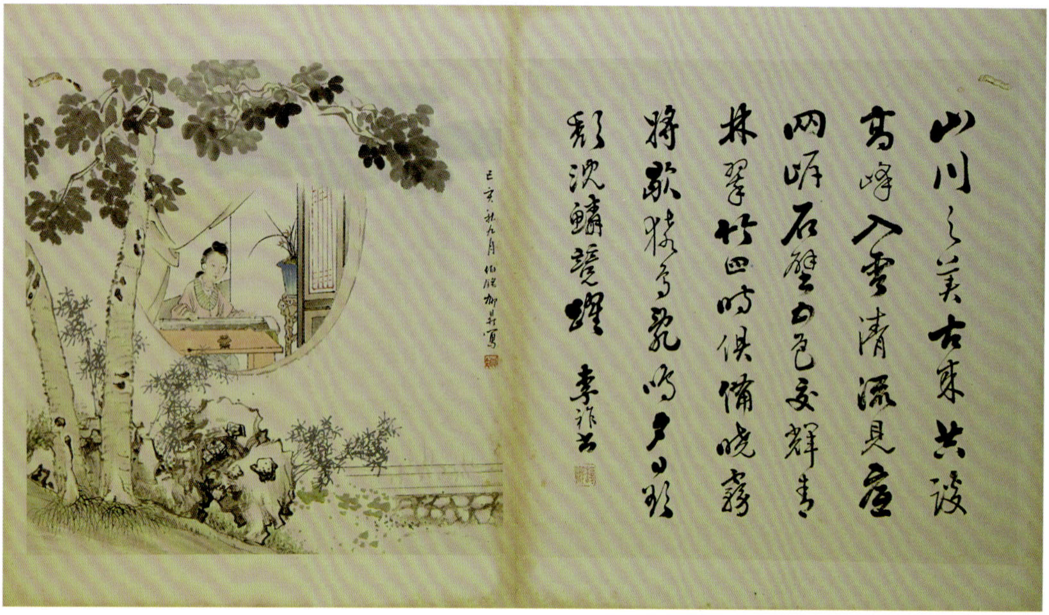
山川之美古來共談
高峰入雲清流見底
兩岸石壁五色交輝青
林翠竹四時俱備曉霧
將歇猿鳥亂鳴夕日欲
頹沉鱗競躍

还是成为文徵明的弟子。中年以后，笔墨放纵，诗文书画均有明显个性，自立门户。擅长写意花卉，与徐渭并称为“青藤、白阳”。陈淳的绘画当属文人隽雅一路的，书法以行草书成就最高，是晚明狂草大家。早期小字行草风格接近于文徵明，用笔精细；后期一变为率意纵横，草书的抒情性得到极大的发挥。

这些款识中提及唐寅、华嵒、陈淳等，是探寻书画家根脉的依据。陆丙文曾有画作在上海嘉泰拍卖有限公司拍卖过，评价他“既有唐伯虎笔意，兼有王石谷原本”。

二十四幅书画中有些款识一时无从考证，如“余庚”、“李作”、“赵友兰”款识，再如“碧筠轩”、“爱石山房”，但是那诗书画浑为一体的美妙，大家风范的画作，俊逸的诗章，无不透视着清代江南名士的风范，其艺术价值不能低估。

欣赏一位书画家作品，必须要全面了解作者在不同年龄段乃至不同历史时期的笔墨习性和精神面貌。不同时代造就不同的心境，而不同的心境又孕育出不同的画境。只有系统研究才能真正领悟意会，品赏出书画境界和价值。

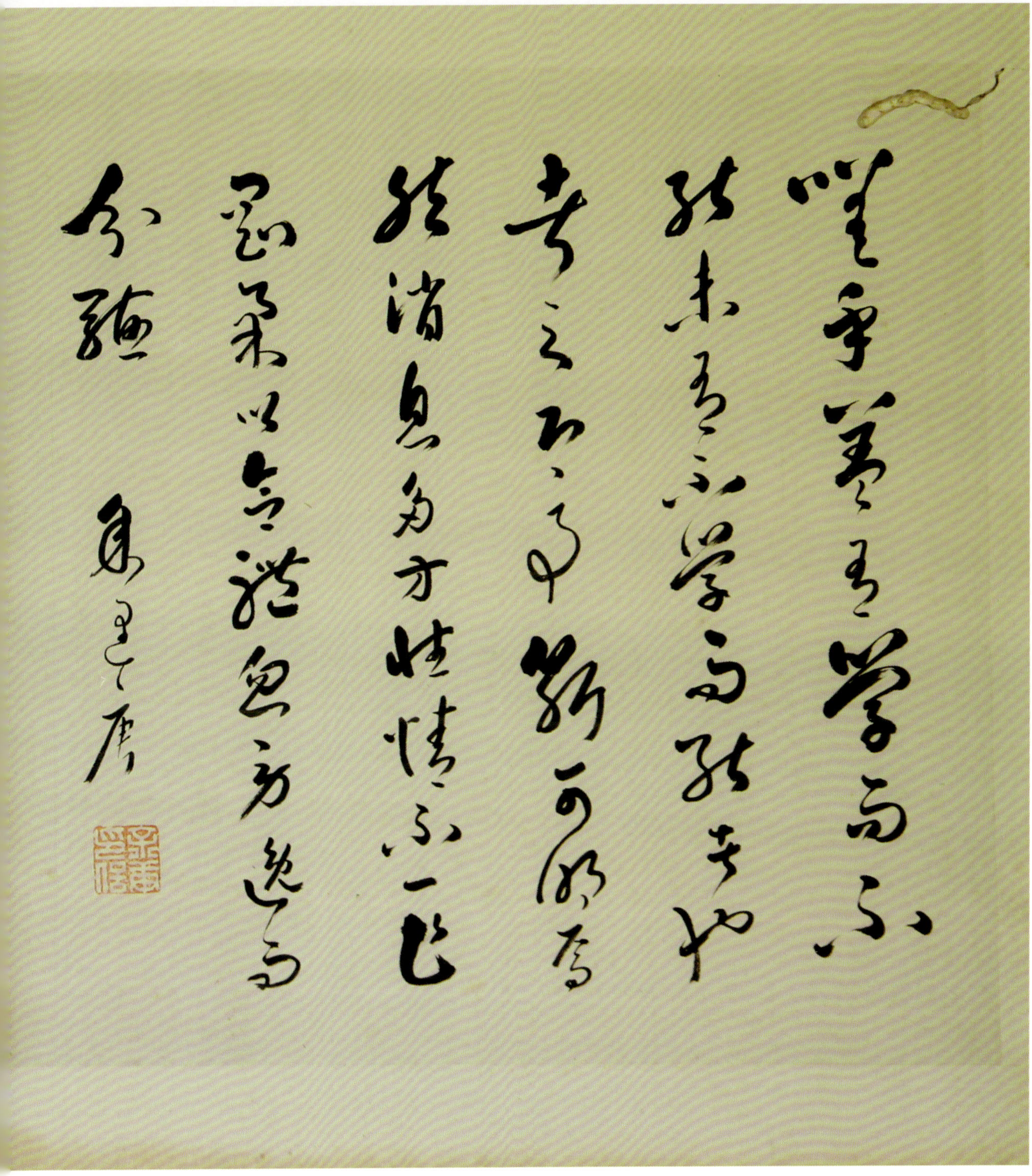

雪天童樂
友蘭外史

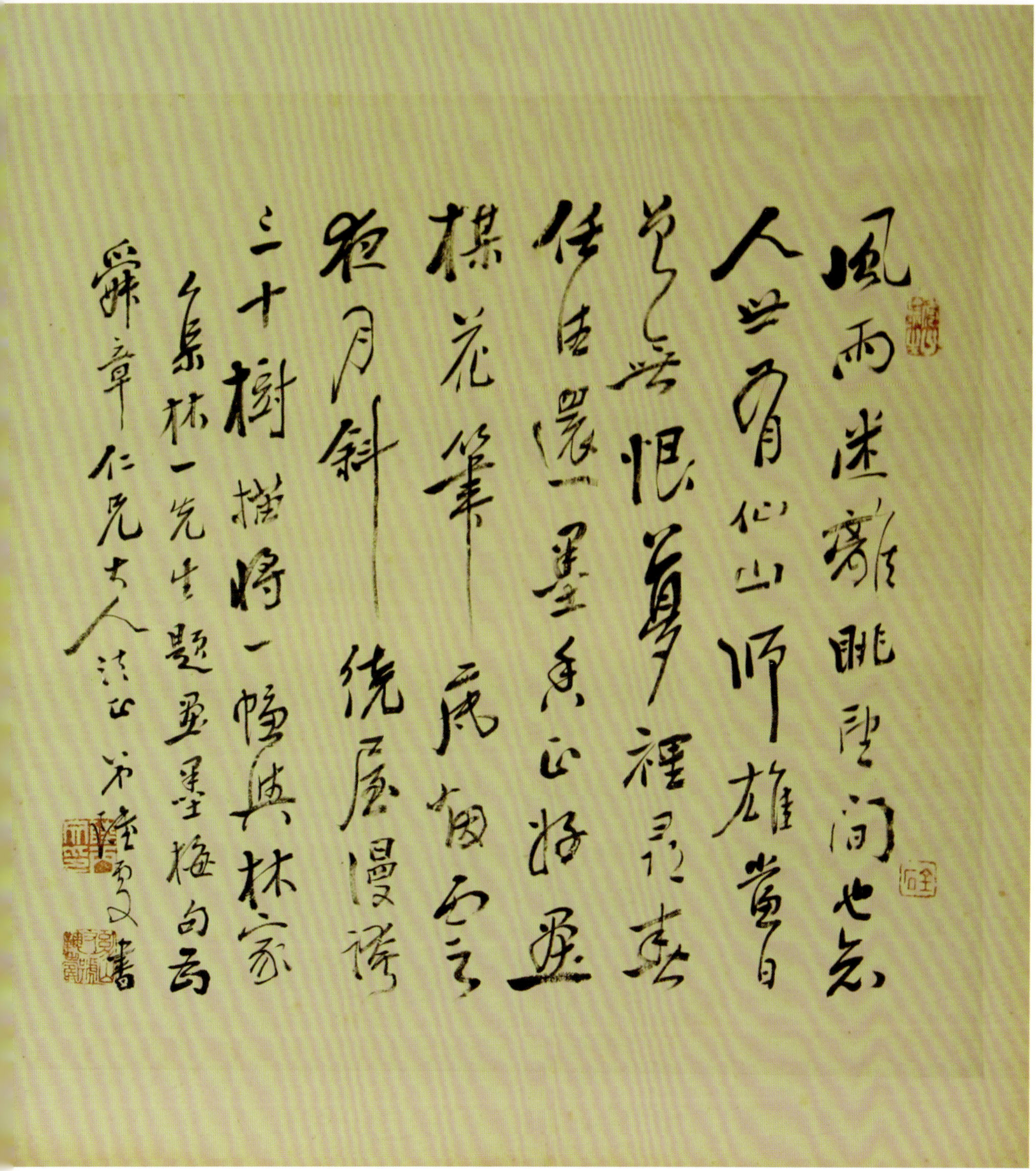

《竹堂正觉禅寺小志》附阳山景福庵纪略

清宣统元年（1909）刊

《竹堂正觉禅寺小志》一册，书后附有阳山景福庵纪略，真鉴辑定而成。正觉寺在今苏州，久为吴中盛景，因其地竹林茂密，又由陆志宁竹堂而来，故俗称竹堂寺。

《苏州杂志》2006年第一期《风雅竹堂寺》一文介绍：

相传明代吴门才子唐伯虎曾戏作《除夕口占》诗云："柴米油盐酱醋茶，般般都在别人家。岁末清闲无一事，竹堂寺里看梅花。"该诗前半部分诉说了自己除夕之夜一贫如洗的穷困凄楚，但后半部分却表现出了无比洒脱的胸怀，一个苦中作乐的才子形象跃然纸上。那么诗中所提到的竹堂寺究竟是一座怎样的寺庙呢，百无聊赖的唐伯虎为什么要去竹堂寺看梅花呢，这些就是本文所谈的主要内容。

首先从竹堂寺的沿革谈起。竹堂寺原址在今苏州市万寿宫附近，据《吴郡志》载，该寺旧名"老寿庵"，是王岐公家的香火院。北宋末年金兵南下苏州时，苏州城的宫室几乎全部被烧掉，只有这里因为有金兵将领居住才得以幸存，"吴下古名屋惟此寺耳"，也算硕果仅存了。南宋初年卖国贼秦桧的一个名叫王显道的小舅子在做苏州知府时曾经把该地作为自己的私家祠堂，后来这里又成为抗金名将杨存中的别墅。

竹堂之名源于元代末年苏州著名富人陆志宁。传说当时的陆志宁不但为苏州首富，而且颇有学识，曾经作过甫里书院的山长，当时的名流都喜欢和他一起诗酒唱和。陆志宁酷爱园林，其家园林甲于吴下，当他买下这块生长着大片梧桐树的寓馆后就大事改造，刨去梧桐树，代之以自己喜欢的各种竹子，故名之为竹堂。陆志宁晚年看破红尘出家为道，改陈湖之上的瑞云观为宗静观，在此潜心修行，又捐资得到道判的头衔，故时称“陆道判”。陆志宁的妻子也学佛法，出家为尼。传说陆志宁在出家之前把自己所有的财产都赠予帮助自己理财的两个人，并对他们说：“吾产皆畀汝，惜为汝祸耳！”这两人中一个就是大名鼎鼎的沈万三，后果然因为有钱而丧命，另外一个葛姓富人也没有善终，可见陆志宁料事之准。此事在明人杨循吉的《苏谈》中有详细记载。明人徐源曾经在此大发感慨曰：“回想杨和志宁当时贵富，地在而物改，时已变而竹独存，则万钟千驷之富其于我何有哉！”

陆志宁出家前把自己的竹堂舍为大林庵，洪武二十五年（1392）朱元璋下令全国清理佛教，大林庵并入万寿寺，永乐年间此地被一宦官所得，后来该宦官把这片土地施舍给僧人弘此宗，正是弘此宗开启了竹堂寺新的历史。

弘此宗是云南僧人，当时颇有名望。他在永乐年间不远万里从云南到北京朝拜，得到了永乐皇帝的赏识，先被任命为天界禅寺的住持，后来又奉皇帝诏旨云游四方，足迹遍及今湖北、湖南、福建、浙江等地，曾住锡福建天王寺，在天王寺大兴土木重建。后来云游到苏州，在苏州修建了不少寺院，并且重修了早就断了的阊门吊桥，还修了承天寺的万佛阁，热心地方公益事业，史载“凡方便事力有所及者，无不尽其心焉”，因此“道价益隆，禅芳益茂”，深受苏州当地人的爱戴。弘此宗得到这块地后，特意去京师奏明皇帝想重新在此修建寺院，朝廷特意批准，并赐“正觉”寺额，时为宣德乙卯年。皇帝亲赐寺额，为少有之盛事。“仰承帝训，往践祖庭，士庶具瞻，山川增观，不可无文以表著之。”所以在弘此宗回苏州时，“中书舍人姜君子征得同朝大夫士送上人诗若干篇”，并特意请当时翰林学士金问写了《送弘上人住苏州正觉禅寺诗序》。从此该寺正式命名为正觉禅寺。但由于此地美竹掩映，并由陆志宁竹堂而来，故仍俗称竹堂寺。

明代中晚期的竹堂寺是当时的书画家和诗人的钟爱之地，当时的吴门画派主要人物和苏州名士都在此吟诗作画，留下了丰富的文化沉淀，在苏州文化史上写下了灿烂的一页。

先从吴门画派代表人物沈周谈起。沈周和竹堂寺渊源颇深，至今尚有其《竹堂寺探梅图》真迹留存。在该图中还题有沈周的长诗，《己未春与天台李秋官、吾苏杨黄门同游竹堂古石上人梅东房，时梅烂开，小宴花下赋此》：“竹堂梅花一千树，香雪塞门无入处。秋官黄门两诗客，骑马西来为花驻。野翁携酒亦偶同，花不留人人自住。满身毛骨沁冰影，嚼蕊含香各搜句。吉祥牡丹清本欠，定惠海棠幽亦未。只凭坡口诧繁华，似恐同花不同趣。酒酣涂纸作横斜，笔下珠光湿春露。只愁此纸卷春去，明日重寻花满地。”并题识云：“竹堂寺与李敬敷、杨启同观梅，因作是图以志握手言欢之雅。时成化乙未冬月沈周。”

吴门画派的另一干将文徵明也酷爱竹堂寺，他留下的关于竹堂寺的诗很多，如《秋日过竹堂寺》云：“爱此萧条远市声，山门端不厌频登。破除尘梦来看竹，妆点闲情坐有僧。雨后秋光分短菊，樽前风味劈新橙。兴怀先哲经游地，欲继高踪愧未能。”文徵明还有《病中怀吴中诸寺七首之一·竹堂寺寄无尽》：“城东古寺万枝梅，一岁看花得几回。竹径三年无我迹，松门此日为谁开。还应坏壁余诗草，只恐荒碑蚀雨苔。凭仗山僧悬木榻，长安倦客拟归来。”还有《新正六日同子重晚步至竹堂》、《同子重晚步过竹堂》、《竹堂》诸诗。另外还有吴子孝《冬日访衡山不值，闻与诸子宴集竹堂兰若却寄》诗和陈纯《竹堂寺侯文师不遇》诗，可见文徵明确实很偏爱在竹堂寺消磨时光。

喜欢在竹堂寺消磨时光的还有大名鼎鼎的唐伯虎，本文开头的那首诗就说明了竹堂寺在他心中的地位。唐伯虎还经常和师友一起游览竹堂寺，正德六年（1511），四十二岁的唐伯虎陪着自己的老师王鏊来竹堂寺欣赏梅花，两人赋诗唱和，至今流传下的唐伯虎《墨梅图》上还题着这首名为《竹堂看梅和王少傅韵》的诗。诗曰：“黄金布地梵王家，白玉成林腊后花。对酒不妨还弄墨，一枝清影写横斜。”对酒赏梅弄墨，实为风雅之至。在顾文彬的过云楼前厅事的银杏围屏上曾经镌有文徵明画的《竹堂寺牡丹图》，上有文徵明自题诗云：“一种高情点笔中，依然水墨见春风。前身应是无尘染，一笑能令色象空。”在这幅画上面有唐伯虎题记云：“三月十日，偕嗣业、徵明、尧民、仁渠同饮正觉禅院。仆与古石说法而诸公谑浪，庭前牡丹盛开，徵明应为图之，唐寅记。”张霞芳的《红兰逸乘》还记载竹堂寺为唐伯虎和祝枝山读书的地方，直到道光年间石琴台尚存。

唐伯虎、文徵明的好友，著名书画家王宠也经常在竹堂寺赏玩，他的《雪宴竹堂寺》诗云：“远公偏爱客，高会兔园才。画室香貂满，天花宝树开。林端迷堑谷，象外澈楼台。对此复能醉，长歌甘草莱。”名士吴宽家和竹堂寺很近，“徒步可至”，想自己到老了时“策杖与故旧子侄同游于此，即事赋咏，其乐有日也”。

画家诗人以外，学者们对竹堂寺也青睐有加。万历年间，大哲学家管东溟（名志道，字登之，太仓人）就

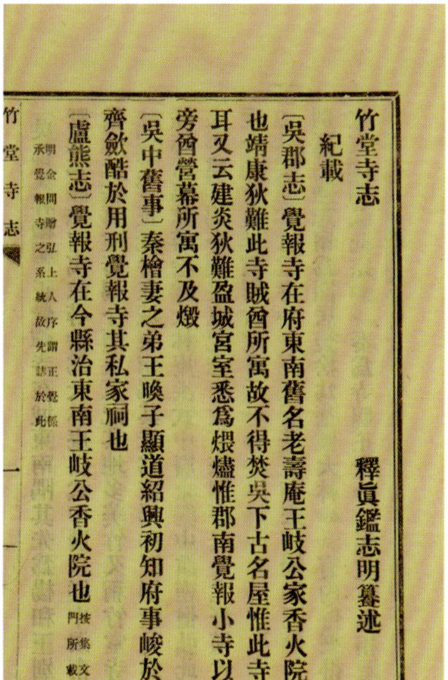
竹堂寺志　　釋眞鑑志明纂述

紀載

〔吳郡志〕覺報寺在府東南舊名老壽庵王岐公家香火院也靖康狄難此寺賊酋所寓故不得焚吳下古名屋惟此寺耳又云建炎狄難盈城宮室悉爲煨燼惟郡南覺報小寺以旁酋營幕所寓不及燬

〔吳中舊事〕秦檜妻之弟王喚子顯道紹興初知府事峻於齊歛酷於用刑覺報寺其私家祠也

〔盧熊志〕覺報寺在今縣治東南王岐公香火院也按集文門所載

明金間贈弘上人序謂正覺係承覺報寺之系統故先誌於此

竹堂寺志　一

居于竹堂寺讲学，直到去世。在佛家禅宗语录《水月斋指月录》的序中，编者常熟人瞿汝稷回忆了自己在竹堂寺听管东溟讲学：“岁乙亥夏。侍管师东溟先生。于郡之竹堂寺。幸以焦芽与沾甘露开蔽良多。”乙亥为万历三年（1575）。而大名鼎鼎的钱谦益也在竹堂寺里听过管东溟的讲学，在他的《牧斋初学集》卷四十九《湖广提刑按察司佥事晋阶朝列大夫管公行状》中也记载了这件事：“谦益少游于梁溪，顾独喜公之书，私淑者数年，丁未之秋，执弟子礼侍公于吴郡之竹堂寺。”丁未为万历三十五年（1607），是年管东溟去世，可见管东溟在竹堂寺讲学长达三十二年之久，直至在此去世。

竹堂寺对文人墨客能有这么大的吸引力，主要有以下两方面的原因：

一是这里环境优美，有山林野趣。当时苏州城东南一带比较荒凉，据时人吴宽记载：“吴城中分四隅，惟东南居民鲜少，自巷珙外弥望皆隙地，大率与郊野类。”当时苏州的寺庙大多“穹门广殿，长廊杰阁，土木之功，穷极侈丽”。竹堂寺虽然面积也有百余亩，但寺僧不事张扬，只有几间僧房，“屋才数楹，于奉佛居僧仅足而已。其外悉用以树艺，其徒特食其所入以自足，不鼓其说以求人，其亦贤于其类者哉”。“地既幽僻，入其寺竹树茂密，禽声上下，如在山林中，不知其为城市也。”明人徐源也记载竹堂寺“嘉竹蔓延，幽禽密树，游其间若在山林”。明人文震孟对竹堂寺也十分喜欢，《先待诏竹堂寺募缘疏并图卷跋》中记载：“竹堂寺居吴城阛阓中，与郡邑比壤而翛然澹广，古木森郁，如烟岚深壑。”由此可见竹堂寺的野趣确实很吸引人。

野趣而外，竹堂寺风景的优美还表现在寺内的花木上。竹堂寺以竹闻名，“志宁故大家，在当时园亭最胜，尤好植竹，至今美竹蔓延不绝”。但是其最著名的是寺里的梅花，竹堂寺里遍植梅花，成为苏州当时著名的赏梅胜地。史载竹堂寺当时有梅千本竹千个，前述众多吴门画家诗人都有在竹堂寺赏梅的经历。除上述诸人多次提到在竹堂寺看梅花外，张献翼也有《竹堂寺观梅忆懋上人》诗，在当时人的诗文中也多记载到竹堂寺观梅事。竹堂寺正是有这样优美的风景才能够吸引文人学士经常在竹堂寺聚会吟诗作画。

二是竹堂寺的僧人颇事风雅。开山住持弘此宗本来就是名僧，弘此宗以后竹堂寺住持是其弟子福喧，福喧以后其弟子祖镇在成化壬辰年被推为住持，祖镇清修澹泊，“有戒行，能守其业”，名士吴宽和祝允明曾经和祖镇“座谈竟日，留诗而还”。可见祖镇也是一位风雅的和尚。他主持竹堂寺事务三十多年，寺的规模有所扩大，但是仍然“宽衍洁清，幽雅成趣”。竹堂寺后来有住持名福懋，字大林，史载其“少有戒行，画学倪迂，书宗智永，清绝可爱。尝游文太史徵明之门，声名藉甚”，“缁素咸归向焉”。当时的官员也争相延请，但是他“视之泊如，不涉世味”。只是专修静业，吟诗作画，并有诗集传世，一派名士气质。其后的住持圆晓字虚白，也喜风雅，“能草书”，“净业不减，薰修有闻”。吴中文坛巨擘王世贞和圆晓交情很好，有多首诗赠之，如《虚白上人出关后走笔问之》、《送虚白上人主竹塘寺》、《病后承伴松、虚白二上人以法语见示辄成三绝奉报》、《晓上人自江右来谒敬美赠之诗，盖谓余方杜门不易见倚韵立绝二首》、《晓上人自云能草书转法华千遍谒补陀落迦者再矣告余且将复往走笔反前韵止之》等，王世贞还为竹堂寺写了《吴郡正觉禅寺重修大雄宝殿疏》和《文待诏修竹堂寺募缘疏跋》。

据钱谦益《列朝诗集小传》记载，明代中期竹堂寺还有高僧雪梅和尚住锡。雪梅和尚本是苏州人，嘉靖年间云游金陵（今江苏南京），在报恩寺和丛桂庵住十多年。相传他行踪神秘，不受佛家清规戒律约束，酷好饮茶，每天能饮二三十碗之多，并且也喝酒吃肉。每见到法师据高座讲经，便笑道：“乱说，乱说。”有时也和这些讲经的高僧辩驳几句，往往会问得对方张目结舌，甚至连汗都急得流出来了。雪梅和尚擅长诗文，诗集的自序中他把自己比作当世的寒山、拾得。他专修净土宗，也讲《四书》和《周易》，都有不少让人佩服的见解，融合释、道、儒三教，学问自成一格。雪梅和尚后来住锡竹堂寺，僧腊八十余年时，忽然有一天宣称自己要在某年某月圆寂。众僧人和信徒忙不迭地为其准备后事，得到了不少银子的施舍，他将余下的银子都在酒家里挥霍一空。到那天后，僧俗云集竹堂寺准备给他送葬，雪梅和尚突然取笑他们说：“你们布施不过三分五分银子，要算功德，便来逼迫老僧性命，尚早，尚早。”说完哈哈大笑。众人颓然四散。又过了几天，雪梅和尚端坐龛中，让一群小和尚在边上大叫：“老雪梅，老雪梅，今日不归何日归？”雪梅和尚应声而答：“今日归矣。”说完就鼻垂下坠而死。雪梅和尚一直到死都不愧于外名士的美称，为风雅的竹堂寺平添了一段神秘的传奇故事。

明朝末年，竹堂寺已经渐渐没落了，引以为豪的梅和竹已经没有了，但是唐伯虎画的达摩像和文徵明画的半壁大的《寒林图》、《募缘疏并图》及沈周大幅的《竹堂寺探梅图》真迹仍然留存于竹堂寺中。文震孟见时已经“败垣荒草寂寥”了，也只有慨叹“兴废有时”了。唐时升见到的竹堂寺已经是“古寺依荒草，凄凉断客行。阴虫吟画壁，宿鸟入雕瓮”了，一派破败景象。清初的竹堂寺更为破落，时人徐崧有《过竹堂寺有感》诗：“蔬圃青青半寺基，老僧寥落屋倾欹。和王别墅全无迹，陆氏高名久不知。水畔岂曾新种竹，墙间应剩未残碑。空门尽道能消遣，如此沧桑亦可悲。”黄承圣《同徐松之、陈鹤客过竹堂寺》：“荒颓西近故宫基，不见前贤最胜时。树色映花频置酒，莺声和管共题诗。名园隔代成僧舍，废寺何人忆习池。高士同来春正霁，轻风淡荡水涟漪。”张大纯《同臞翁闲步正觉寺》：“步蹀寻春野寺边，杨和王迹已萧然。山光半入松糜粥。鸟语空飘榆荚钱。雨滴落花残瓦外，风摇细竹剩碑前。伟长莫话沧桑事，故国铜驼正可怜。”

清康熙五十六年（1717）江苏巡抚吴存礼在竹堂寺基上创建万寿宫。竹堂寺仅存东、西两院，后来分成东、西两寺，东竹堂寺在今凤凰街北段一带，西竹堂寺在今公园路一带。唐伯虎画的达摩像和文徵明画的《寒林图》因为万寿宫的修建而毁坏了，而沈周的《竹堂寺探梅图》真迹和文震孟跋文徵明募缘疏石刻仍然藏在西竹堂寺中，但是后来这些珍贵的书画作品也从竹堂寺中消失了。

清代竹堂寺风光不再的同时，也出现了不法和尚，如《清史稿》卷357《熊枚传》就记载了乾隆五十八年（公元1793年）熊枚做江苏按察使时，逮捕了一向横行霸道的竹堂寺僧人恒一。

宣统元年（1909），竹堂寺一度有重振迹象。当时的住持是听泉大师，他年少时从陆研北先生游，书法工绝，慕寓公罗台山、苏州名士彭尺木、汪大绅三先生及其宗人香闻居士之风，被儒服时即禅学，妻子因此与其离异，他就带儿子一起到阳山的兰风塔院削发为僧，告别俗世。听泉大师当时和释觉阿并称高僧，释觉阿以诗名，而听泉大师以书法驰名，两人十分友善，听泉大师晚年才进城主持西竹堂寺。民国二十年（1931）西竹堂寺由僧念之法师主持，虽然当时开辟公园路时遭到了较大破坏，但尚有殿宇二十多间，僧众二十余人，为当时苏州小有名气的丛林之一。而东竹堂寺也还有殿宇十多间留存。

抗战前后，西竹堂寺渐渐败落为客僧聚居之地。东寺20世纪50年代中期改为尼庵，后改为民宅。西寺在新中国成立后陆续改为民宅、苏州戏具服装厂，1979年归苏州市文化艺术用品厂，曾经历过无数风雅的竹堂寺最终走向了历史的深处。

兰风寺，原名景福庵，又有兰风塔院之称。《浒墅关志》载：“景福庵，在阳山耙石岭下，元大德僧道宏建。今为兰风塔院。”

李根源《吴郡西山访古记》载：“过猫头顶，至耙石岭，为阳山东南行脉，往结天平之第一过峡也。有景福庵，又名兰风塔院，庵基宏大，后古塔耸立……”

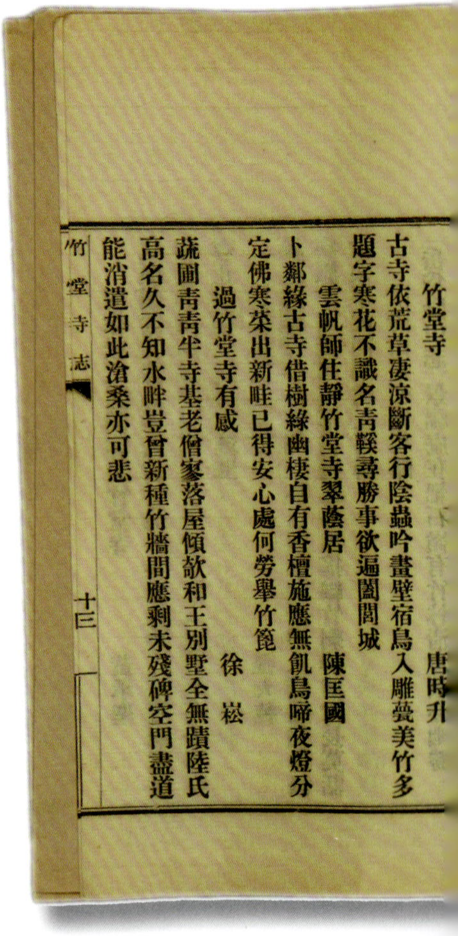
竹堂寺　唐時升
古寺依荒草凄涼斷客行陰蟲吟畫壁宿鳥入雕甍美竹多
題字寒花不識名青鞵尋勝事欲遍闔閭城
雲帆師住靜竹堂寺翠蔭居　陳匡國
卜鄰緣古寺借樹綠幽棲自有香檀施應無飢鳥啼夜燈分
定佛寒菜出新畦已得安心處何勞舉竹篦
過竹堂寺有感　徐崧
蔬圃青青半寺基老僧寥落屋傾欹和王別墅全無蹟陸氏
高名久不知水畔豈曾新種竹牆間應剩未殘碑空門盡道
能消遣如此滄桑亦可悲
竹堂寺志　十三

《苏州地方志》十五卷（人物）第一章（人物传略）载：“兰风禅师为阳山耙石岭景福庵高僧，又有道行，殿前有其遗像，故庵名为‘兰风塔院’（寺后有‘化塔’），即今鹿山村处。”兰风禅师在耙石岭上练就了一身精湛的武艺，即“耙石岭僧见月居岭间，景福善武事”。同时，他又刻苦诵经、精研教理，其医术高明，免费为当地村民治病疗伤，深受爱戴，故寺院香火鼎盛。兰风禅师圆寂后纳灵骨于后院，树高塔，遂成兰风塔院，后毁于民国战乱。

法航法师于2001年主持在原址重建兰风寺，重建后的兰风寺是按照“吴中园林”的风格进行打造的。牌楼式大门，横额上书“觉海圆通”，由中国佛协会会长一诚长老题写；背面横额上书“香林华雨”，由龙华寺

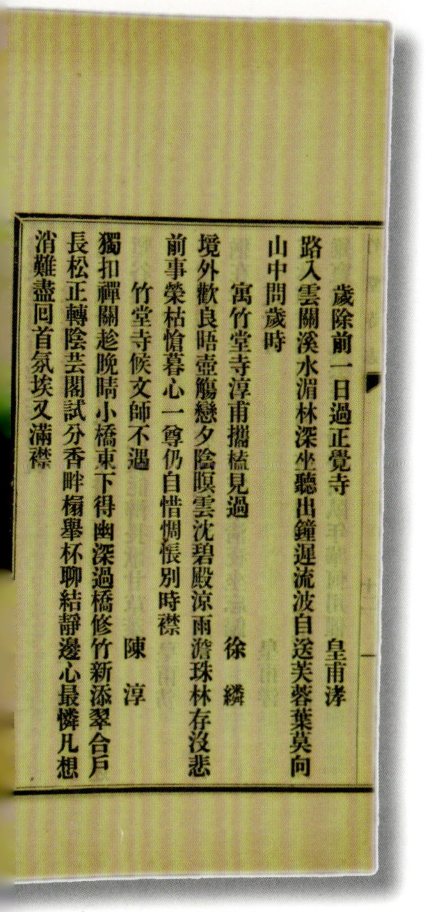
歲除前一日過正覺寺　皇甫滂
路入雲關溪水湄林深坐聽出鐘遲流波自送芙蓉葉莫向
山中問歲時
寓竹堂寺淳甫攜榼見過　徐燐
境外歡良晤壺觴戀夕陰暝雲沈碧殿涼雨灣珠林存沒悲
前事榮枯愴暮心一尊仍自惜惆悵別時襟
竹堂寺候文師不遇　陳淳
獨扣禪關趁晚晴小橋東下得幽深過橋修竹新添翠合戶
長松正轉陰芸閣試分香畔榻舉杯聊結靜邊心最憐凡想
消難盡回首氛埃又滿襟

方丈照诚法师题写。经过约百米长的“福寿桥”，桥两旁水池是开山采石宕口自然形成。南北有两尊高约二十米的石像，也是开山时余留下的乱石天然形状，后加以人工修饰，就成了两尊天然石佛；再加上水池中还有一只石龟，自然形成一幅“石龟拜观音”绝佳景象。观音合掌趺坐，法相庄严，善男信女们谓之为“鹿山大佛”。另一尊则为“老寿星”。重建后的兰风寺，有山门、天王殿、大雄宝殿、观音殿、地藏殿、万佛楼、玉佛殿、财神殿、藏经阁、诵经堂、鹿苑、往生堂、寮房、客堂、钟楼、缘中园等。兰风寺为佛教禅宗丛林，定期为信众举办“方便禅七”，就是通过禅修及其他各项活动的实践，树立修行的正知正见，激发内在的觉性，滋润培育心灵的平和与宁静、放下与感恩、喜悦与自在、慈悲与智慧。

笔者藏本为宣统元年（1909）刊本。

《苏东坡书昆阳城赋墨迹》

清晚期刊

苏轼（1037—1101），字子瞻、又字和仲，号东坡居士，北宋眉州眉山（今属四川省眉山市）人。宋代文学家，宋代文学最高成就的代表。嘉祐年间进士。曾上书力言王安石新法之弊，后因作诗讽刺新法而下狱，贬黄州。宋哲宗时任翰林学士，曾出知杭州、颖州，官至礼部尚书。后又贬谪惠州、儋州。多惠政，卒谥文忠。学识渊博，喜奖励后进。与父苏洵、弟苏辙合称“三苏”。其文纵横恣肆，为“唐宋八大家”之一，与欧阳修并称“欧苏”。其诗题材广阔，清新豪健，善用夸张比喻，独具风格，与黄庭坚并称“苏黄”。词开豪放一派，与辛弃疾并称“苏辛”。又工书画。有《东坡七集》、《东坡易传》、《东坡乐府》等。

嘉祐四年（1059），东坡还乡为母亲程夫人守制期满后，和父亲、兄弟一起，取道长江，经三峡而上汴京。嘉祐五年（1060）一、二月间，经过昆阳，凭吊古战场，写下了《昆阳城赋》。

录《昆阳城赋》原文如下：

淡平野之霭霭，忽孤城之如块。风吹沙以苍莽，怅楼橹之安在。横门豁以四达，故道宛其未改。彼野人之何知，方伛偻而畦菜。嗟夫，

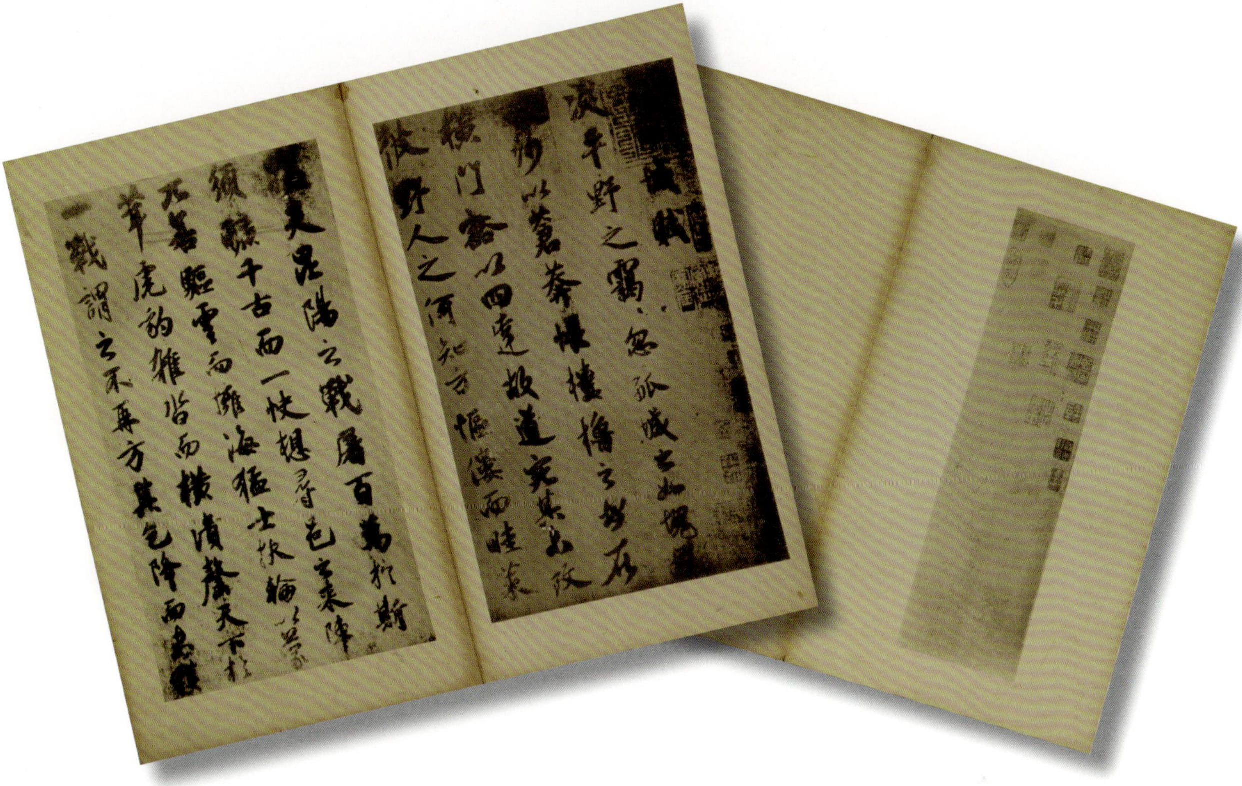

昆阳之战，屠百万于斯须，旷千古而一快。想寻邑之来阵，兀若驱云而拥海。猛士扶轮以蒙茸，虎豹杂沓而横溃。罄天下于一战，谓此举之不再。方其乞降而未获，固已变色而惊悔。忽千骑之独出，犯初锋于未艾。始凭轼而大笑，旋弃鼓而投械。纷纷籍籍死于沟壑者，不知其几何人，或金章而玉佩。彼狂童之僭窃，盖已旋踵而将败。岂豪杰之能得，尽市井之无赖。贡符献瑞一朝而成群兮，纷就死之何怪。独悲伤于严生，怀长才而自浼。岂不知其必丧，独徘徊其安待。过故城而一吊，增志士之永慨。

元丰二年（1079）九月二十五日，书寄参寥子。参寥子是宋僧道潜的别号。道潜是于潜（今浙江临

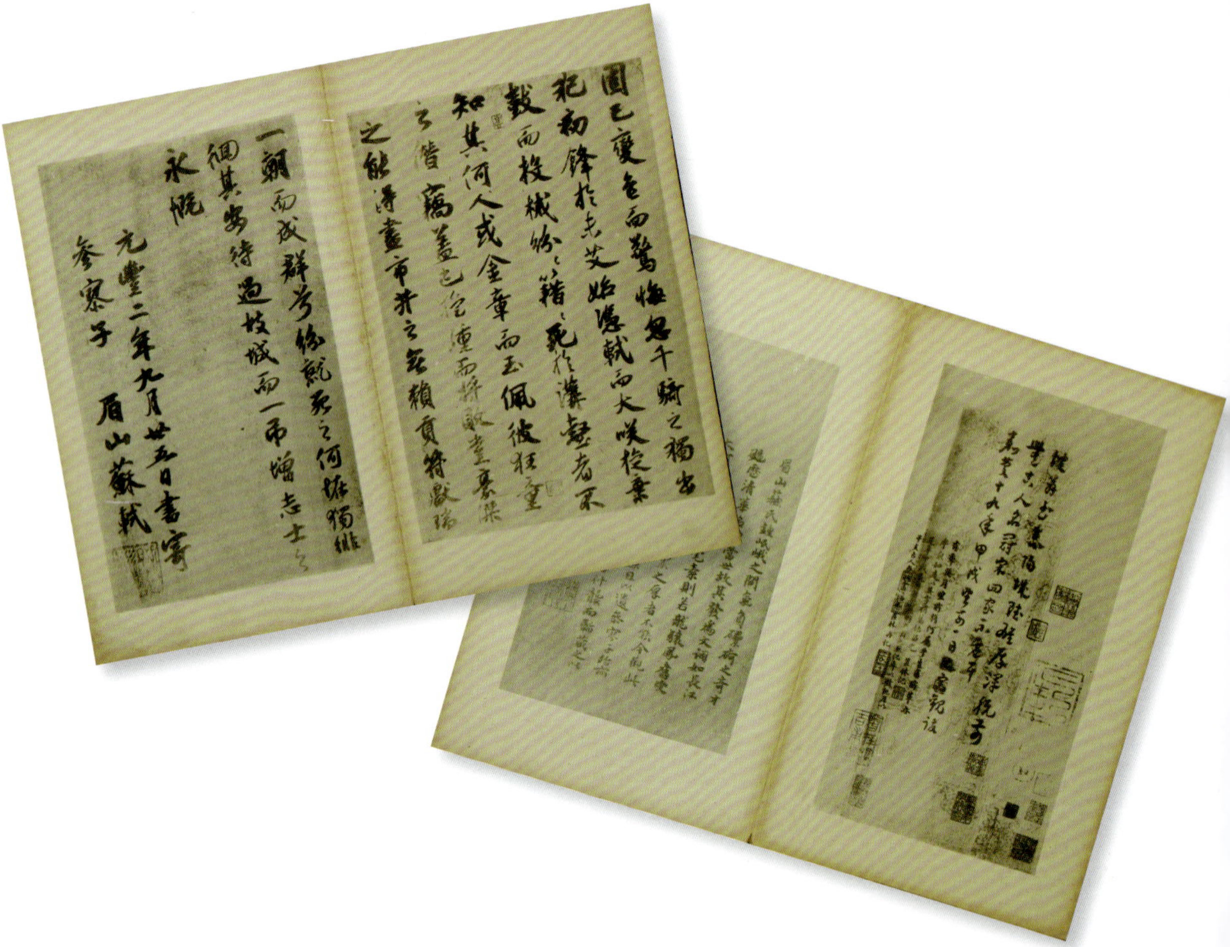

安）人，善诗，与苏轼、秦观为诗友。

苏轼对《昆阳城赋》，颇感得意，并常常向人提及。二十三年后，元丰六年（1083）十月十二日，在黄州（今湖北黄冈），他应友人张梦得相请，亲书《昆阳城赋》相赠。

此本有多人题跋。

跋文一曰：

> 坡翁书《昆阳城赋》雄厚洒脱，前无古人，名冠宋四家，不虚耳。嘉庆十九年（1814）甲

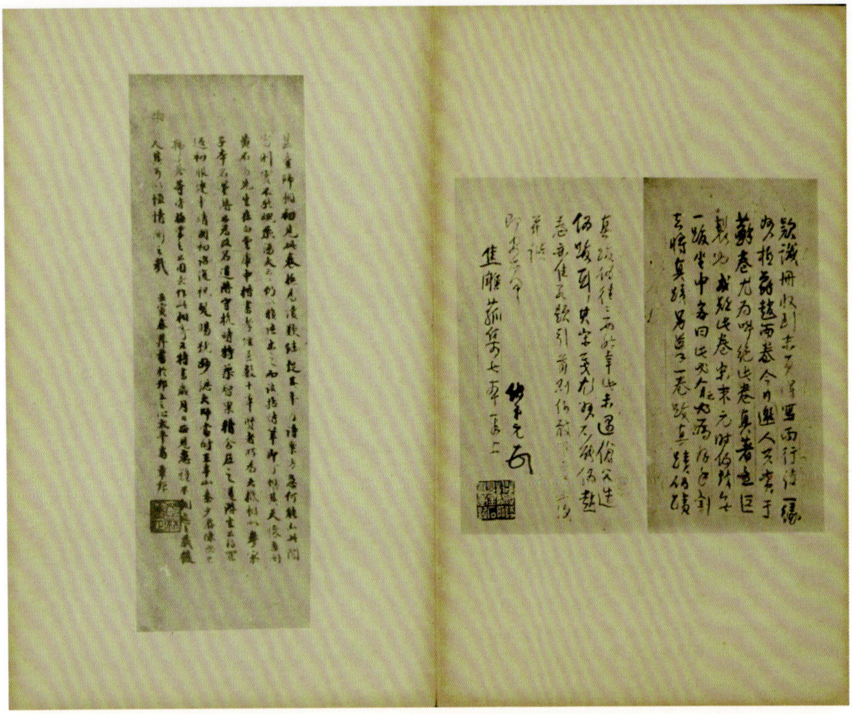

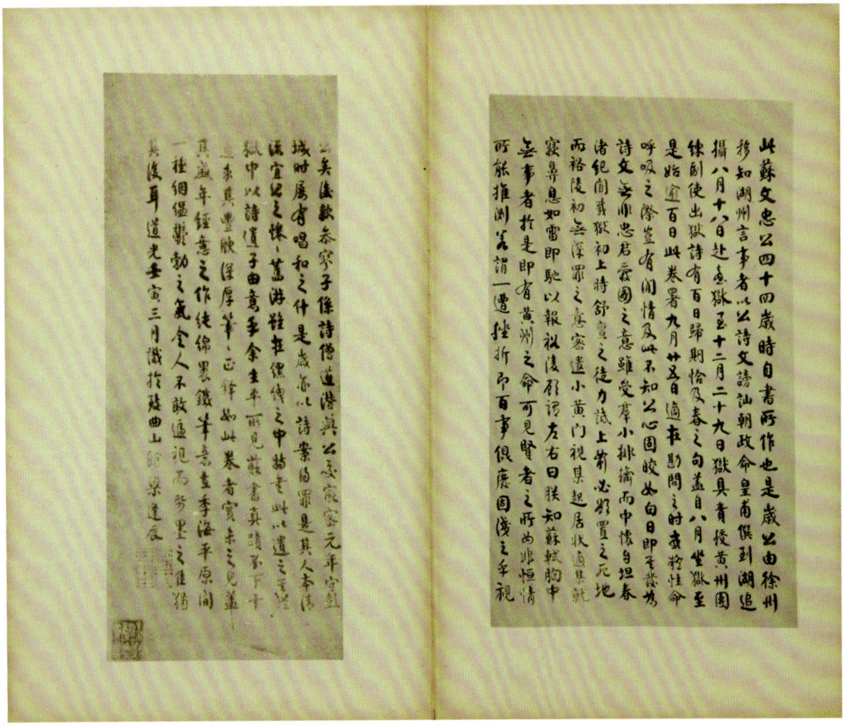

戌望前一日之完观跋。

钤印有“孟嘉所藏”、“茂林”、“曾在梁吉甫处”、“项芝房鉴赏印”等印章。

跋文二曰：

眉山苏氏钟岷峨之间气，负磥砢之奇才。飏历清华，名擅当世。故其发为文词如长江大河滔滔不息。濡于毫素则若龙骧凤翥，变态不常，非有得于所禀之厚者不能。今观此卷，文气苍古，笔法浑融，且以遗参寥子，殆亦属意之深者欤？拜手敬书什袭而韬藏之，以贻家训。尚宝卿忠彻识。钤“忠彻”、“瞻衮堂”印二方。

袁忠彻（1377—1459），字公达，又字静思，明鄞县人。家住今宁波市西门外，父子因相术起家。其父袁珙曾因预言坚定燕王朱棣夺取帝位决心之故，朱棣登基后，袁珙遂被拜为太常寺丞。故袁家乃故家旧族。袁忠彻好学，博涉多闻，明成祖时被封为“尚宝司少卿”，日与官宦文士磨砺讽咏，“瞻衮堂”是袁氏藏书楼，藏书甚富。清代袁钧撰有《瞻衮堂文集》。

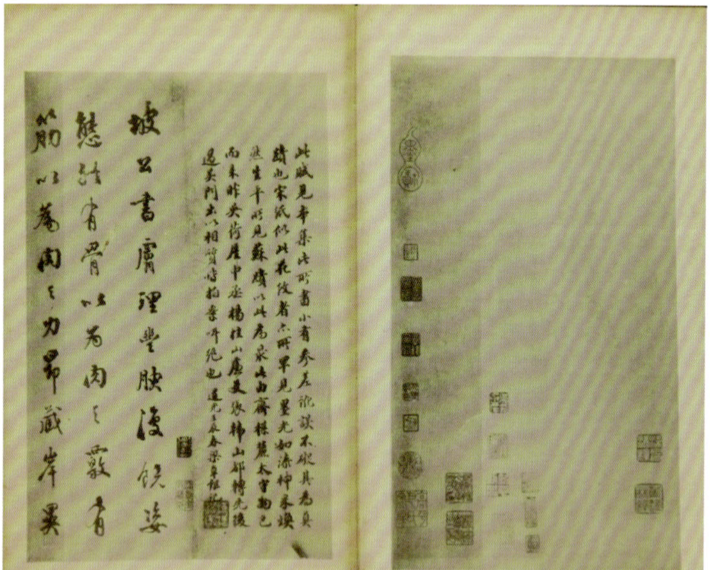

跋文三曰：

此赋见本集此所书小有参差讹误，不碍其为真迹也。宋纸似此花纹者亦所罕见。墨光如漆，神采焕然。平所见苏迹以此为最。此由齐梅麓太守物色而来，昨，吴荷屋中丞杨桂山、帘使张韩山都转先后过吴门，出以相质，皆拍案叫绝也！

道光壬辰春，梁章钜记 。

尾部钤有“沧浪过客”“远香室收藏印”等印章。跋文四曰：

坡公书，肤理丰腴，复饶姿态。然有骨以为肉之覆，有筋以为肉之力。昂藏岸异格法，从平原来，加以酝酿，深厚、睟然、盎然。工部诗云：“读书破万卷，下笔如有神。”夫是欺余哉！

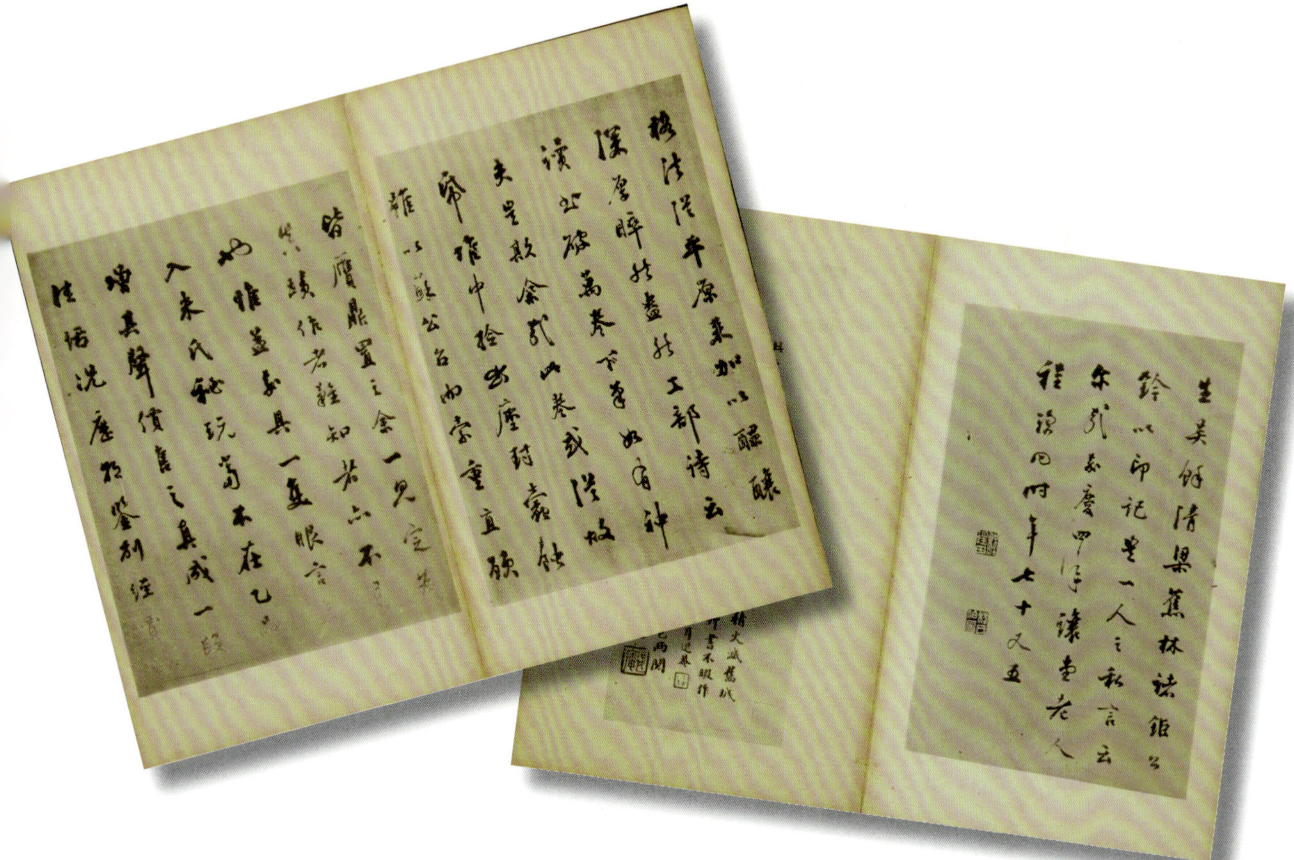

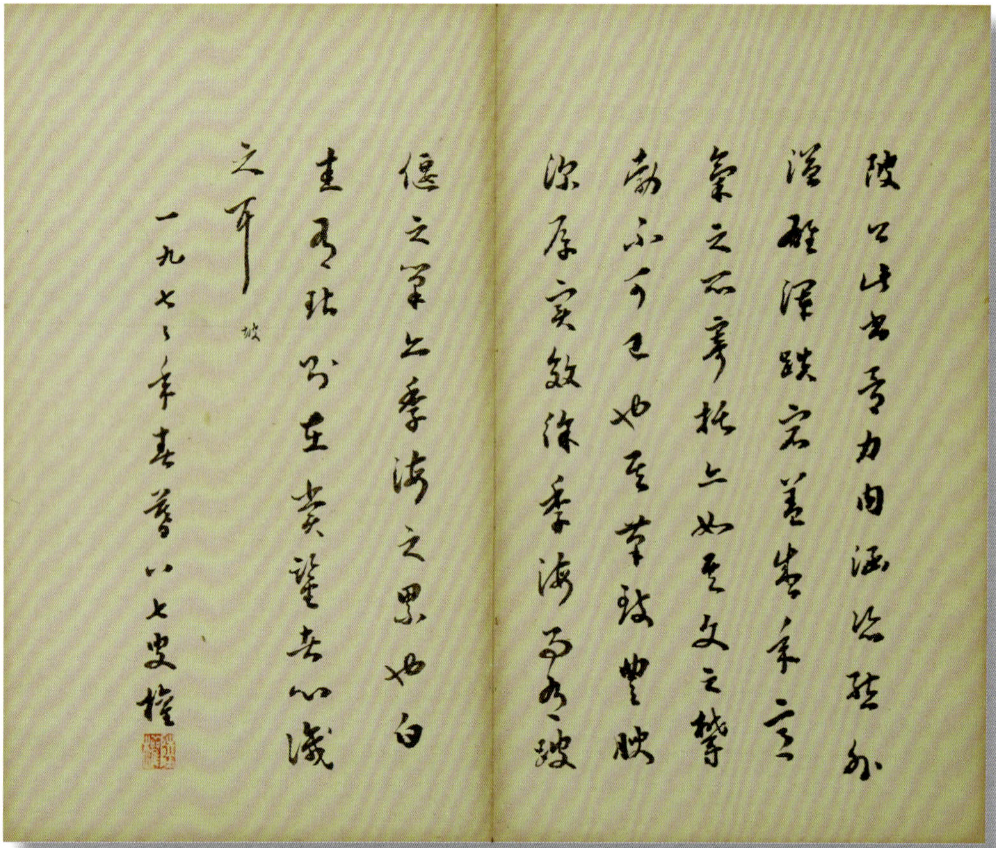

此卷或从故纸堆中拎出，尘封蠹蚀。虽以苏公名而索重，直顾，皆赝鼎。置之，余一见，定为真迹。作者难知者亦不易也。惟孟嘉具一双（慧）眼，言：“若入米氏秘玩，当不在乙品。”增其价售之，真成一段佳话。况历朝鉴别，经贾悦生、吴余清、梁蕉林诸讵公钤以印记，岂一人之私言云尔哉！

嘉庆四年，让堂老人程瑶田 ，时年七十又五。

款尾钤“程瑶田”印。

五跋，略，为清代梁章钜所书，落款：“七十一叟退庵记。”后又有数人再次作跋，包括梁章钜之子梁逢辰。有学者认为刊印者把跋文顺序颠倒了。笔者仔细对照发现正是。

册页中前四篇跋文顺序是：

第一，清代孟嘉，1814 年作跋；

第二，明代袁忠彻，跋文时间界定在 1400 年至 1459 年之间；

第三，清代梁章钜，1832 年；

第四，清代程瑶田，1799 年。

显而易见，编者没有仔细对照排布，出现了大纰漏。

正确顺序应为：

第一，明代袁忠彻，跋文时间界定在 1400 年至 1459 年之间；

第二，清代程瑶田，1799 年；

第三，清代孟嘉，1814 年；

第四，清代梁章钜，1832 年。

之后才是梁章钜的长子梁逢辰等人。

笔者这本藏册应是清晚期的东西。帖内中有陆权、陈贯吾真迹题跋。

陆权，字伻逊，号逊庵，昆山人。保定军官学校毕业，北伐胜利后出任苏州市市长，又曾任淞沪防守司令部处长、参谋本部处长、西安陆军学校校长。1936 年授少将 ,1946 年晋升中将，工诗和书法，人称一代儒将。

陈贯吾，江阴县丰镇人，毕业于北京大学法学院，1928 年创建江阴县立初中并任校长，1940 年与友人创立沙洲中学（原大南中学），新中国成立后居住苏州阊门志里弄 5 号，1987 年去世，享年 96 岁。

精絕其書肉豐而骨勁態濃而意淡藏巧於
拙守駿以敵才氣識力過人學問文章之氣
鬱鬱蔥蔥散布於筆墨之間此他人所以終莫及也
此賦乃蘇公盛年所書精神飽滿尤為可愛

陳貫吾敬識

米海岳以書學博士召對上問本朝以書學名者凡數人海岳各以其人對曰蔡京不得筆蔡卞得筆而乏逸韻蔡襄勒字沈遼排字黃庭堅描字蘇軾畫字上復問卿書何如對曰臣書刷字蓋言其用筆迅勁耳海岳之言對東坡道着是處坡公詩詞歌賦文章垂盡殊不

吹萬樓詩
錢崇威署
吹萬樓詩十八卷
江陰陳名珂署耑

民国线装石印本
徐血儿《宋渔父》四册
民国二年（1913）刊

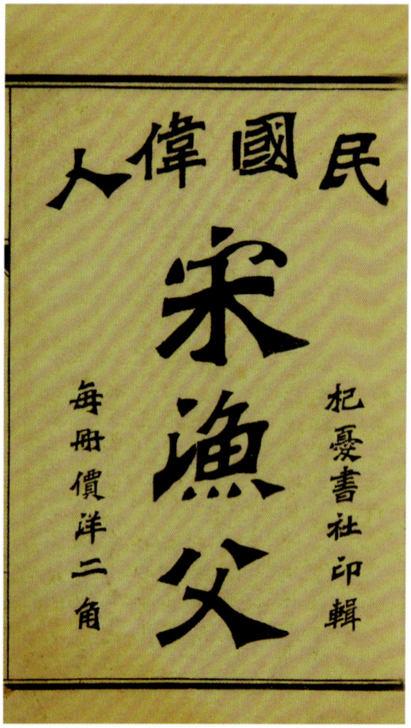

宋教仁（1882—1913），字遁初，号渔父，湖南常德市桃源人。六岁进入私塾，十七岁进入桃源漳江书院，因为受到县教谕黄寿彝和书院山长瞿方梅等人的影响，萌发了反清思想。与此同时也就淡薄科举功名，专心于国家大事。1902 年，考取了武昌普通中学堂，在学校里，他与同学田桐、吴昆等人议论时政，畅谈革命，极力主张推翻满清政府，结果被开除出校。

1903 年宋教仁到了长沙，与黄兴等人走到了一起，11 月 4 日，他以赴黄兴三十岁寿宴为名，与黄兴、刘揆一、陈天华、章士钊等在长沙黄宅筹办兴中会。次年 2 月 15 日，他们借除夕宴聚作掩护，召开华兴会成立大会。到会有一百多人，选举黄兴为会长，宋教仁和刘揆一为副会长。这年 7 月，宋教仁又在武昌发起创建“科学补习所”，以此为掩护，在新军和学校中开展革命活动。华兴会策划在慈禧太后七十寿辰的时候，在长沙、岳州、衡阳、宝庆、常德分五路同时起义。宋教仁负责常德一路的组织、发动工作，这是他从事革命事业的开始。

9 月，宋教仁回到常德，设立了“湘西联络总站”。10 月初，在常德笔架城举行会党集会，就在这次会议上，宋教仁被推为龙头，大家议定：起义时，会众扮作朝五雷山的香客，到笔架城边的文庙集合，听候指挥。11 月

5日，为筹措经费，宋教仁到长沙，起义之事泄露，湖南巡抚陆元鼎下令搜捕他们，起义流产。1904年12月13日，宋教仁取道武汉，从上海登轮去了日本。

在日本刚安顿下来，宋教仁立即就开始革命活动。1905年初，他与革命同志在东京创办《二十世纪之支那》杂志，6月出版，以宣传革命，宋教仁任经理并承担了主要的写作任务。尽管这个杂志只出了两期便被日本方面强制停刊，但宋教仁激情四射的文章在中国留学生中已经引起不小的关注。

1905年7月下旬，孙中山来到日本，7月28日就约宋教仁、陈天华等在《二十世纪之支那》杂志社内会面商谈革命力量的联合问题。29日，宋教仁、陈天华一同到黄兴那里商议孙中山所提的问题。8月，在孙中山倡导下，同盟会于日本东京成立，并将《二十世纪之支那》改为同盟会机关报《民报》，宋以同盟会司法部检事长身份兼该报撰述。

1907年2月，宋教仁化名桃源宗介，和白逾恒一起，渡过了鸭绿江，于4月1日到达丹东市（原安东）同参加起事的同盟会会员吴昆会面。同年4月3日，宋教仁以中国同盟会的名义致书李逢春、朱二角、杨国栋等绿林武装，号召他们“统筹辽海东西，黑水南北之义军，共举大事”。4月7日，绿林勇士们邀请宋教仁相见，表示拥护同盟会的主张。宋教仁亲手建立了中国同盟会辽东支部。辽东支部由新军中的吴禄贞、蓝天蔚、张榕负责，从此，民主革命在东北有组织、有领导地进行，在国民革命军的队伍里也点燃了民主革命的火种。他还在沈阳策划发动武装起义，事情泄露，潜回东京。到日本后，他仍参加同盟会本部的工作，从事政治、经济与法律等学科的研究。

1910年底，宋教仁从日本返抵上海，于右任聘其为《民立报》主笔，他以“渔父”为笔名撰写了大量宣传

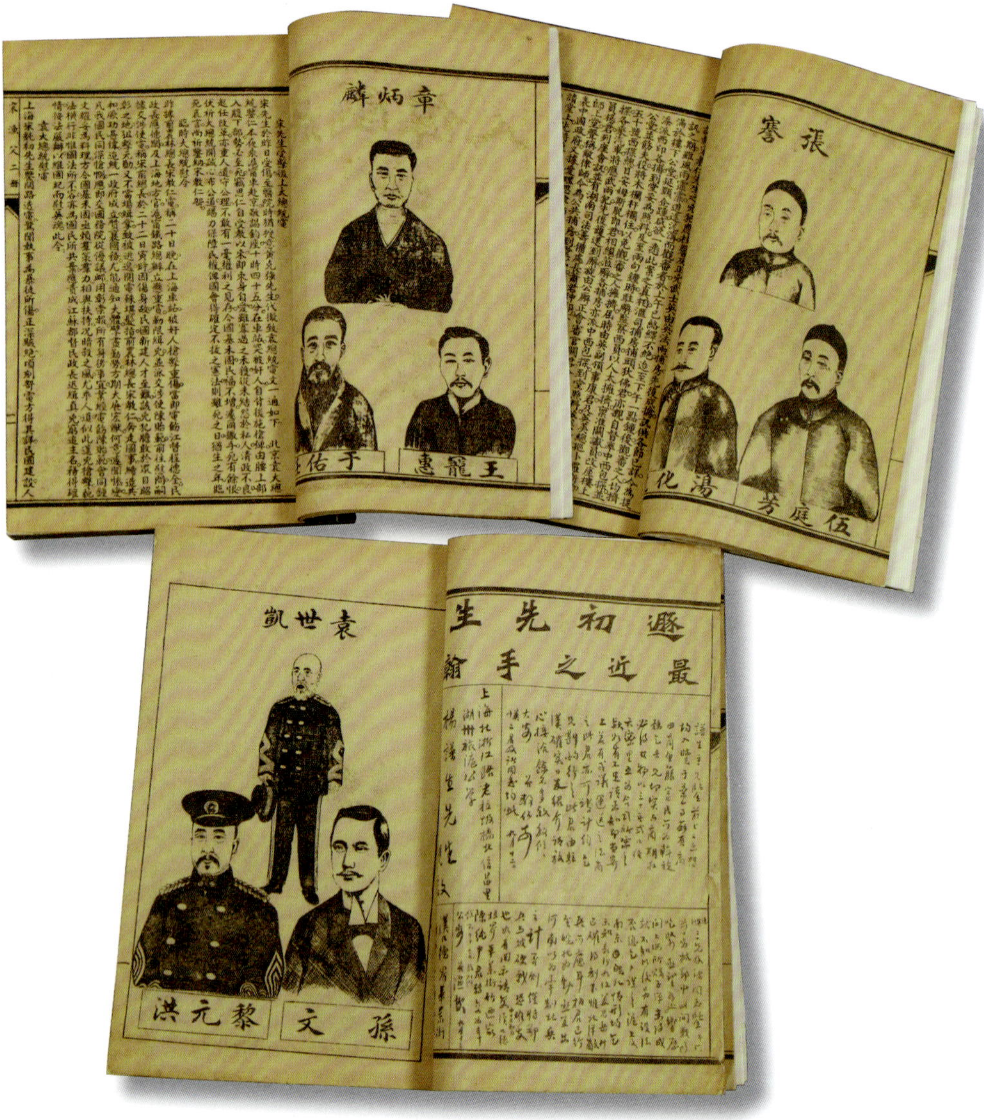

革命的文章。

武昌起义成功，宋教仁非常高兴，他在上海大造革命舆论。民国元年（1912），南京临时政府成立，孙中山为临时大总统，宋教仁被任命为法制院院长。

当时政党林立，鉴于实际需要，同盟会必须合并许多小党，达到“毁党造党”的目的。宋教仁与国民共进会、国名公党、共和实进会三个小党取得联系，协议合组成一个大政党以与共和党抗衡。8月13日，同盟会全体职员召开大会，推举宋教仁、张继等16人为筹备委员，由总务部发出通告，宣布同盟会改组为一般形态的政党。孙中山和黄兴在上海联名致电各支部征求同意。孙中山到北京的第二天，同盟会宣布与统一共和党、国民共进党、国民公党、共和实进会合并，成立国民党。国民党成立大会在北京湖广会馆举行，孙中山亲自出席，并发表了关于组织新党的演说。依规约第四章，推选职员，计理事九人：孙中山、黄兴、宋教仁、王宠惠、王人文、王芝祥、吴景濂、张凤翙、贡桑诺尔布。互推孙中山为理事长，孙则请宋教仁为代理理事长。这时，孙中山和黄兴的兴趣和主要精力都放在实务建设上，主持北京国民党本部的则是宋教仁。这年年底，国会议员选举拉开序幕。至次年3月，国民党获压倒性的多数席位。

宋教仁组建国民党，主张政党内阁，矛头直指袁世凯，袁世凯深感宋教仁和国民党对他的威胁。于是，先是试图拉拢宋教仁，请宋教仁担任内阁总理，条件是放弃政党内阁的主张，结果被宋教仁坚决拒绝；继而又用金钱贿赂，也未成功。

1913年3月上旬，宋教仁刚抵上海便接到袁世凯发出的“即日赴京，商决要政”的急电。3月20日晚10时，宋教仁在黄兴、于右任等人陪同下，来到沪宁火车站准备北上。由于当时很多当选的国会议员也都从上海出发，因而车站特设了议员休息室，宋教仁等人便先在那里稍作休息。议员休息室里的气氛甚是热烈，每个人的情绪都很高昂。正当大家兴高采烈地谋划民国未来的美好蓝图时，火车的汽笛“呜呜”响起，火车到站了，旅客们纷纷起身准备上车。从议员休息室到检票口不过数十米，两三分钟即可走到，但在这时却下起了小雨。在大家的簇拥下，宋教仁与黄兴在前面并排走着，一路说说笑笑。

快到检票处的时候，突然，斜刺里窜出一条黑影，只听“砰”的一声枪响，走在队伍前面的宋教仁表情痛苦，扶着身边的铁栅栏，忍痛叫道：“我中枪了！”紧接着，又是两枪。还没有等到巡警赶来，刺客已经消失在迷蒙的夜雨之中。等到大家镇定下来后，发现宋教仁已经歪倒在地上，手紧紧地捂着受伤的腰部。当同伴们找来汽车准备送他去医院的时候，血已流了一地。很快，宋教仁被送到附近的铁道医院，经检查，子弹斜穿腰部，肾脏、大肠均被击中，更可恶的是，子弹上竟然有毒！22日凌晨，宋教仁与世长辞，年仅31岁。后来证实，这是一桩袁世凯精心策划的政治暗杀。

宋教仁是早期南社成员，他于1911年8月4日在上海填写南社入社书，入社号164，介绍人朱少屏，他参加过南社第五次雅集。1912年8月13日宋教仁等在北京发表启事，宣告设立南社北京事务所，暂设在国光新闻社内。暗杀事件发生后，许多南社社员激愤而起，他们泣哭歌吟，用诗文鞭笞袁世凯及其爪牙，唤醒沉睡的国民。23日，邵力子发表了《宋先生不死》一文。24日，叶楚伧发表了《为国民同声一哭》一文。此后，陈去病、柳亚子、高天梅、高燮、姜可生等南社社员陆续写了大量哀挽文字，悼念宋教仁。1913年4月27日，南社于北京畿辅先哲祠举行雅集，高天梅、陈去病等31人参加。会后，他们分韵赋诗，悼念宋教仁。1913年6月10日，南社在北京的社员又集会悼念宋教仁，高天梅、陈去病等参加并作悼念诗词。

徐血儿（1891—1915），原名大裕，字天复，号血儿，别署衣谷。他是常州市金坛籍的“开国名记者”。1910年10月11日（旧历重阳节），中国同盟会中部总会机关报《民立报》创刊，并以此取代《民吁报》。这时徐血儿已是同盟会会员和南社成员。在《民立报》，宋教仁、

于右任、范鸿仙、邵力子、叶楚伧、谈善吾、陆秋心、陈英士、马君武等，都曾与他合作，共主笔政。

武昌起义后，徐血儿与宋教仁等人经常撰写评论，宣传革命，提倡共和。孙中山就任中华民国临时大总统时，《民立报》由于右任主持，徐血儿出任该报主编。

《宋渔父》四册，民国二年（1913）石印本，由徐血儿等人编著。

民国线装铅印本
翁同龢《瓶庐诗钞》六卷

民国二年（1913）刊

翁同龢，诗词前人已经做了很好的整理工作，翁永孙辑校成《瓶庐诗钞》六卷。1913 年常熟开文印刷所铅印，其中诗四卷，二百八十余首，词一卷，十三首。

翁同龢（1830—1904），字叔平、瓶生，号声甫，晚号松禅、瓶庵居士，江苏常熟人。大学士翁心存之子。咸丰六年（1856）状元，历任户部侍郎、都察院左都御史，刑部、工部、户部尚书，军机大臣兼总理各国事务衙门大臣，是当时著名的清流领袖。光绪戊戌政变后，罢官归里。翁同龢为光绪老师，“得遇事进言”，光绪“每事必问同龢，眷倚尤重”。

他在书法艺术方面也有很深的造诣。沙孟海先生在《近三百年的书学》一文中指出：“他的书法出世最晚，所以能够兼收众长——特别是钱沣的方法——有时还掺入些北碑的体势。把颜字和北碑打通了。这是翁同龢的特色。”传世书迹较多。《节临华山碑扇面》，书于光绪二十三年（1896）。纸本墨迹，隶书三行，共八字，题款十行，共四十六字。他的书法以楷书和行书最为擅长，在清代书坛占有重要地位，后人评价甚高。徐珂《清稗类钞》说："晚年造诣实远出覃溪、南园之上，论国朝书家刘石庵外，当无其匹，非过论也。"著有《瓶庐之诗文稿》、《翁文恭公日记》等。

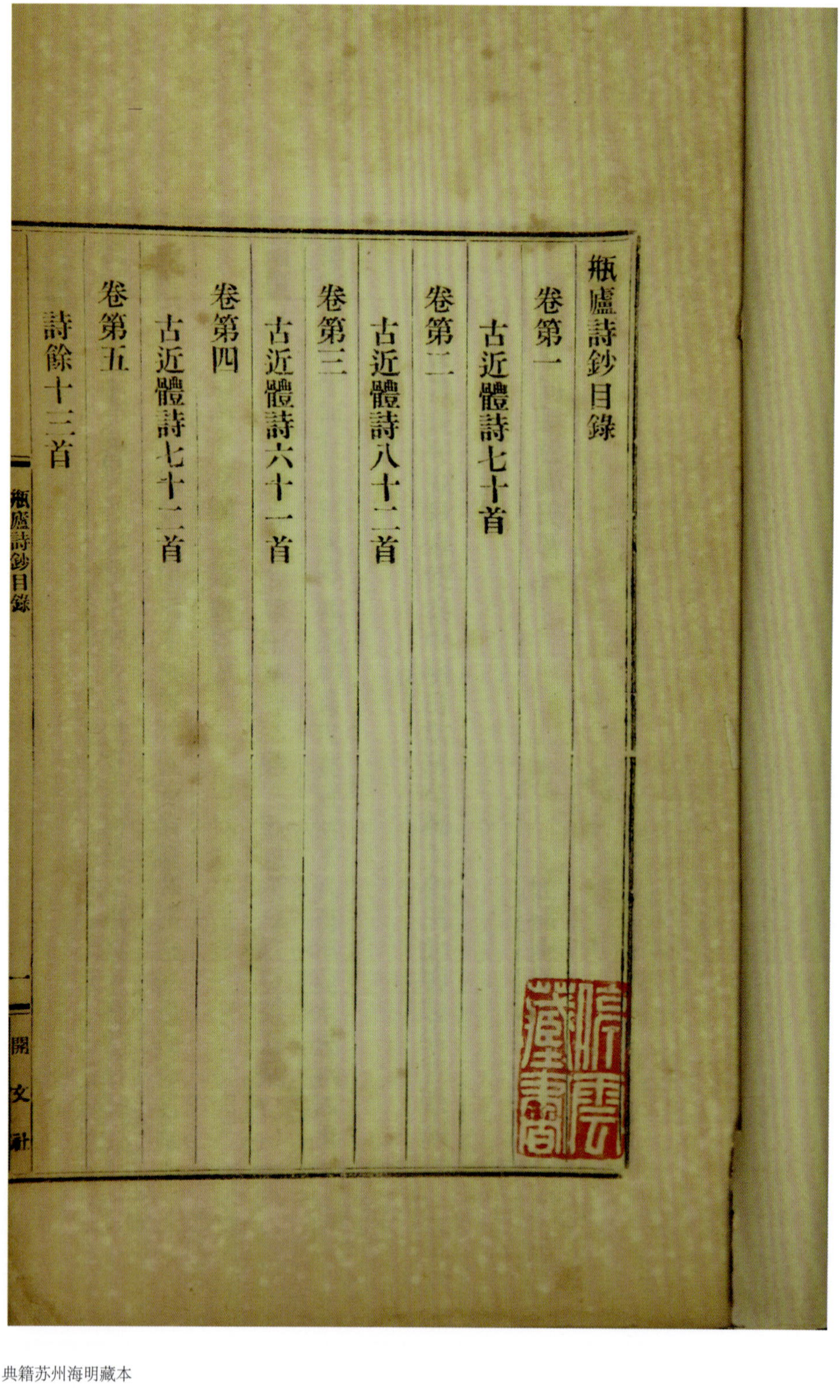
瓶廬詩鈔目錄

卷第一

古近體詩七十首

卷第二

古近體詩八十二首

卷第三

古近體詩六十一首

卷第四

古近體詩七十二首

卷第五

詩餘十三首

瓶廬詩鈔目錄　一　開文社

瓶廬詩鈔卷一

常熟翁同龢松禪氏著　姪孫永孫輯校

題魏氏樂賓堂圖

咸豐戊午初秋奉使秦中明日當發葆卿上舍出此屬題倚裝爇燭漫書一律

樂賓遺構今何有片楮流傳翰墨功易代衣冠留子姓百年喬木幾秋風東南復社文章在西北高樓想象中展卷不勝三歎息東皋紅豆翳蒿蓬

定興道中七夕同潘鄭盦作 戊午

燕臺回首樹冥冥尚見西山未了青薄醉豈能消積痗遠遊終是逐浮名鳳低蟬翼知成夢魚枕凫燈喚不醒人事變更誰料得涿州城下看雙星 永案咸豐戊午叔祖及潘文勤同典陝西鄉試時湯太夫人已逝故有魚枕凫燈之句

《南社丛刻》

民国四年（1915）刊

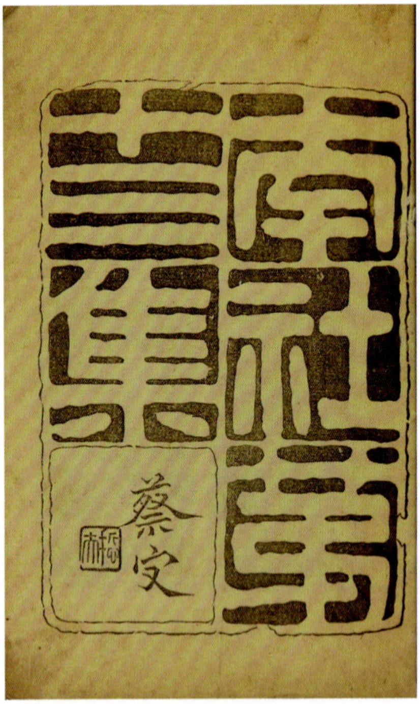

南社是辛亥革命时期的文学团体，社名取“操南音，不忘其旧”之意。南社是中国近代文学史上规模最大的文学社团。该团体于1909年11月13日在苏州虎丘张公祠成立，发起人为同盟会会员陈去病、高旭和柳亚子。南社的前身可以溯源到陈去病等人于1906年成立的“黄社”、1907年成立的“神交社”、1908年成立的“匡社”以及“秋社”。1911年，绍兴、沈阳、广州、南京等地又分别成立“越社”、“辽社”、“广南社”和“淮南社”等分社，南社社员人数达1180余人。1917年，因对“同光体”的评价产生分歧，南社内部开始分裂。1923年，南社解体。

《南社丛刻》是南社主办的刊物。自1910年1月至1923年12月，共出版二十二集。此外，1910年10月11日（重阳节），周实等在南京凭吊明孝陵，事后刊行《白门悲秋集》；1917年，出版《南社小说集》。二者均为《南社丛刻》的增刊。1923年，柳亚子等激进派南社社员在上海成立了“新南社”，其中已有共产党人参加。1924年，傅熊湘等传统派南社社员成立了“南社湘聚”。1943年，朱剑芒在福建永安成立了“南社闽集”。

南社的主要作家有柳亚子、陈去病、高旭、苏曼殊、

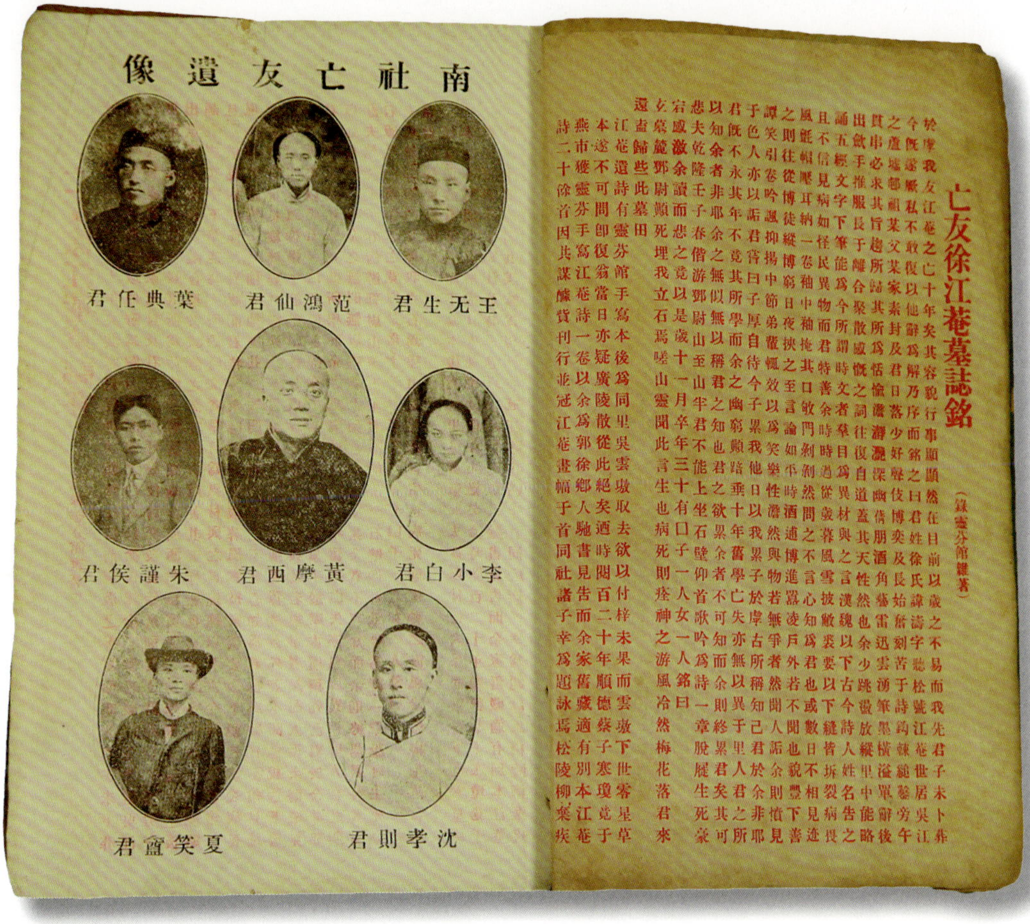

马君武、宁调元、周实、吴梅、黄节等。

南社的各分支组织均曾计划出版刊物。其中，越社的机关刊物为《越社丛刊》，仅出一集，1912年2月出版，鲁迅编。

新南社成立后，于1924年5月出版《新南社社刊》，发表沈玄庐、邵元冲、吕志伊、刘大白等人著作多种，一律采用白话，仅出一期，同年出版的《南社湘集》则一律采用文言，共出八集。胡朴安于1924年刊行《南社丛选》。1936年，柳亚子又将《南社丛刻》上全部诗、词以人为类，重新编排，出版《南社诗集》、《南社词集》

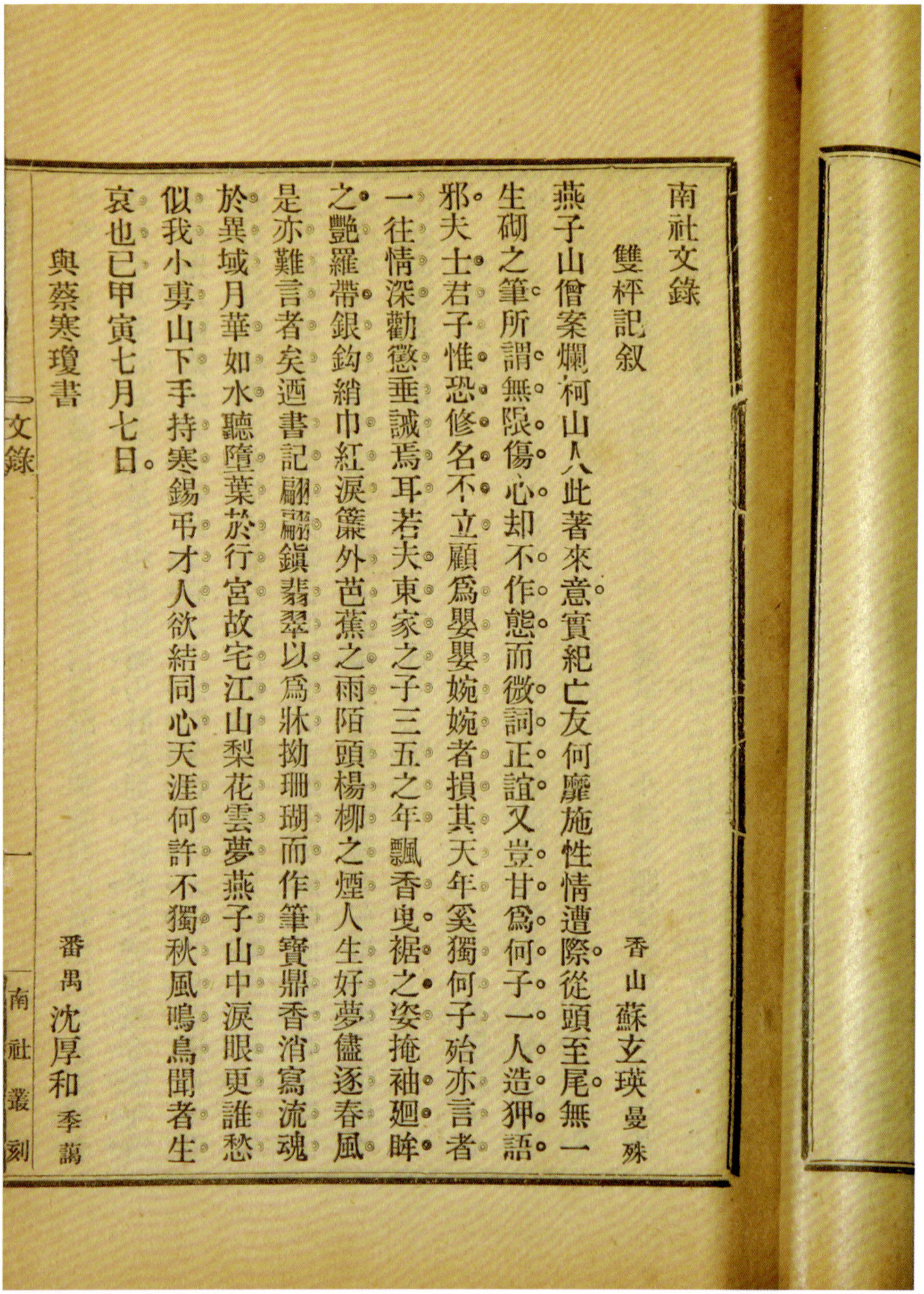

南社文錄

雙枰記叙　香山蘇玄瑛曼殊

燕子山僧案爛柯山人此著來意實紀亡友何靡施性情遭際從頭至尾無一生硎之筆所謂無限傷心却不作態而微詞正誼又豈甘爲何子一人造狎語邪夫士君子惟恐修名不立顧爲嬰嬰婉婉者損其天年奚獨何子殆亦言者一往情深勸懲垂誡焉耳若夫東家之子三五之年飄香曳裾之姿掩袖廻眸之艷羅帶銀鈎綃巾紅淚簾外芭蕉之雨陌頭楊柳之煙人生好夢儘逐春風是亦難言者矣迺書記翩翩鎮翡翠以爲牀拗珊瑚而作筆寶鼎香消寫流魂於異域月華如水聽墮葉於行宮故宅江山梨花雲夢燕子山中淚眼更誰愁似我小寠山下手持寒錫弔才人欲結同心天涯何許不獨秋風鳴鳥聞者生哀也已甲寅七月七日。

與蔡寒瓊書　番禺沈厚和季藹

文錄　一　南社叢刻

二种，共八册。记述南社历史的著作有 1940 年柳亚子的《南社纪略》；1980 年，北京中华书局出版了杨天石、刘彦成所著《南社》；1981 年，上海人民出版社又出版了郑逸梅的《南社丛谈》。

南社是中国近代史上第一个大规模革命文化团体，以研究文学、提倡气节为宗旨，弘扬爱国热情，光大中华民族传统文化，时有“文有南社，武有黄埔”之盛誉。

南社可谓是“人人握灵蛇之珠，家家抱荆山之玉”，风靡云蒸，阵容整齐，如今，南社后裔精英遍布海内外。最近获得诺贝尔物理学奖的“光纤之父”高锟就是南社后裔。

从南社的酝酿、发展、高潮，直至余绪，都有苏州人参与。南社发起者陈去病、柳亚子和高天梅三人，苏州人占了二席。陈去病是南社成立的主要奠基人，柳亚子是南社的主帅和实际领导者，当时就有“没有柳亚子就没有南社”的说法。

《南社丛刻》第十三集民国四年（1915）三月出版，以南社亡友开篇，此集由悼词、悼文、悼诗编成，对于研究南社，具史料价值。

民国线装铅印本
余十眉《寄心琐语》

民国五年（1916）刊

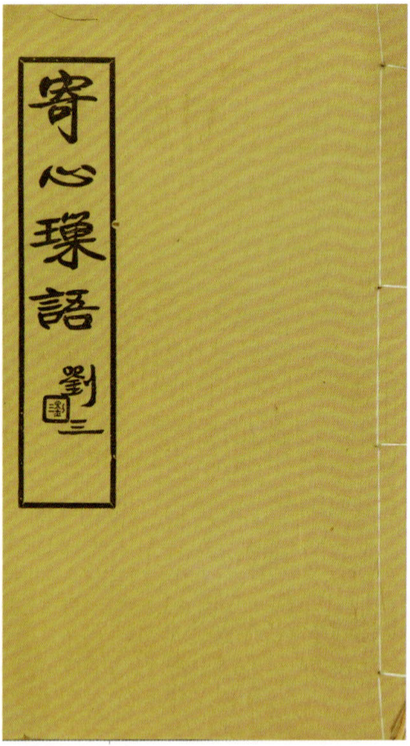

因为与苏州吴江南社的关系，以及与南社创始人柳亚子的文字交，余十眉，这位苏州近邻，自然《书影苏州》中不可缺少。

余十眉（1885—1960），名其锵，号秋槎，字十眉，以字行，嘉善西塘镇人。自幼遍览经史，酷嗜辞章之学。清光绪三十年（1904）县试中秀才后，不求仕进，改入浙江两级师范学校。毕业后，历任上海南洋女校、爱国女校、竞雄女校、省立嘉兴中学及嘉善县立高小、陶庄小学等校教师，1954年在嘉兴中学退休。他著有《寄心琐语》、《壬戌诗选》、《楚辞新义》、《灵芬馆集笺注》。

1912年，余十眉结识南社创始人柳亚子、陈巢南，遂入南社为社员。1913年，他的文学才华得到柳亚子的赏识，两人订为文字交。1920年11月27日，柳亚子过西塘访余十眉于“探珠吟舍”。12月2日，柳亚子再到西塘，这次结伴而来的还有另一位南社发起人——陈去病。当晚，余家的仁荣堂上烛火煌煌，诗侣吟朋满座。次日一早，柳亚子、陈去病和余十眉及镇上的五位诗人雅集西园，并摄影留念。这张照片，题为“西园雅集第二图”，是柳亚子、余十眉等在西塘的一次文学活动的印痕，也是很珍贵的史料。随后他们又游了汾湖。次年，又共叙于西塘乐国酒家，吟诗百余首，辑成《乐国吟》（上、下集）行世。1917年，随陈去病赴粤，在孙中山护法政府任宣传部秘书。受柳亚子影响，余十眉加入国民党。

1923年10月，余十眉与柳亚子、叶楚伧、胡朴安、邵力子、陈望道、曹聚仁、陈德征等八人发起在上海协助柳亚子成立新南社，任书记处书记。在新南社如“昙花一现”无形停歇之后，他和陈去病合编了《南社丛刊》第二十二集，作为中国现代文学史上这一著名社团的一个终结。

余十眉一生主要从事教育。个人行事，好饮酒，好“骂座”，诗词歌赋俱出热肠。余十眉淡泊自守，爱憎分明。他早年和汪精卫同隶南社和新南社，时有诗词相唱和，交谊不薄；抗战爆发后，汪成巨奸，十眉与之断绝旧谊，宁去嘉兴乡间国民党游击区中学任教，备尝颠沛流离之苦。1960年6月，余十眉病逝嘉兴寓所。

“探珠吟舍”是诗人余十眉对居住之所的雅称，如今在西塘镇南棚下街55弄6号。三开间两层楼，东西厢房，天井颇宽展，为清代建筑。

《寄心琐语》是余十眉忆妻佳作。

很多人知道余十眉先生之妻胡淑娟，便是从《寄心琐语》中了解的。《寄心琐语》民国五年刊成，有人称之为百年来我国五大忆语体杰作之一，并被收录在《闺中忆语五种》中。从《寄心琐语》可知，胡淑娟知书达理，颇善文墨。

十眉为人文质彬彬，夫人胡淑娟，颖慧能诗，伉俪常以唱和为乐。一天，十眉作了《题杨秋心探花杏苑图》，其中有句：“玉楼好梦今何似，沉醉东风又一回。”淑娟看后说：“次句作‘沉醉东风第几回’似较婉转。”十眉十分首肯。接下来，十眉笺注郭频伽《灵芬馆诗集》，得到淑娟不少帮助。淑娟不仅能诗，而且工于书法，其书法秀丽飘逸，大有赵孟頫《洛神赋》风姿。真可谓夫唱妇随，婉娈相依，为邻里称羡。一次，两人双双到嘉兴鸳湖划船游览，登上烟雨楼后，淑娟感叹道："娟厌世久矣！安得筑一椽于湖上，诛茆代瓦，傍流面田，相与啸歌其中，怡然泊然，我不知其为我，笑问太虚，白云在左，流水在右，可即而见，不可得而语，终吾生于虚明间，顾不乐哉！"夫妻俩都体弱多病。一次，十眉兄长之妾，凶悍滋事，淑娟受到刺激而病倒，多方医治，没有起色，病卒时年仅三十一岁。十眉痛悼之余，集龚定盦句，成数十首诗，取名《神伤集》，又撰写了《寄心琐语》一书，印赠朋辈，请柳亚子作《胡淑娟传》，王大觉作《胡淑娟女士别传》。

据瑜轩学者著文介绍：余十眉忆妻之作的另外一部集子——《鸳湖双桨图题词》，是极为难得的余氏遗作。

> 辛亥四月，余十眉患牙病，赴嘉兴寻医问药，胡淑娟陪其往，两人坐船游览了南湖。

> 与娟君泛棹南湖。湖渌天光，上下一色，罗衫蘸绿，云云摇青。兰桨轻划，划碎半湖花影。容与中流，倏然意远。继登烟雨楼，见诗碣笼尘，残碑卧草。一一剔荒藓而扪读之。觅趣探幽，孤赏自得，登高凭眺，不觉乐甚。高歌朱十擢歌，至"自从湖有鸳鸯目，水鸟飞来定是双"，顾予而笑。湖畔渔娃，亦指顾而笑。昔人所云江妃携偶踏波上、征斯游，差堪仿佛。

物是人非，胡淑娟离世后，余十眉念起此段同船度，更是感慨良多，以一幅鸳湖双浆图遍征题咏，以志纪念。1926年，余十眉刊成《鸳湖双桨图题词》一书。此书由柳亚子先生作序，余十眉为悼亡妻，遍请好友雅士题词。当时题词者就有王大觉、柳亚子、傅熊湘、陈去病、邓尔雅、汪精卫、田兴奎、吴桐坡、朱南岑、吕天民、顾无咎、田个石、许观、胡樸安、赵石禅、汪兰皋、秦伯未、洪堇父、庆春泽、王西神、徐自华等人。

余十眉的著作，除上面提到的之外，还有《壬戌诗选》、《楚辞新论》、《灵芬馆诗集笺注》等。

笔者藏本为民国五年（1916）刊。

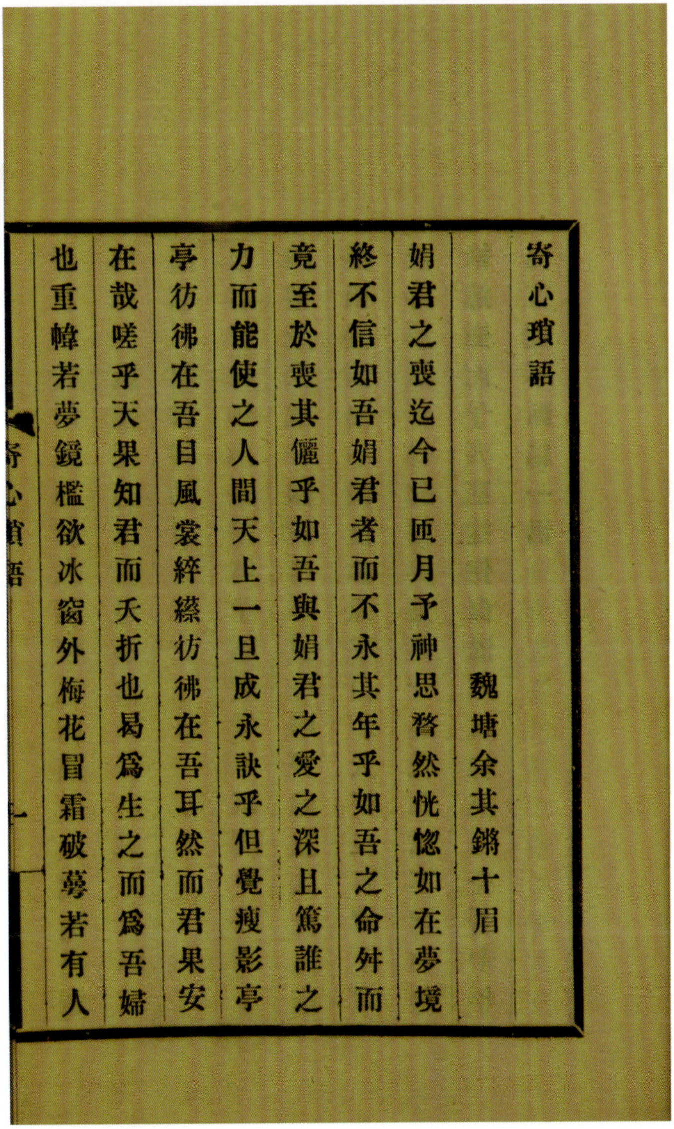
寄心瑣語

魏塘余其鏘十眉

娟君之喪迄今已匝月予神思瞀然恍惚如在夢境終不信如吾娟君者而不永其年乎如吾之命舛而竟至於喪其儷乎如吾與娟君之愛之深且篤誰之力而能使之人間天上一旦成永訣乎但覺瘦影亭亭彷彿在吾目風裳綷縩彷彿在吾耳然而君果安在哉嗟乎天果知君而夭折也曷爲生之而爲吾婦也重幃若夢鏡檻欲冰窗外梅花冒霜破萼若有人

寄心瑣語

民国线装木活字本
金鹤翔编郑彦绅《寒翠簃诗集》
民国八年（1919）刊

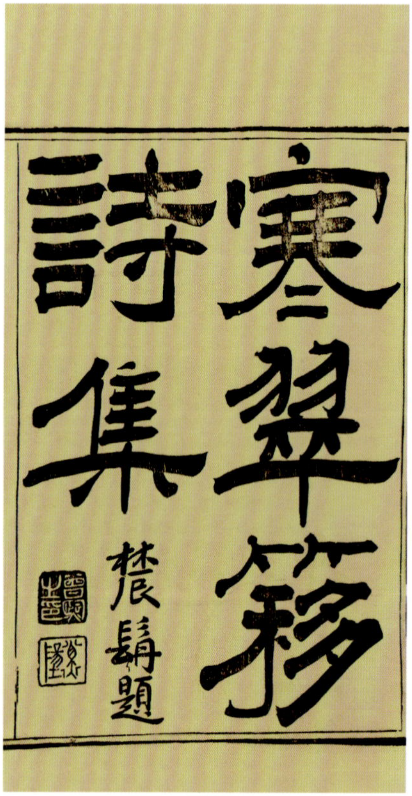

金鹤翔，字幼香，别号病鹤，晚年以号行。江苏常熟人。生于清同治四年（1865），逝于民国二十年（1931）。曾祖父金慎修，祖父金文瀛。父金廷贵（号石顽），县诸生；弟金鹤翀（字叔远，晚号暗泾老人），父子三人均以文才名于当世。鹤翔擅诗词，入爱国文人社团“南社”。民国初年，金鹤翔在常熟一带的诗坛名士中独领风骚，被推为民国常熟著名诗社“虞社”名誉社长。著有《病鹤诗稿》、《病鹤词稿》、《西湖新旧梦》等传世。

金鹤翔的诗，如《大雪后登福山城》、《白茆竹枝词》、《桃湾咏》等，都是重点描写常熟地区风貌的。而虞山、尚湖为中心的各处美景，以及钱谦益、柳如是的晚明轶事，也是他作品的重要内容。

钱仲联评价说，金鹤翔的诗“倚声当家，诗饶韵味”、“七律最工”，并且对其中若干首诗给予了很高评价。

《寒翠簃诗集》为金鹤翔所编，是清代诗人郑彦绅所著。从钱禄泰序中可知，“（郑彦绅）先生博雅高尚，而勇义者也，天资英锐，幼年率而自力，于学攻苦，不问寒暑，既通六经，涉猎子史及长为文。先生生于乾隆五十三年，殁于咸丰十一年春秋，七十又四”。

序言作者钱禄泰，为苏州府常熟县人，清朝政治人

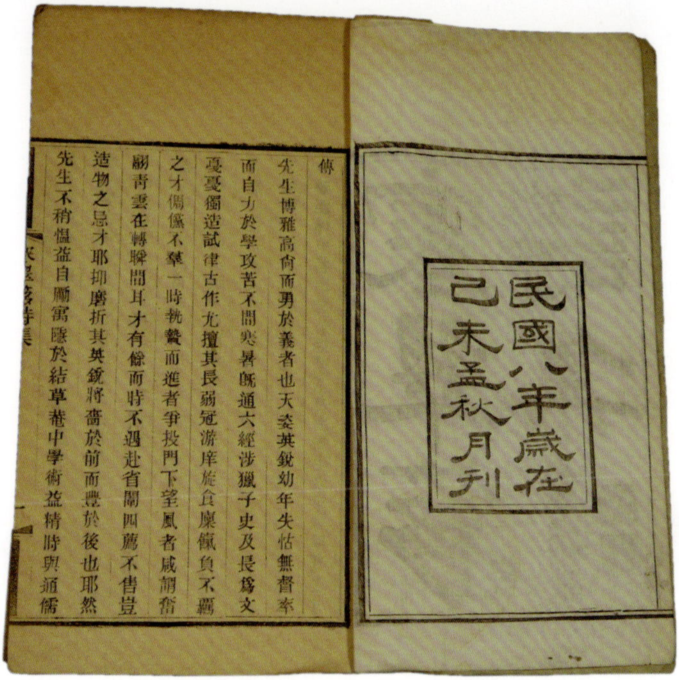

傳

先生博雅高尙而勇於義者也天姿英銳幼年失怙無督率
而自力於學攻苦不間寒暑旣通六經涉獵子史及長爲文
戛戛獨造試律古作尤擅其長弱冠游庠旋食廩饟負不羈
之才倜儻不羣一時執贄而進者爭投門下望風者咸翻脩
翮靑雲在轉瞬間耳才有餘而時不遇赴省闈四薦不售豈
造物之忌才耶抑磨折其英銳將嗇於前而豐於後也耶然
先生不稍愠益自勵寓隱於結草菴中學術益精時與通儒

民國八年歲在己未孟秋月刊

物。进士出身。光绪二年（1876），参加丙子恩科会试，得贡士第二百名。殿试登进士二甲第一百零六名。

钱禄泰十二三岁就通读过迓香（郑彦缃）先生诗，对先生从小敬重，先生研精风雅，家在常熟白茆一带，咸丰二年，常熟城被陷，先生率乡民团结乡里，卒以力竭致死，先生不仅以诗人身份，更以义士情怀而终。

四十年过后，金鹤翔将先生遗诗付诸梓。由此可见，此刊本的珍贵价值。此刊本为民国八年（1919）木活字本，前后皆无印行。序中还有方熊的题词。方熊是先生的表兄，他是清朝时期的历史人物，浙江乌程（今湖州）人，善画芦雁，有著述。该书题签者曾熙亦为民国书史上有重要影响的书家。

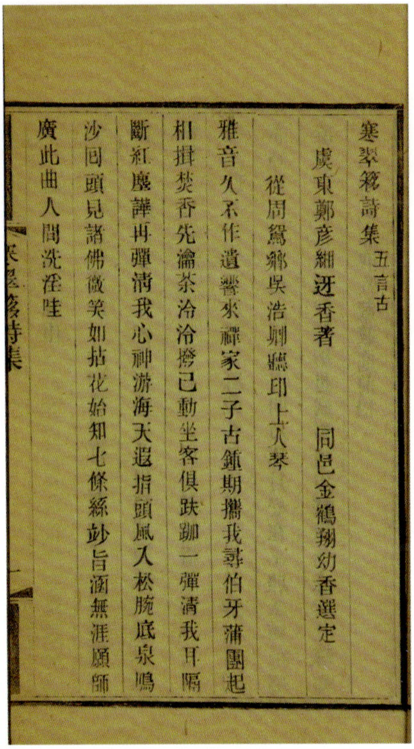

寒翠簃詩集　五言古

虞東鄭彦緗迓香著　同邑金鶴翔劝香選定

從周鴛鄉吳浩則聽印上人琴

雅音久不作遺響來禪家二子古鍾期攜我尋伯牙蒲團起
相揖焚香先瀹茶洽洽撥已動坐客俱趺跏一彈淸我耳隔
斷紅塵譁再彈淸我心神游海天遐指頭風入松腕底泉鳴
沙回頭見諸佛微笑如拈花始知七條絃妙旨涵無涯願師
廣此曲人間洗淫哇

民国线装精刻本
叶德辉《书林清话》十卷

民国九年（1920）刊

叶德辉的著述以《书林清话》影响最大，我国版本目录学乃至中国文化史学者，恐怕无人不知晓叶德辉的《书林清话》。在近代学术史上叶德辉的《书林清话》与叶昌炽的《藏书纪事诗》是并行于书林的名著。

叶德辉（1864—1927），字奂彬（也作焕彬），号直山，一号郋园。为光绪十八年（1892）进士，授吏部主事。为王先谦再传弟子，但他攻讦当时今文师说，排斥康、梁尤厉，在晚清为守旧派人物。他也是近代著名的版本目录学家，大半生从事版本目录学工作，撰有不少影响深远的版本目录学著作，有《藏书十约》、《书林清话》、《书林余话》、《观古堂藏书目》、《郋园读书志》等。

《书林清话》阐述有关古代雕版书籍的各项专门知识。著者根据丰富的资料，用笔记体裁说明书籍和版片的各种名称，历代刻书规格、材料以及进行工料价值的比较，介绍印刷、装订、鉴别、保存等方法，并叙述了古代活字印刷、彩色套印的创始和传播，各时代的著名刻本，刻书、钞书、卖书、藏书的许多掌故。

至于《书林余话》二卷，原是未完成的稿本，是他死后由他侄子叶启进印行的。

叶家先世为江苏吴县（今苏州）人，到其祖父叶世业因避兵乱才于道光末年移居湖南，故叶德辉好自称为

吴人，还曾主持修纂过《吴中叶氏族谱》。叶家原先略有藏书，叶德辉自己则是在光绪十二年（1886）入京后，每天到琉璃厂、隆福寺书肆访书而开始了他的藏书生涯。以后无论乡居湖南还是游览京师，抑或滞留吴中，他都随时留心收罗。光绪年间湘潭藏书大家袁芳瑛卧雪庐书散出，精品多为李盛铎所得，叶德辉在财力和权势上都无法和李盛铎抗争，但收拾残零，所获亦十分可观。以后，叶德辉又在北京购得商丘宋氏纬萧草堂和曲阜孔氏红榈书屋旧藏二十箱，至辛亥革命之年，叶氏观古堂藏书已达四千余部、二十万卷之多，以后又有所续藏。叶德辉

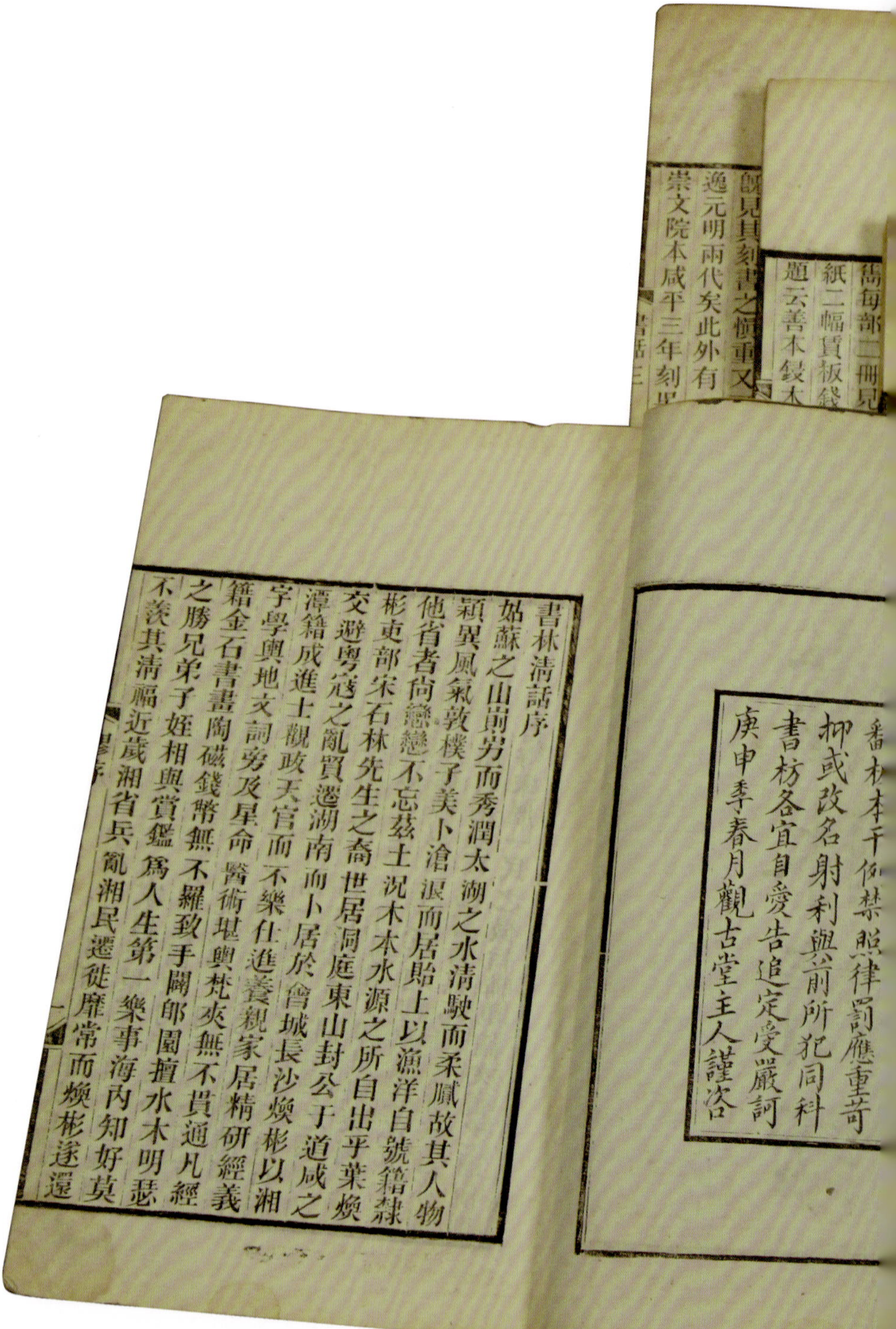
書林清話序
姑蘇之山崗劣而秀潤太湖之水清駛而柔膩故其人物
穎異風氣敦樸子美卜滄浪而居貽上以漁洋自號籍隸
他省者尚戀戀不忘茲土況本水源之所自出乎葉煥
彬吏部宋石林先生之裔世居洞庭東山封公于道咸之
交避粵寇之亂買遷湖南而卜居於會城長沙煥彬以湘
潭籍成進士觀政天官而不樂仕進養親家居精研經義
字學輿地文詞旁及星命醫術堪輿梵夾無不貫通凡經
籍金石書畫陶磁錢幣無不羅致手闢郋園擅水木明瑟
之勝兄弟子姪相與賞鑑爲人生第一樂事海内知好莫
不羨其清福近歲湘省兵亂湘民遷徙靡常而煥彬遂還
抑或改名射利與前所犯同科
書坊各宜自愛告追定受嚴詞
庚申季春月觀古堂主人謹咨

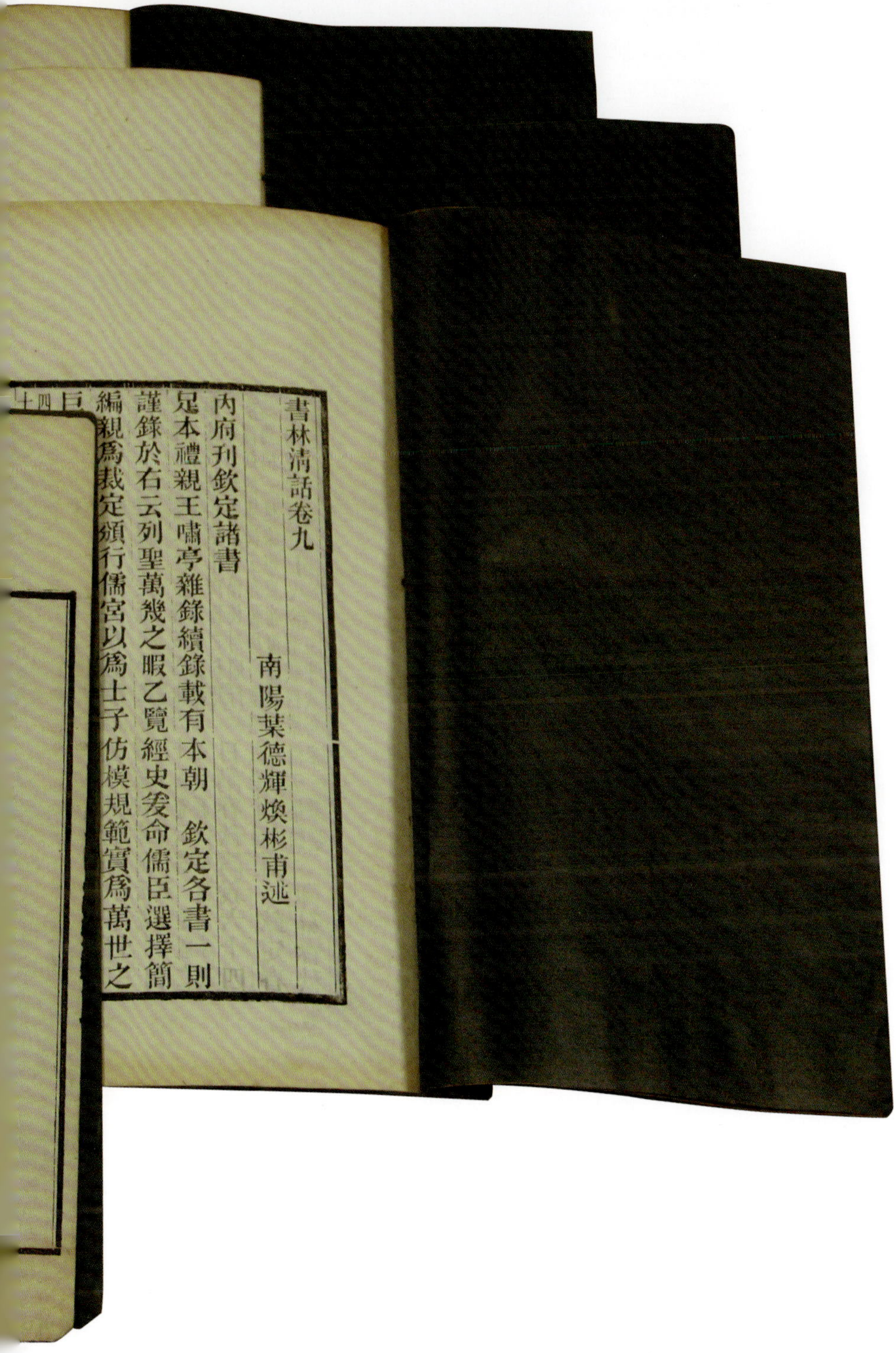
書林清話卷九
南陽葉德輝煥彬甫述
內府刊欽定諸書
見本禮親王嘯亭雜錄續錄載有本朝　欽定各書一則
謹錄於右云列聖萬幾之暇乙覽經史爰命儒臣選擇簡
編親爲裁定頒行儒宮以爲士子仿模規範實爲萬世之

之子叶启倬《观古堂藏书目录跋》曾描述说："家君每岁归来，必有新刻旧本书多橱，充斥廊庑间，检之弥月不能罄，生平好书之癖，虽流离颠沛固不易其常度也。"

叶德辉治学以经学、小学为主，故观古堂所藏颇多此二类之书，尤以清人的经义著述为多。又因叶氏很欣赏陈文述、舒位所撰《乾嘉诗坛点将录》一书，并有意继起汇辑《乾嘉诗坛点将录诗征》，故又特别注意搜集乾嘉的诗文集，先后收得一百多家，并一一为之撰写提要，记述作者生平事迹、诗源派别源流等。叶德辉藏书不佞宋，所以他十分推崇张之洞《藏书答问》以清刻为主、不列宋元旧刻的做法，在其名著《书林清话》中也一再批评藏书家们薄今爱古的偏弊，他自己的藏书甚至以咸丰二年桂馥所刻的《说文解字义证》为镇库之宝，由此可知叶氏的基本藏书观。但观古堂亦藏有一些古本，如宋刻《韦苏州集》、《南狱总胜集》等。用叶德辉自己的话说：宋元本虽不多见，亦时有一脔之尝。

叶德辉《观古堂藏书目录》四卷，初编于光绪二十七八年间（1901—1902），辛亥革命时避乱县南朱亭乡中，又重编此目，以后陆续修订，1915年刻于观古堂。叶德辉又有《郎园读书志》十六卷，是为叶氏的题跋汇录，1928年上海澹园刊，其中第十一至十四卷为《乾嘉诗坛点将录征目》。

叶德辉也是清末的大刻书家，曾刻有《观古堂汇刻书》、《观古堂所刊书》、《丽楼丛书》、《双梅景暗丛书》、《观古堂书目丛刻》等。叶德辉曾将家藏宋版《南岳总胜集》影摹刊行，据说达到惟妙惟肖的程度，连精于版本的杨守敬也误以为真宋本而不惜高价购置。1935年，叶氏后人就其生前所刊、所著书版片尚存者，汇辑成《郎园全书》一二九种、二百册，以中国古书刊印社名义刊行。

家藏图书四千余部，逾十万卷，重本、别本倍于四库，明刻善本、名人钞校本如《道德经》、《六书索引》、

《馆阁录》、《三家诗补遗稿》、《辛稼轩词》等亦极珍贵。有藏书楼为“观古堂”、“郎园”、“丽楼”等，与傅增湘有“北傅南叶”之称。晚年，整个藏书除少部分流散外，大部分被其后人叶启倬、叶启慕售与日本人，这是我国典籍自皕宋楼后又一次大规模外流，现国内仅零星藏有观古堂旧物数十种而已，只有三十余部现藏于湖南图书馆，均称善本。叶德辉藏金石处曰“周情孔思室”，藏泉处曰“归货斋”，著书处曰“观古堂”，藏书印有“长沙叶氏郎园藏书处曰丽楼”、“观古堂藏”、“吏部司封员外郎”、“吏部司封”、“焕彬”、“叶德辉鉴藏善本古籍”、“郎园”、“归货斋”、“叶氏丽楼藏书”、“丽楼珍藏”、“直山所见书画”等二十余枚。

笔者藏本为观古堂初刻初印本，四册共十卷。书成稿于宣统三年（1911），到民国九年（1920）先后修订校改三次，刊布后流传。

民国线装铅印本
范其骏《梦余赘笔》
民国九年（1920）刊

范其骏，字承三，江苏震泽人。工书，曾著《梦余赘笔》。笔者藏本为民国九年（1920）版，由沈昌眉作序跋。

沈昌眉（1872—1932）字眉若，号长公，芦墟镇人，少年丧父。清宣统二年（1910），他与兄弟昌直发起建立分湖文社，同年由柳亚子介绍加入南社，在《南社丛刻》上发表诗文。昌眉在黎里小学任教时，与张应春父亲张鼎斋同事。20世纪20年代，昌眉到吴江师范任教。民国十七年（1928），柳亚子营造张应春烈士衣冠冢，昌眉出力甚多。二十年，昌眉弟子集资印行《长公吟草》，柳亚子作序，纪念先生六十寿诞。日军侵占吴江时，到芦墟杀人放火，沈宅被毁，沈昌眉的生平著作焚毁殆尽，现仅存《南社丛刻》中的部分诗文和《长公吟草》。

笔者藏本曾由屈弹山、潘圣一收藏过，书中有二人钤印。

屈弹山人物介绍见《民国线装铅印本屈弹山〈弹山诗稿〉》一文。

关于潘圣一，可见《版本学家潘圣一手抄本〈凤仙谱〉》一文。

詠三先生遺像

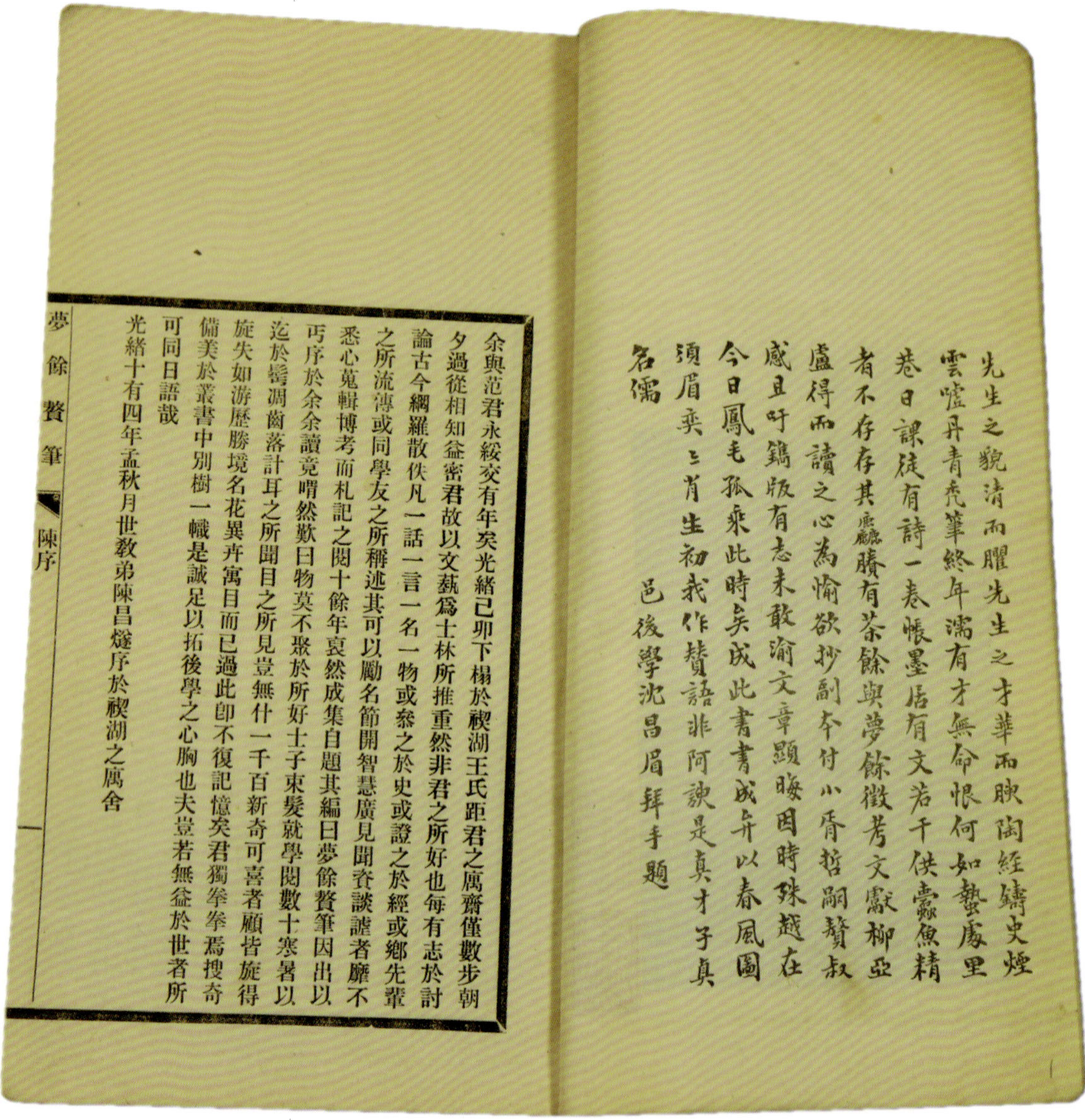

先生之貌清而臞先生之才華而腴陶經鑄史煙
雲噓丹青禿筆終年濡有才無命恨何如蟄處里
巷日課徒有詩一卷帳墨居有文若干供蠹魚精
者不存存其麤賸有茶餘與夢餘徵考文獻柳亞
盧得而讀之心為愉欲抄副本付小胥哲嗣贊叔
感且吁鐫版有志未敢渝文章顯晦因時殊越在
今日鳳毛孤乘此時矣成此書書成弁以春風圖
須眉奕奕肖生初我作贊語非阿諛是真才子真
名儒
邑後學沈昌眉拜手題

余與范君永綏交有年矣光緒己卯下榻於禊湖王氏距君之廬齋僅數步朝夕過從相知益密君故以文藝爲士林所推重然非君之所好也每有志於討論古今網羅散佚凡一話一言一名一物或參之於史或證之於經或鄉先輩之所流傳或同學友之所稱述其可以勵名節開智慧廣見聞資談謔者靡不悉心蒐輯博考而札記之閱十餘年裒然成集自題其編曰夢餘贅筆因出以丐序於余余讀竟喟然歎曰物莫不聚於所好士子束髮就學閱數十寒暑以迄於髩凋齒落計耳之所聞目之所見豈無什一千百新奇可喜者顧皆旋得旋失如游歷勝境名花異卉寓目而已過此卽不復記憶矣君獨拳拳焉搜奇備美於叢書中別樹一幟是誠足以拓後學之心胸也夫豈若無益於世者所可同日語哉

光緒十有四年孟秋月世教弟陳昌燧序於禊湖之廬舍

夢餘贅筆　陳序

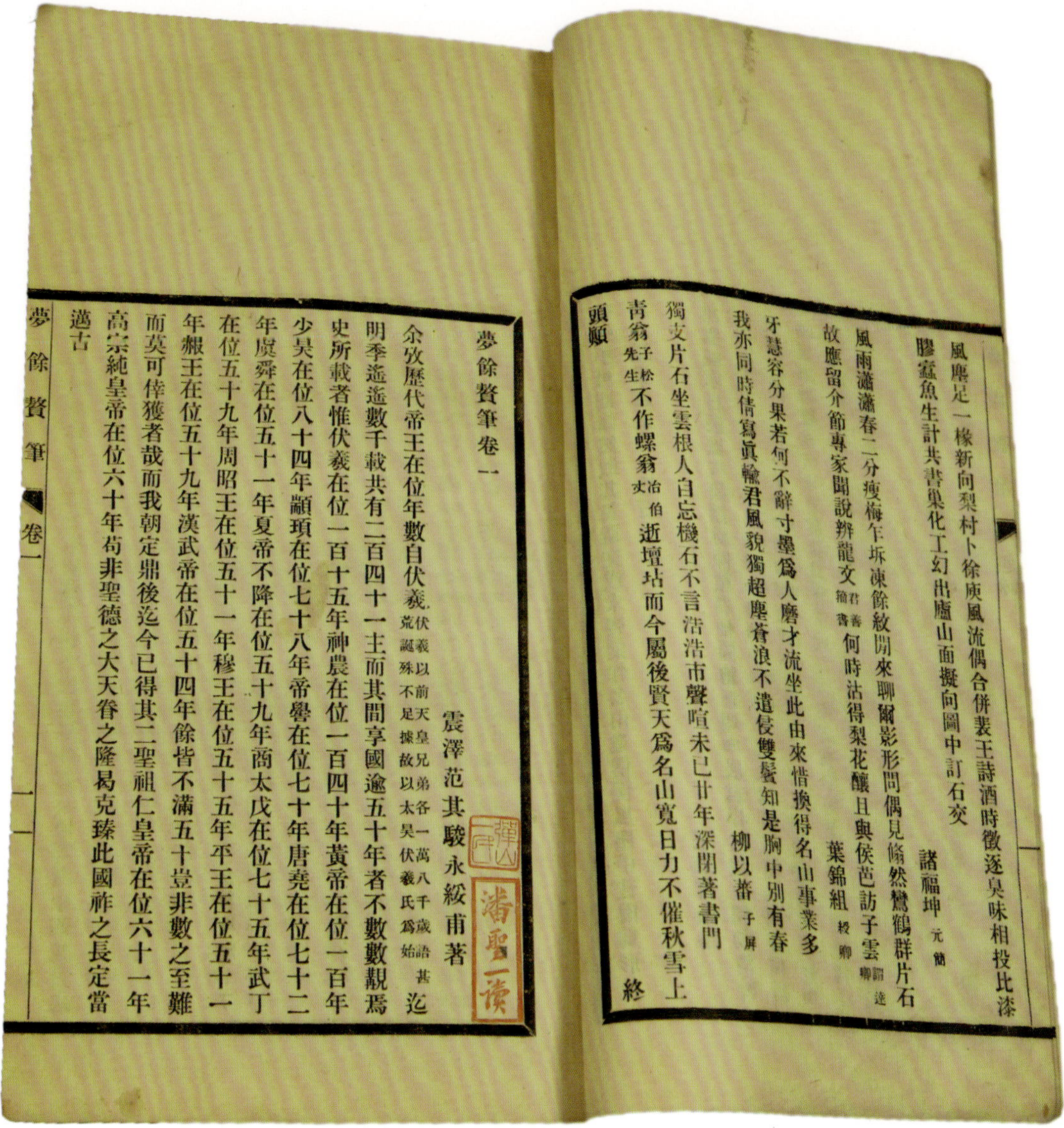
風塵足一椽新向梨村卜徐庾風流偶合併裴王詩酒時徵逐臭味相投比漆
膠蠹魚生計共書巢化工幻出廬山面擬向圖中訂石交　諸福坤 元簡
風雨瀟瀟春二分瘦梅乍坼凍餘紋閒來聊爾影形問偶見翛然鸞鶴群片石
故應留介節專家聞說辨龍文 君善摘書 何時沽得梨花釀且與侯芭訪子雲 詔逵聊
葉錦組 綬卿
牙慧容分果若何不辭寸墨爲人磨才流坐此由來惜換得名山事業多
我亦同時倩寫眞輪君風貌獨超塵蒼浪不遺侵雙鬢知是胸中別有春
柳以蕃 子屏
獨支片石坐雲根人自忘機石不言浩浩市聲喧未已廿年深閉著書門
青翁 子松先生 不作螺翁 治伯丈 逝壇坫而今屬後賢天爲名山寬日力不催秋雪上
頭顱
終

夢餘贅筆卷一
震澤范其駿永綏甫著
余攷歷代帝王在位年數自伏羲 伏羲以前天皇兄弟各一萬八千歲語甚荒誕殊不足據故以太昊伏羲氏爲始 迄
明季迄迄數千載共有二百四十一主而其閒享國逾五十年者不數數覯焉
史所載者惟伏羲在位一百十五年神農在位一百四十年黃帝在位一百年
少昊在位八十四年顓頊在位七十八年帝嚳在位七十年唐堯在位七十二
年虞舜在位五十一年夏帝不降在位五十九年商太戊在位七十五年武丁
在位五十九年周昭王在位五十一年穆王在位五十五年平王在位五十一
年赧王在位五十九年漢武帝在位五十四年餘皆不滿五十豈非數之至難
而莫可倖獲者哉而我朝定鼎後迄今已得其二聖祖仁皇帝在位六十一年
高宗純皇帝在位六十年苟非聖德之大天眷之隆曷克臻此國祚之長定當
邁古
潘聖一讀
夢餘贅筆 卷一 一

民国线装铅印本
张嘉荣《盛泽张氏遗稿录存四种》
民国十年（1921）刊

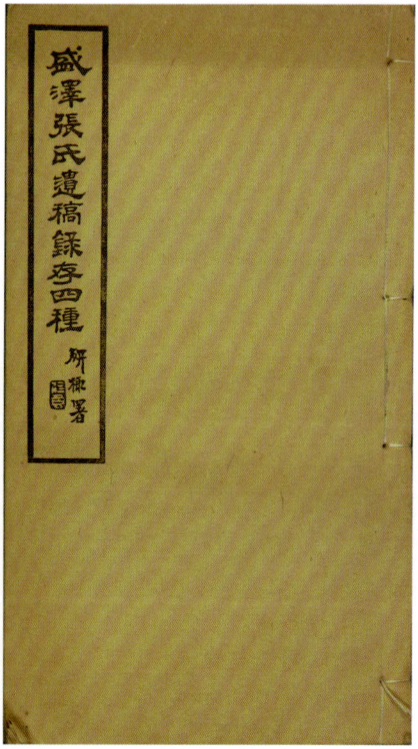

诗礼传家说张氏。张姓，望出清河郡（约今河北、河南和山东相交一带），是我国的一个大姓。过去曾听说其人口比例在全国姓氏中占首位，在盛泽自然也不例外，据说仅次于沈姓。但是张姓在盛泽镇的老八姓——许、仲、沈、归、吴、卜、汤、王中却排不上号，这一点至少说明张姓并不是盛泽历史上的初始家族。根据现有可稽资料，脉络最清楚的张氏一支，要数已故老书家张贻宗先生家族，可上溯十一代到迁盛泽始祖张世芳（字季淳）。

柳亚子在《盛泽张氏遗稿录存四种》（以下简称《录存四种》序言中记载，这个家族本是南宋大儒张栻（号南轩）的后代，当年张栻随父魏国公扈驾南来，遂家于杭，由杭而鄞而余姚。明隆、万历间（1567—1619）南轩十九世孙见斋（张廷秀），自余姚迁归安（今浙江湖州之双林镇），见斋孙季淳复自归安迁吴江之盛湖定居。而根据张季淳的生卒时间（1608—1670）推测，张氏一支迁居盛泽必在明天启至崇祯间（1620—1644），即要在张季淳成年后，至少要到1630年前后才能举家迁盛。然后，开启了这个家族在盛泽的近四百年发展史。

家谱是中国古代受到普遍重视的一种家族历史文献，即使非书香世家，也能见到简单的宗谱，称“金素折”，内里记载了姓氏缘起、上溯三代的祖宗名讳和排序。而作为书香世家的张氏家族，本有此传承，自然也尤为重视，他们从余姚迁湖州之始，即因防“离姚日久，名行错杂”，搞不清辈份，“遂拟定支谱命名”为：“廷、文、世、诰、守、元、兆、庆、宝、乃、嘉、德、贻、阙、孙、谋十六字次序，世代遵从，蝉联而下。”并以“存心忠厚、读书敦品、以孝事亲、以敬事兄、教子主乎严”为家训。张廷秀说：“教子严者，十失一二，教子宽者，十失八九，余之教子主严，非苛待我子也，原欲我子能就绳尺，成为正人君子耳。”因此自张氏一族迁盛后，虽长期“以织缣贩缯为业”，基本不涉足官场，却“代不乏读书守道之士”（柳亚子语），并以孝、友著声于世。民国六年（1917），盛泽建乡贤祠，该地绅董公议确定奉祀的七位乡贤中，就有张季淳之子张天章在内。

国家之所以称之为国家，是因一个国由无数的家所组成。家族文化正是国家、民族文化的主要源头，因为文化是人创造的，而任何个人无一不可归属于某一个家族和家庭，即便这种文化具有超越家族、地方，甚至更高层面的意义。换言之，国家民族文化是无数家族文化的总汇，并因此而成为全民共享的成果。对盛泽地方历史文化贡献最大的首推仲氏、王氏，卜氏和沈氏也有相当积累。张氏家族在盛泽的历史虽然没有以上四大姓悠久，文化积累也不如他们丰厚，却也不乏可圈可点之处。

《录存四种》系张南轩二十九世孙张嘉荣（伯华）编纂，历时五年（1916—1920）而成，1921 年“希范堂”铅印行世（宣纸本）。

柳亚子（张家甥孙）为其作序，序文提及：“明隆万间南轩公十九世孙见斋自余姚迁归安，见斋孙季淳复自归安迁吴江之盛湖（盛泽别称），及今三百年矣。”

张氏为书香门第、官宦世家，历代又不乏兼为商贾、从事丝业者。从《录存四种》中的例言、序、跋、诗词和作者经历来看，其中颇多丝绸记录，对研究明清江南丝绸发展演变有参考价值。张氏二十九世孙张嘉荣在跋文中言：“张氏之散居吴越者率以南轩公为始祖，自南轩公二十一世孙季淳公卜居盛泽别为一支，有缯肆，世继其业，然皆士而商。”对于张季淳（1608—1670）生平的记录有：“明季由双林移家盛泽为盛泽张氏迁祖公。”

盛泽丝绸业形成于明洪熙年间，发展于成弘年间，至万历时已初具规模，形成绸市。当地诗文中曾有“神宗以后始繁奢，狭巷穰穰閙日斜”（徐崧七绝《盛泽》）之句来描述盛泽丝绸的勃兴。双林丝绸业之兴起远早于盛泽，而此时稍衰，盛泽之崛起无疑对各地绸商工匠有极大的吸引力，郡人（苏州府）及浙南浙北人纷至沓来，从业于丝绸，张季淳由双林业迁盛泽印证了这一历史事实。

二十一世孙张石澜（1647—1734）生平中载及：“吾家士而兼商，世缯业，自康熙四年季淳公列肆里以来，及公整理而扩大之，营业日益发达，全族咸利赖焉。”

二十六世孙张秋江（1766—1855）生平中亦有“世缯业”的记述。

二十七世孙张薇人（1796—1851）生平中则有“综理先世缯业，绝意进取”的记载。

清初社会秩序渐趋稳定，盛泽绸业得到了进一步发展，康熙年间“商贾辐辏，居民万有余家”（康熙《吴江县志》）。其时，新建永安桥的石碑上刻有“日中交易，肩相摩，踵相接”的铭文。张季淳在盛泽丝绸进入新的繁荣时期，正式开设乾泰绸庄，经过以后几代继承，经营有所进取，扩大成为盛泽镇上历史较久、规模较大的绸庄之一。清末，张氏后裔相继从文，如三十一世孙张应巢（1882—1933）、张士一（1886—1969）分别留学日美，归国后从教，绸庄因后继无人而歇业。

张氏所录诗中有不少蚕桑丝绸的题材。诗人观察细微，意境深邃，文采潇洒，兹选录二首于后。

夜过莺脰湖

（明）张季淳

蠡壳窗边渔火明，扁舟宛如镜中行。
料因夜静钟常在，难得波平梦亦清。
十里桑麻迷客路，一帆风雨到江城。
推蓬回首闲云处，犹忆前溪唱晚声。

五月初三日集梅花屋分咏农桑诸务得剥绵

（清）张薇人

绿阴响缫车，女车又分茧。
煮余翠釜捞，别有同工选。
沃以碧瓷盆，击水赋流衍。
尖尖玉指莹，皎皎雪肤减。
层层擘将来，名称兜罗软。
更制月样弓，弯环素丝绢。
屈指饲蚕初，金钱落桑剪。
才得几分收，愁蛾尚难展。
伴受葱根辛，肯学姜芽敛。
嫁衣行可装，丽密衬新茧。
挑灯絮语温，纤指还拢捻。

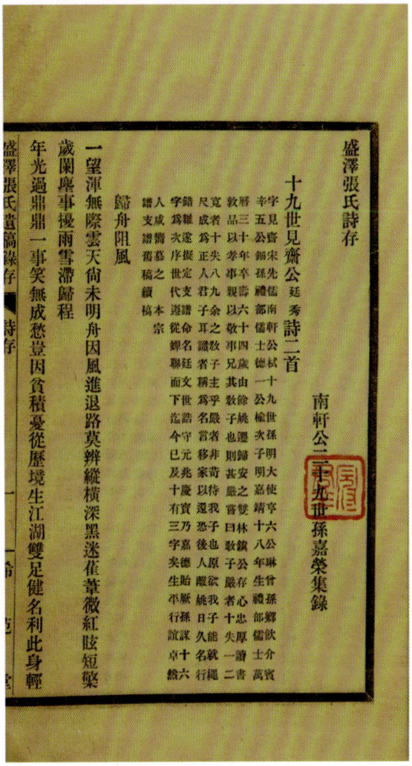
盛澤張氏詩存

南軒公二十九世孫嘉榮集錄

十九世見齋公廷秀詩二首

字見齋宋先儒南軒公栻十九世孫明大使亨六公琳曾孫鄉飲介賓辛五公鈿孫禮部儒士德一公檢次子明嘉靖十八年生禮部儒士萬曆三十年卒壽六十四歲由餘姚遷歸安之雙林鎮公存心忠厚譜書數品以孝事親以敬事兄其數子也則甚嚴嘗曰數子嚴者十失一二寬者十失八九余之數子主乎嚴者非苛待我子也原欲我子能紈繩尺成爲正人君子耳譏者稱爲名嘗移家以還恐後人離姚日久名行錯雖遂擬定支譜命名廷文世詰守元兆慶實乃嘉德貽厥孫謀十六字爲次序世代遵從婢聯而下迄今已及十有三字矣生平行誼卓然人成嚮慕之本宗譜支譜舊稿續稿

歸舟阻風

一望渾無際雲天尚未明舟因風進退路莫辨縱橫深黑迷萑葦微紅眩短檠

歲闌塵事擾雨雪滯歸程

年光過鼎鼎一事笑無成愁豈因貧積憂從歷境生江湖雙足健名利此身輕

盛澤張氏遺稿錄存　詩存　一

著录贞妇民风的民国线装铅印本
张嘉荣的《慰志汇编》

民国十一年（1922）刊

《慰志汇编》民国十一年（1922）刊，是吴江县盛泽镇的人物专志，共收录节妇、烈妇、孝妇、贞女、贞妇、孝子、孝女、义绅、义夫、义民153人，其中女性148人。

这是石头垒起来的人文，吴江盛泽的石牌坊，2011年6月23日的《吴江日报》作者萧海铭为《慰志汇编》做了绝妙的诠释。

> 最近，我在盛泽慰塘村的亲戚俞小龙老人家中发现了两块石雕件，均为麻石质，其中一块高、宽、厚尺寸分别为70厘米、45厘米、12厘米。石中以透雕形式雕成一宋代执笏官员像，宽袍大袖，腰围玉带，带平天冠（冠上双翅已折，有残痕）。细审此造像，比例适当、线条简洁、刀法洗练，尤其是面部刻画，双眉上挑、口唇微启、目光下垂，威严中含慈祥，十分传神。此石左下方有15厘米×2.5厘米的凹口，应为与其他石件相配结合固定所凿。由于已知此石雕原为升明桥北堍牌坊——盛泽“总旌坊”之物，而石之左下方有凹口，推断乃镶嵌在左首楼檐下，为宋代理学大师朱熹之造像，并依此类推，其右侧楼檐下同样也应有一块造像石，代表另一位宋代理学大师程颐，

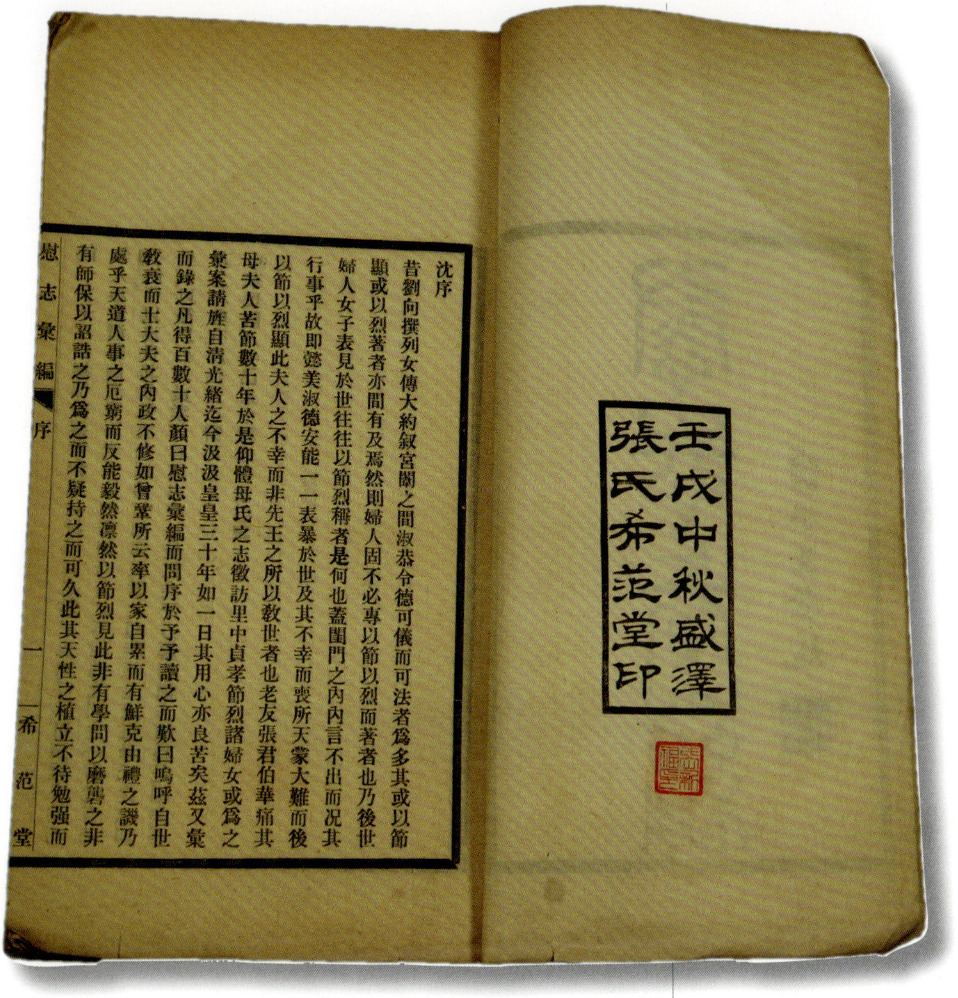

而正中楼檐下则是“总旌坊”牌。

须知，中国的封建礼教因宋代程颐、朱熹两人的努力而集大成，世称“程朱理学”，因此以这两人的造像石置于坊顶，乃重要节孝类牌坊的通用做法。

另一块石雕件为板材，素面，但一面凿成瓦状的曲边，显然为楼顶盖板，此石长、宽、厚分别为100厘米、50厘米、6厘米。

据俞小龙老人说，1967年“破四旧”时，升明桥北堍的石牌楼被拆倒，而“牌楼边上就是我的叔父家，有一天去那里，偶然看到这两块石头，当时年轻力壮，因为好玩，就把它扛回了乡下，一直放到现在。最近多次有人前来协商要收购这块石雕件”。

史载，清道光八年（1828）江苏巡抚陶澍奏报朝廷批准，旌表历代节、孝、贞、烈之妇

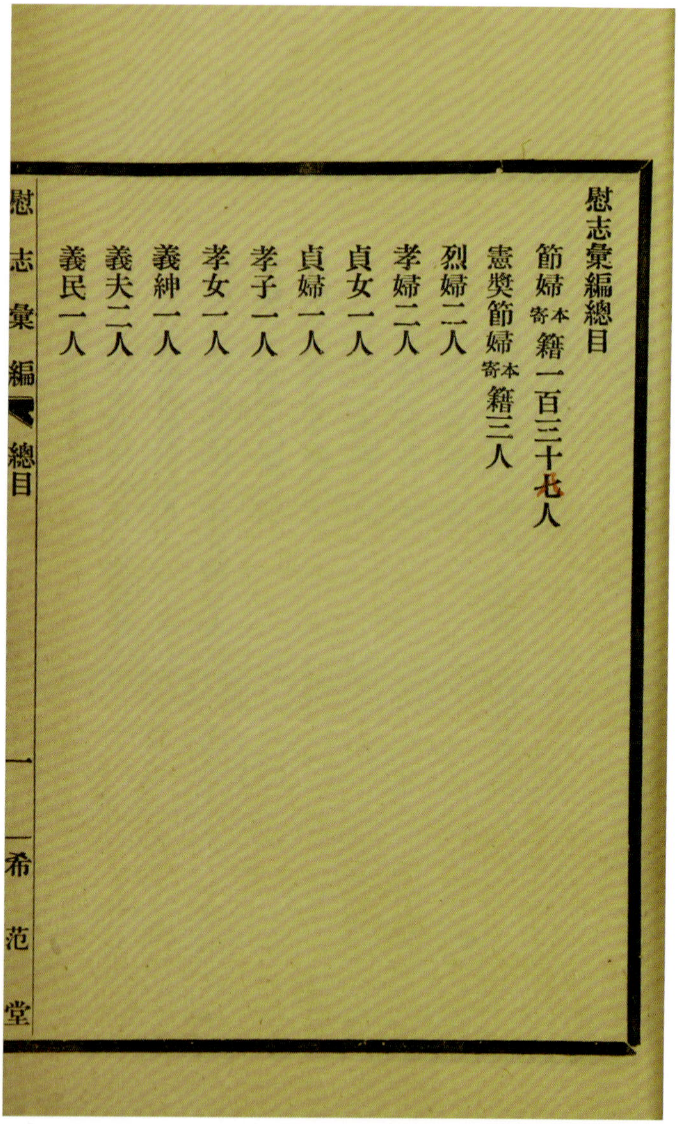
慰志彙編總目

節婦本寄籍一百三十七人

憲奬節婦本寄籍三人

烈婦二人

孝婦二人

貞女一人

貞婦一人

孝子一人

孝女一人

義紳一人

義夫二人

義民一人

慰志彙編　總目　一　希范堂

女，计114人。道光二十七年（1847）江苏巡抚陆建瀛再次奏报朝廷批准旌表上述妇女65人，并获准二案合并，“给币建总坊，本镇仁善局买地监造”，“遂为定例，凡与旌者仍准本家自行建坊”。因此，这是盛泽唯一一座主要由政府买单建造的牌坊。道光二十九年（1849）牌坊建成，规格很高，为双柱、三楼，“坊后有碑亭，正面向外立碑二，同勒汇旌诸节孝贞烈妇女姓氏”。柱上镌有对联云：“三百年潜德幽光一朝并显；数十里芳名淑姓千古长留。”

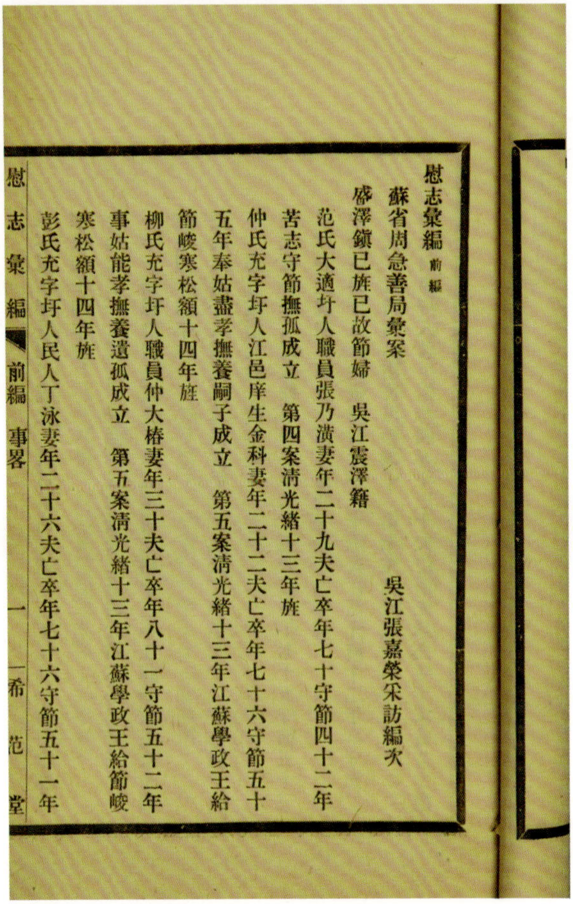
慰志彙編 前編
蘇省周急善局彙案
盛澤鎮已旌已故節婦　吳江震澤籍　　吳江張嘉榮采訪編次
范氏大適圩人職員張乃潢妻年二十九夫亡卒年七十守節四十二年
苦志守節撫孤成立　第四案清光緒十三年旌
仲氏充字圩人江邑庠生金科妻年二十二夫亡卒年七十六守節五十
五年奉姑盡孝撫養嗣子成立　第五案清光緒十三年江蘇學政王給
節峻寒松額十四年旌
柳氏充字圩人職員仲大椿妻年三十夫亡卒年八十一守節五十二年
事姑能孝撫養遺孤成立　第五案清光緒十三年江蘇學政王給節峻
寒松額十四年旌
彭氏充字圩人民人丁泳妻年二十六夫亡卒年七十六守節五十一年
慰志彙編 前編 事畧 一 希范堂

咸丰元年（1851）第三批41名汇旌妇女被批准后，又在总旌坊内“左首侧面向西立碑一”，并在坊左右筑墙，前护石栏，虽牌坊“不设门户”，却“无启闭机关，不能近碑观察”，保护很严，无怪五十余年后盛泽《慰志汇编》作者张嘉荣（已故书法家张贻宗先生伯祖父）在撰写此书时叹息因无法“细察碑文，致有数字辨认不清，殊为憾事”。此外，尚需说明的是，除牌坊本身外，其余建筑及刻碑、建亭各项，皆由“郑寿荣妻、钦旌节孝周氏”及“其他节属”捐建。

屈指算来，自牌坊建成起计，迄今已162年，若按1967年拆毁算，此坊则经历108寒暑。

民国线装石印本《黄埭志》

民国十一年（1922）刊

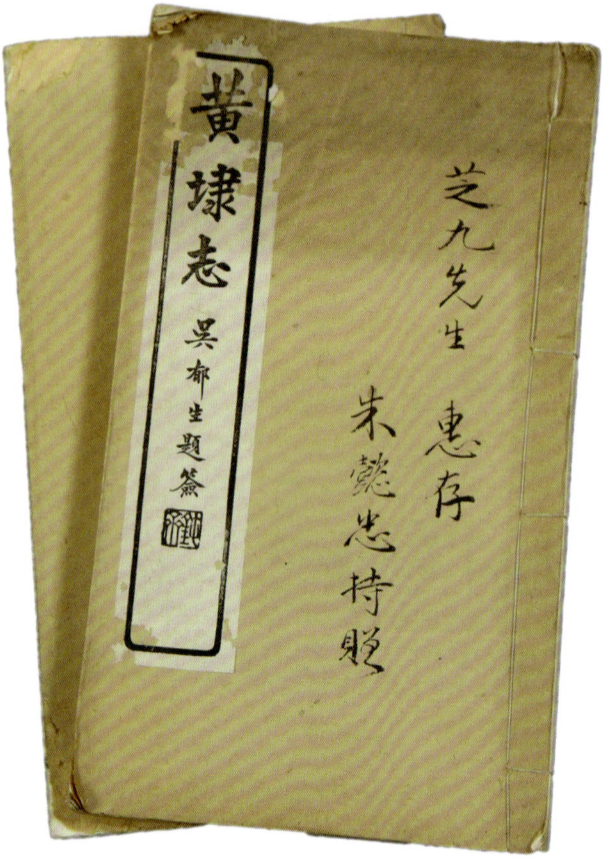

黄埭镇，始建于春秋时期，距今已有二千五百多年的历史。古时黄埭镇，三里长街，百店琳琅，千叶小舟云集，八方商贾过往，素有“银黄埭”之称。黄埭古镇老街沿黄埭市河临水而建，东西走向，全长1.47公里，旧称三里长街，为典型的江南水乡古镇街景。优越的地理位置和交通条件使黄埭自古以来一直是苏州西北部和无锡锡东地区的重要商埠。古往今来，黄埭镇山水毓秀，人杰地灵，尊礼重教，筑就了深厚的文化底蕴。繁盛的商贸，带来了人文荟萃的局面，历史上黄埭出过众多进士和文人。黄埭镇还是著名的“浒关白席”的主要产区，素有“江南席乡”之称，宋代时草席已呈作贡品。热闹的集镇也带来寺庙的兴盛，尤以始建于三国东吴赤乌四年（241）的兴国寺最为鼎盛。

我的家乡在黄埭镇与渭塘镇、北桥镇的三个镇交界地带，但行政管辖区域属于黄埭镇，那古老长街的青砖路上曾留下我读书的脚印。上一回黄埭街，曾是农家孩子热望的梦想和希冀。我从小听说过“黄埭十八景”，这古老的水乡古镇在改革开放的大潮中的一次次被规划，一次次被开发。在这小城镇建设、城乡一体化建设的城市化推进过程中，现状又是如何呢?

“金荡口，银黄棣，疏疏落落是浒关。”这句话在吴地流传了上百年。简单一个例子，短短三里一条黄棣大街在最繁盛时居然聚集了九所书场，可见“银黄棣”繁华之名不虚传。

其实黄埭古镇远远不止“十八景”，下列景点中，已经不只是十八个了。

香花桥：又说“钉塔栏杆香花桥”、“金塔栏杆香花桥”。香花桥因朱元璋少时在兴国寺做小和尚时，凌晨打扫庙院而演绎的一段传说闻名于当地，也演绎出“江西人识宝，苏州人识天”的俚语。这镇上现存的唯一古桥，始建于宋朝，重建于清同治年间。

寺前弄：正对兴国寺山门，因兴国寺的鼎盛而十分繁华，且因兴国寺得名。

寺前墩：寺前弄南端的寺前墩，相传是兴国寺某高僧的墓葬处。它曾是与虎丘塔齐名的砖塔，但质量没有虎丘塔结实，不知何时倒塌了，只留下一处高土墩，所以也列为旧时黄埭一景。

兴国寺：在现在香花桥北围墙处，香火还是相当的旺。始建于三国时期，是东吴孙权为其母亲所造，当时一起兴建的还有市区的报恩寺、角直的保圣寺。而当时大雄宝殿中的四大金刚,亦出自南宋雕塑名手雷潮夫妇。现在报恩寺门口的一对石狮据说就是从兴国寺运去的。寺内大雄宝殿的四大金刚与别的寺内的四大金刚有所不同。

西市晓钟：应该与兴国寺有关吧。

兴隆中市桥：依傍兴国寺和繁盛，成为古黄埭的最繁华地段。其东西六百米店肆林立，热闹无比，故称“兴

朱冠倫　錢介一　閔誦堯　楊則庭　王逸凡　錢佩楚　朱醉石　顧威之　鄒千里　毛輿之　秦雨蒼　馬覲之

吳念慈　談惟楚　朱少臺　馮元溥　蔣季和　吳穎芝　傅曉遠　葉祝純　朱子威　程質卿

隆”。原桥本有许多栩栩如生的石刻石雕。现虽有仿制，终不如从前。二十年前，面对中市桥的黄埭中心幼儿园，有座非常漂亮的古建筑，可惜现已无迹可循了。

方桥：现在去看看方桥遗留下来的桥墩，最左是浮康石，中间是花岗石，上书：“放生官河，禁止捕捉。”可想见当时方桥的样子。

三间大夫庙（供屈原像）：原址在现在的大街亭子处，现为一民居所在。

塔桥及塔桥西弄：塔桥西弄是个很有特色的里弄，

不知现在里面的古建筑还在不在。

白果园：为太平天国起义军在黄埭的校场。内有一古银杏树，一说是太平天国一将领所植，一说已经有八百多年历史。

“沽酒店”客栈：沽酒店，是古代兵马道上的一个小镇，其实也是古代的一个驿站，地处现在潘阳工业园变电站处。如果不是紧急公务，驿站接待之后，就会安排在镇上的“沽酒店”客栈，第二天进苏州城内。如果是紧急公务，则会在那里稍事休息之后策马直奔苏州城内。所以“沽酒店”客栈有一副对联，上联我不记得了，大意是在沽洒店稍作休息之意，下联是“一马到姑苏”。

河渎里：这里原来也有两个以上景点，包括外地在黄埭的商会遗址，是曾经的繁华之地。

东桥夜月：位置不详，估计是在河渎里附近吧。

六房墙门。

熙余草堂：原为乡绅朱福熙住宅，建于清朝道光三十年（1850）。现存楼厅、花厅各一进，均硬山顶，有砖雕门楼两座。楼厅面阔三间 10.5 米，进深 10.6 米，前后带廊，另附厢房。楼下悬挂“熙余草堂”匾额。花厅天幔四周镶嵌五彩玻璃窗格，地面斜铺磨细方砖。

洪墓桥：传说中有仙人脚印的桥，现在依然可见。

城隍庙：原黄埭高中，现存南门及中学内还有几棵古柏。民国中后期曾经关过缴不起田租的农民。

金钩河：旧时直通兴国寺外护寺河上的洪墓桥。

水陆亭：从黄埭荡坐船向西行，亭子建在水中，从大街向东逛去，亭子建在街边。

庙桥：庙桥边上也有个庙，名称不知道了，民国时期香火同样兴旺。

斗木角：古时存放棺材的地方，在庙桥东边。经常是不知天高地厚的男孩子们玩耍的地方。

范蠡墓：不在镇上，在西塘河边上。民国时期的《黄埭志》上提到，这里有个范蠡墓：“范蠡墓在河西口。按黄埭乡人相传，称该处为蠡墓汇，傍有小庙，供范蠡像。”文物普查中，侯楷炜和同事从蠡墓汇找到了一副墓志铭，就珍藏到了黄埭镇文化站。不过，这副墓志铭是清朝人的，和范蠡没有直接关系。前些年西塘河截弯取直，范蠡墓就被挖掉了。

屈原衣冠墓：黄埭镇有座屈原衣冠墓，与三间大夫庙一起，相传是同为楚国人的春申君黄歇所立建，以纪念屈原这位伟大的爱国诗人。

过去西塘河沿岸有许多高起的土墩。就在上面提到的范蠡墓西侧，就有一个高坟墩，2008 年 6 月到 9 月，考古人员在这里发掘出汉代、唐代、宋代、元代、清代墓葬 41 座，其中仅汉代墓葬就有 24 座，挖掘出铜弩机、汉代瓷器、琉璃勒子等珍贵器物 230 多件。此外，“文革”前后平整土地时，西塘河沿岸土墩里曾挖出过大量的棺木，挖出了一大堆绫罗绸缎和其他器物，证明这一带曾是个集中墓葬区。

至于众多古老的民房建筑和企事业单位里原先固有的古建筑和古厅堂楼阁，我所目睹消失的不知有多少。

苏州历史上，有相当一部分古镇修志，遗存下来的并不多。《黄埭志》相当珍贵，收藏此志，十年不遇，估计有关单位已不存有。

此志民国十一年（1922）石印本，二册。

此志序一作者张一麐（1867—1943），字仲仁，号公绂、民佣，别署大圜居士、红梅阁主。江苏吴县人，著名爱国人士。曾任徐世昌内阁教育总长，国民参政员。

张一麐幼时有神童之称。十二岁应童子试，即为秀才。光绪十一年（1885 年）考中举人。甲午海战，清军惨败，康有为等“公车上书”，倡言变法图强，在北京成立强学会，各地也纷纷成立学会，张一麐等在苏州倡设苏学会。光绪二十九年（1903），张一麐录取经济特

黃埭鎮風景

科，被分往北洋大臣兼直隶总督袁世凯处任职。宣统即位，袁世凯被放逐回籍，张也解职回乡。民国初年，复入袁幕，任总统府秘书。袁世凯改国务院为政事堂，下设六局，张一麐被任命为机要局局长。1915 年调任教育总长。1916 年因不满袁世凯称帝，张一麐辞职南归。1921 年，创议召开和平会议，会议失败后，不复问政事，闲居苏州。在此期间，他曾与张謇组织苏社；与李根源组织吴县善人桥农村改进社，改良农业，兴办教育；与吴荫培等创设吴中保墓会，保护乡里文化遗迹；参与《吴县志》总纂；倡议开辟体育场、图书馆、阅报室、植物园、蚕学馆、博物馆等社会文化教育设施。“九·一八”事变后，张一麐创办《斗报周刊》，自署“江东阿斗”，撰发刊词，号召奋起救亡图存。“一·二八”淞沪抗战爆发，张臞积极参加各种活动，支援抗战。1936 年“七君子”事件发生后，张臞多方奔走，设法营救。

“八·一三”事变后，组织抗敌后援会，捐募军需，收容难民，并与李根源着手组织“老子军”，号召全国，凡六十岁以上者，前来从军，与侵华日军决一死战，各地耆老闻风响应，轰动全国。由于种种原因，“老子军”没有组成，但这爱国行动，对于鼓舞全国军民同仇敌忾，起到了相当的作用。从此无人不知苏州有个张仲老，“老子军”之名，也不胫而走。淞沪之战，抗战军士多有死伤，张一臞与李根源一起，将抗日烈士遗骸收葬于苏州善人桥，并披麻戴孝，恭送入殡。

苏州沦陷后，张一臞扮僧易服匿居于城西穹窿山穹窿禅寺（即茅蓬寺）、拈花寺等处，安置伤兵，组织抗日。经人力劝后，才最后撤离，由上海取道香港，转赴武汉，被聘为国民参政会参政员。后又随参政会移住重庆。1943 年 10 月，因病逝世于重庆。

张一臞生前好为诗，善谈兵，抗日战争开始后，凡事都以诗记之。著有《心太平室诗文钞》、《现代兵事集》、《古红梅阁别集》等。

张一麐抗战前在苏州时，与章太炎、李根源交游，苏州人尊敬地称张为“仲老”，特别是因为他与李根源过从甚密，而张以文显，李以武著，一文一武，誉隆吴中，被人称为“吴中二老”。

此志序二作者吴荫培（1851—1930），字树百，号颖芝、云庵、平江遗民，江苏苏州府吴县人。清光绪十六年（1890）庚寅科吴鲁榜进士第三人。

吴荫培天资敏慧，读书过目成诵。十八岁补博士弟子员，二十岁中举于乡试，声名远扬。与乡里名士砥砺学问，弟子受业者甚众。

吴荫培考中探花后，出任顺天府乡试同考官。光绪十九年（1893），再次出任顺天府乡试同考官。光绪二十一年（1895），吴荫培任会试同考官。光绪二十八年（1902），吴荫培以编修出任福建乡试副考官。光绪二十九年（1903），就沪宁铁路借款，建国内大学堂，截留出洋初级生。他尽力上疏陈其弊病。光绪三十年（1904），出任会试同考官。光绪三十一年（1905），自费赴日考察。回国后，创办女子师范幼稚园、水利农林讲习所。由两江总督端方转奏，清廷采纳，次第施行。尔后，外任贵州，做镇远府知府官。后历任廉州府、潮洲府等。辛亥革命后，吴荫培回乡，看到大量流亡者，他募集款项，设织布厂安置。他任男普济堂董事十年。民国初年，吴地盗墓成风，他捐资创办“吴中保墓会”，保护了众多名人古墓。民国五年（1916），设修志局于沧浪亭，他与曹允源、蒋炳章一道出任《吴县志》总纂。他为人做事，为邑人称道。民国十九年（1930）腊月十九日卒，葬于枫桥白马涧祖茔。

据传一次，有人赠送吴荫培两大瓮“惠泉酒”，闻此消息，亲朋好友自带酒具聚到吴荫培家饮酒。家人端出三壶，一会儿就喝光了，吴荫培急匆匆进里面去再取，过了一会儿只捧出一壶，一脸沮丧的面色。大伙知道他

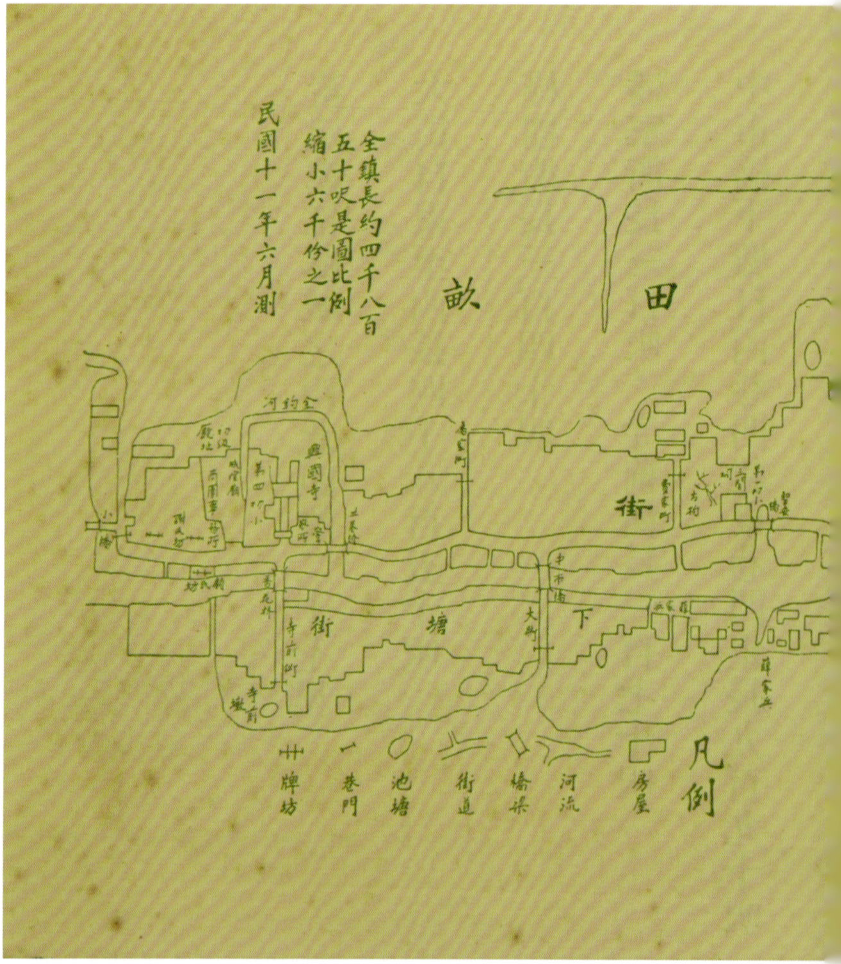

怕老婆，故意戏弄他，痛饮而光，让他再添点儿。吴荫培踌躇半天，不说话。这时，就听到从屏风后面传来厉声斥责：“哪儿来的这般讨人厌的歹客？难道不知老娘从来就小气的吗？”大伙赶紧四散而去。第二天，想起到吴荫培家来取杯盘酒具，他老婆说：“把这些留下当酒钱行啦。”据说吴荫培对人总是扬头看天，大有富贵而且自傲的神色。独独一遇到他老婆，就诚惶诚恐，怕得要命。偏偏他老婆性子急，一有不称心的事，要不就打嘴巴，要不就揪着头发揍他。吴荫培一声不吭，直挺

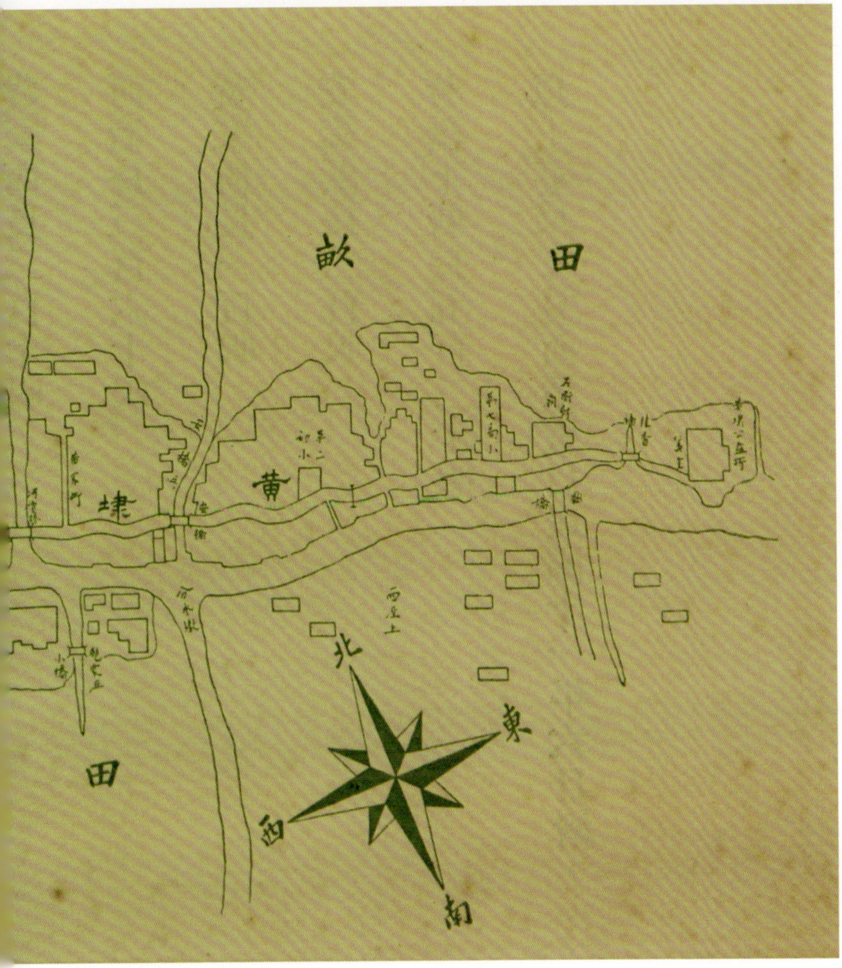

挺地站在那里等着，任凭他老婆摆布，好像木偶一般。当时吴荫培算出了名，城里人都能说他怕老婆的故事，这些成了人们取笑吴荫培的话柄。

其著有《岳云庵诗文稿》。

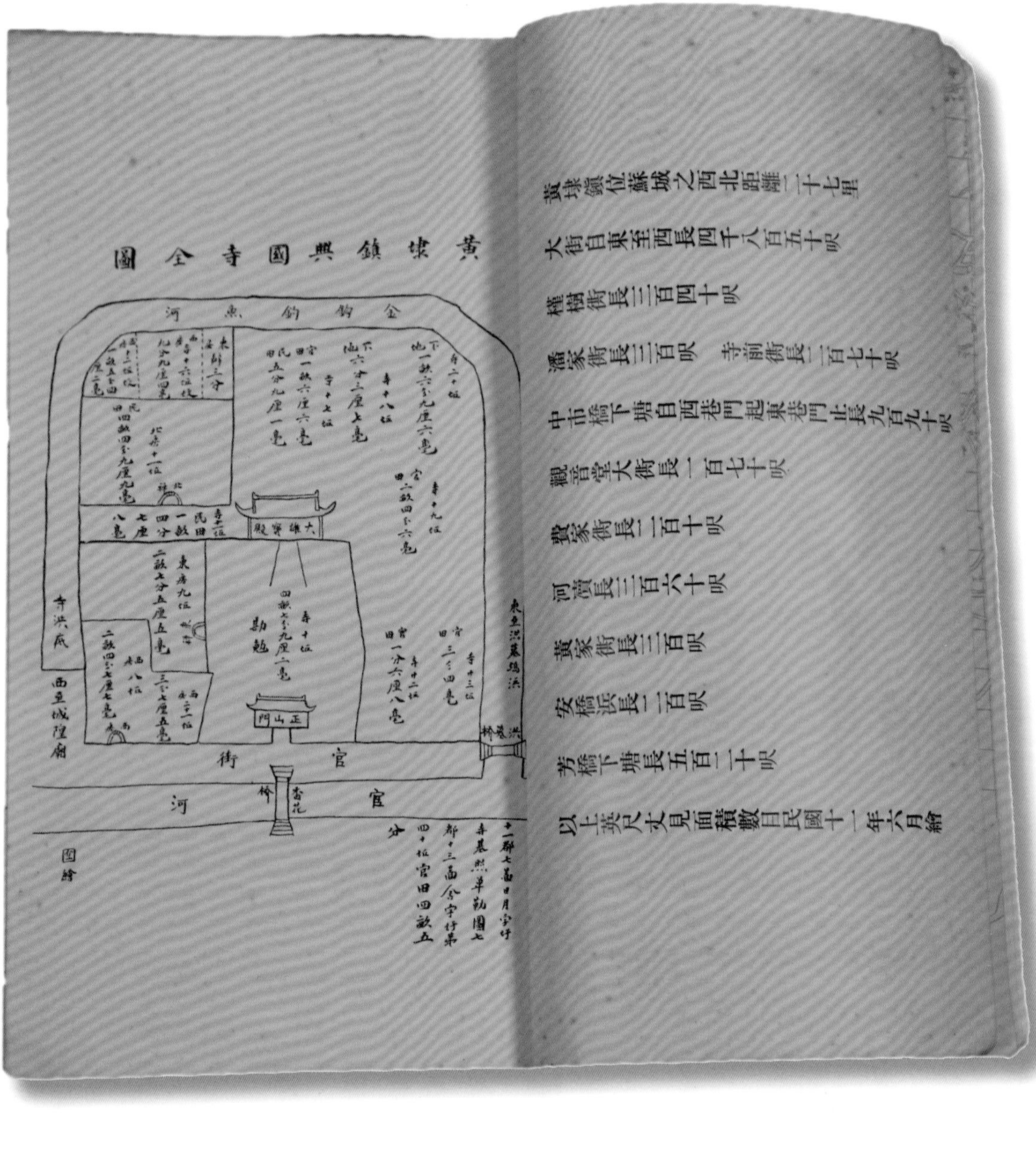
黃埭鎮興國寺全圖
大雄寶殿
正山門
官街
官河
香花橋
西至城隍廟
黃埭鎮位蘇城之西北距離二十七里
大街自東至西長四千八百五十呎
權橋街長二百四十呎
潘家街長二百呎　寺前街長一百七十呎
中市橋下塘自西巷門起東巷門止長九百九十呎
觀音堂大街長一百七十呎
費家街長一百十呎
河濱長二百六十呎
黃家街長二百呎
安橋浜長一百呎
芳橋下塘長五百二十呎
以上英尺丈見面積數目民國十一年六月繪

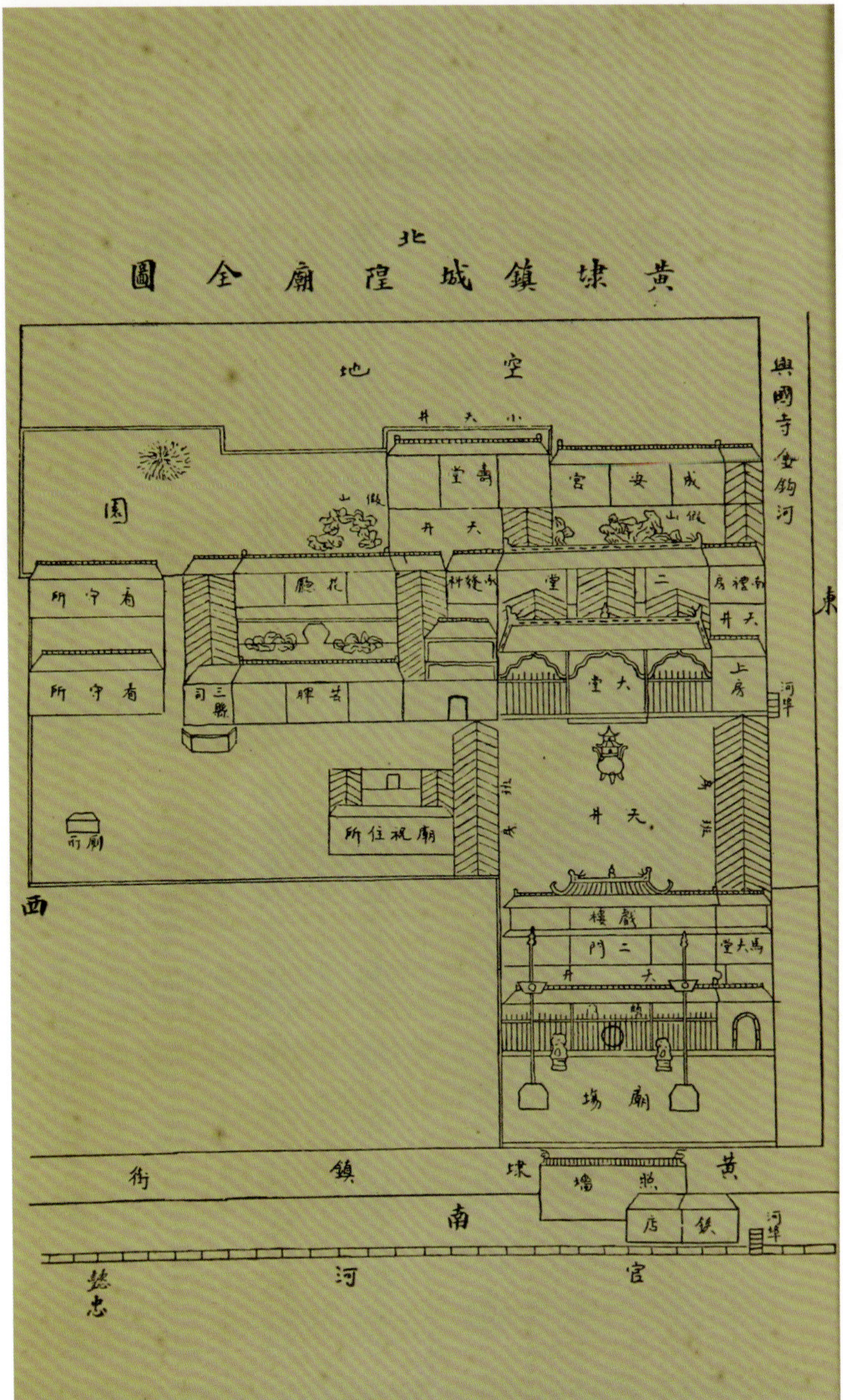
北
黃埭鎮城隍廟全圖
空地
小天井
壽堂
成安宮
假山
天井
園
看守所
看守所
花廳
二堂
禮房
大堂
上房
河埠
天井
廟祝住所
西
東
興國寺金鈎河
戲樓
二門
廟場
黃埭鎮街
照墻
鐵店
南
官河
河埠

民国线装家刻本《金阊纪事》

民国十一年（1922）刊

书名中的金阊，并非是苏州城内的金门和阊门，而是以“金阊”借指苏州。此书民国十一年（1922）刊，作者柳遂、陆明桓，柳亚子作序。柳遂，字率初，柳亚子从弟，南社社员。陆明桓，字简敬，号苏斋，吴江人。

诗集中柳遂共四十章，陆明桓四十章，这是陆明桓唱和柳遂的集本。品味诗作，有过人之才、真挚之感，主要内容是对家人家事有感而发。《重遇古藤花馆和率初》一诗读来更是别有情愫。

> 黄花时节我曾来，短梦轻尘又几回。话到旧游疑隔世，真娘墓畔夕阳催。

天时人事两相催，诗集至今已近百年，故人的内心世界至今是那样鲜活，这也体现了作者唯精神是求的灵魂世界和家世学养。此刊本为家刻本。

青笠綠蓑髫鬍玄眞再世而弟也痛荆枝之無命枕席猶有淚痕感石友之多情縑素不妨同視于是追隨梁孟跌宕園林香車寶馬遨遊阿黛橋邊漁火江楓憑弔寒山寺裏訪美人之眉黛響屧廊空問誼士于屠沽專諸巷冷長謠短詠並入篇章此倡彼酬遂增卷帙匯而錄之固其所也將付梓人屬爲弁首僕謝池夢草久愧客兒吳市飄蓬深憐予季閒情一賦任遭嗤點于齊梁蠹簡百年願共撑持夫文獻倘對牀之可踐他年重話離愁庶絶業之能成此卷特其嚆矢云爾

中華民國十一年一月松陵勝谿柳棄疾叙

金閶紀事四十章

吳江　柳遂　率初

十年十二月二十八日會沈雪廬從舅喪

書苑松陵幾輩來師門衣鉢沓八回最憐妖讖龍蛇惡一夕修文地下催

簡敬來訪不遇留書而去

年華慘綠汝能來白馬橫江我未回漫道呂安題鳳字爲留後約一相催

即晚訪簡敬已赴金閶逆旅

驅車日暮訪君來不遇從教悵獨回此夜金閶亭畔夢

民国线装珂罗版《恽南田山水画册》

民国十一年（1922）刊

恽格（1633—1690），字寿平，号南田，别号云溪外史，晚居城东，号东园草衣，后迁居白云渡，号白云外史。他是明末清初著名的书画家，开创了没骨花卉画的独特画风，是常州画派的开山祖师。他一生活在民族矛盾极其尖锐的时代。少时从伯父学画，青少年时期参加过抗清义军，家破人亡，当过俘虏，又被浙闽总督收为义子，曾在灵隐寺为僧，返里后卖画为生，一直赡养父亲。与王时敏、王鉴、王翚、王原祁、吴历合称为“清六家”。他山水画初学元黄公望、王蒙，深得冷澹幽隽之致。又以没骨法画花卉、禽兽、草虫，自谓承徐崇嗣没骨花法。创作态度严谨，认为“惟能极似，才能传神”。“每画一花，必折是花插之瓶中，极力描摹，必得其生香活色而后已。”他画法不同一般，是“点染粉笔带脂，点后复以染笔足之”，创造了一种笔法透逸、设色明净、格调清雅的“恽体”花卉画风，而成为一代宗匠。对明末清初的花卉画有“起衰之功”，被尊为“写生正派”，影响波及大江南北。史载：“近日无论江南江北，莫不家家南田，户户正叔，遂有‘常州派’之目。”

清康熙二十八年（1689）腊月，恽南田离家到杭州卖画。次年五月，托人购得杭州坟地两处，决定迁葬其父灵柩于湖上，以了其生平之愿。他急于筹款，抱病作画，以致病倒不起。其于三月十七日返回常州，次日卒于白云渡瓯香馆，终年五十八岁。一代才华绝世的宗师，就此默默地终结其坎坷的人生。

恽南田在诗坛上被誉为“毗陵六逸”之首。大学者顾炎武曾称赞他的诗说：“恽正叔落笔如子山，萧瑟乡关……非大地欢乐场中仿效徘倡，郎当舞袖。”“选意必幽，择辞必鲜，俗尘凡语自然不侵其笔。”其诗见于《南田诗钞》、《瓯香馆集》。

至于书法，南田从楷书入手，之后行草学王羲之及王献之父子，后来致力于学褚遂良书法，这在当时来说是不可多得的，也是他能在当时书坛中独树一帜的原因。明末清初的书坛，是以董其昌为代表的对宋元书风的承袭，将宋元以来文人书法的把握和个人性情的表现融汇一体，将和谐优雅、轻松自然的风格发挥得淋漓尽致。入清后，由于康熙皇帝的个人喜好和提倡，使董书弥漫书坛。但是南田对当时流行的董其昌书法也是颇有微辞的，他认为：“秀绝故弱，秀不掩弱，限于资地，故上石辄不得佳，其不足在是，其高超亦在是。”这表明南田能发现其长处和短处，从而扬长避短，自成一家。

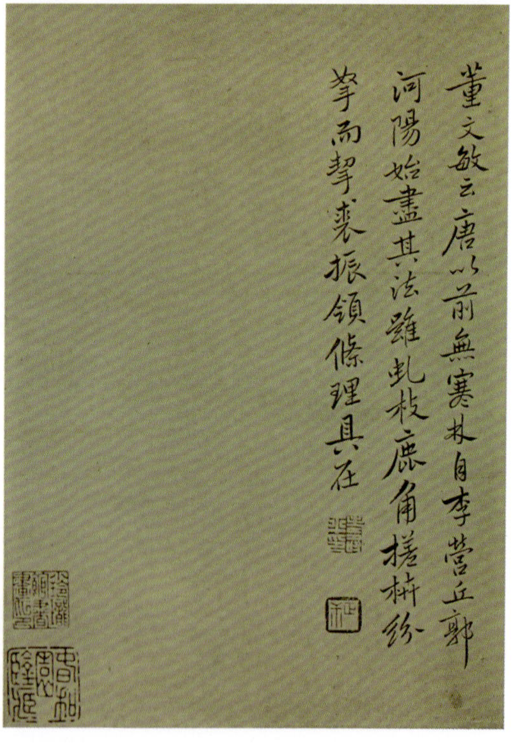
董文敏云唐以前無寒林自李營丘郭河陽始盡其法雖虬枝鹿角槎枒紛拏而挈裘振領條理具在

这本恽南田的山水画册上，有恽南田的多方印章：“恽”、“寿平”、“格”、“南田”、“南田小印”、“草衣”、“园客”等。恽南田与苏州园林有着千丝万缕的关系。他与苏州的画家们交往频繁。他的“园客”和“东园客”的号，暗示着他与苏州留园种种的过从关系。我们知道，留园在明代徐时泰建园时也称作“东园”的。“东园客”是否指恽南田客居东园时的自号呢？而这些图上押着“园客”、“东园客”印记的山水画是否标志着是恽南田在留园（东园）所作的画呢？

此画册字画十六幅，其中《唐解元看梅图》中的唐解元即大家所熟悉的唐伯虎，这是恽南田临摹唐伯虎的《看梅图》。

《李营丘寒林暮鸦》中“董文敏云：唐以前无寒林，自李营丘、郭河阳始尽其法。虽虬枝鹿角，搓枒纷挐，而挈裘振领，条理具在”，这段文字中的“董文敏”即董其昌，号思翁，明代万历进士，著名书法家。

此画册民国时期由有正书局珂罗版精印。

民国线装碧梧山庄影印
周慕桥《大雅楼画宝》四册

民国十二年（1923）刊

《大雅楼画宝》以独特的手法表现了作品的与众不同。

绿遍池塘草，过清明妒春风雨、春残人渺。
无可奈何花落去，肠断离情难道，忍检点零星
遗稿。一念相思更翻读，惹伤心更把心萦绕。

大雅樓畫寶
卷一
一
碧梧山莊影印
壽陽公主人日卧含章殿簷下梅花落於額上成五出花拂之不去宮人效之號梅花妝擬以壽陽公主為正月司梅花之神

大雅樓畫寶
卷一
三
碧梧山莊影印
王摩詰詠桃花夫人廟云莫以今時寵而忘舊日恩無言空有淚腸斷最銷魂甚指息夫人也擬以息夫人為三月司桃花之神

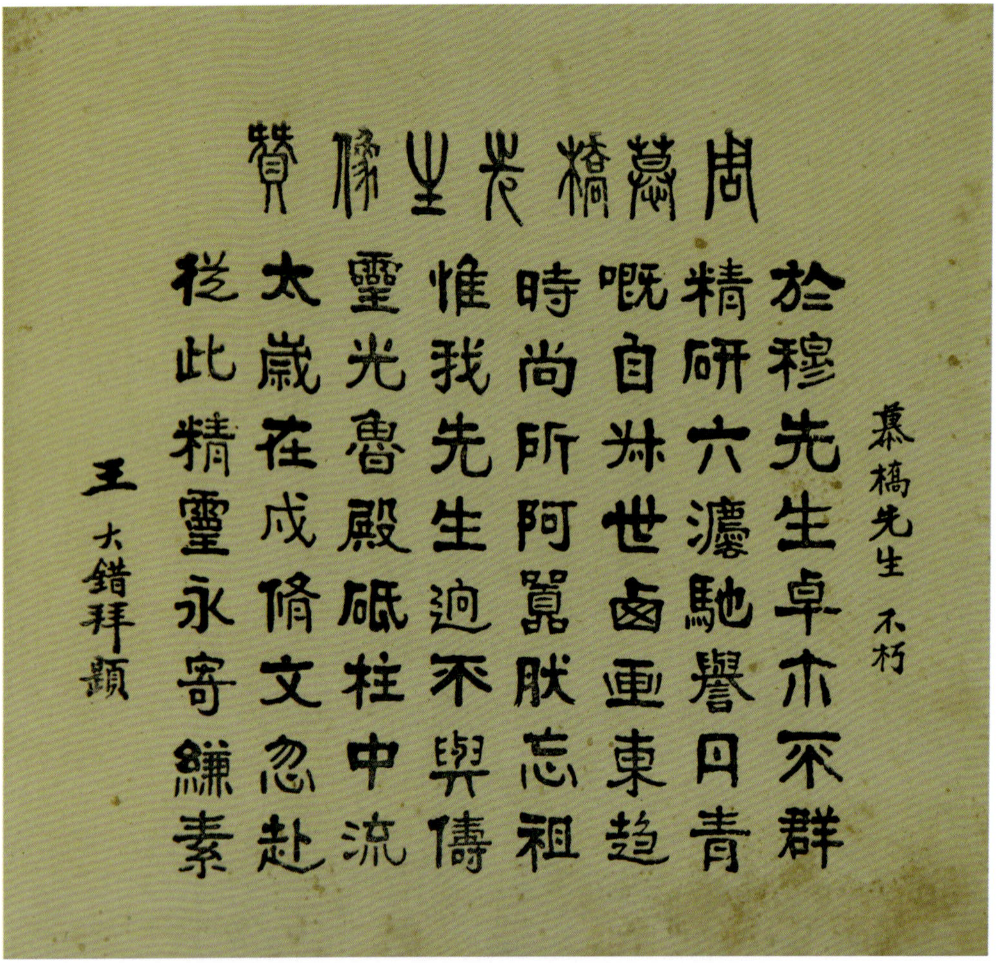

千万语，总嫌少。

危楼半角斜阳照，问从今怨怀孤愤，何时能了？双眼泪痕干不透，去去寻思凄吊。料地下应知余抱。指望虹桥桥边路，叹青青一例年年扫，非痛哭，即狂笑。

周慕桥（1868—1922），近代画家。署名慕乔、慕侨、周权。江苏苏州人，定居上海。擅长工笔画法，特别对擦笔水彩美女月份牌古画风格情有独钟。相传为吴友如弟子。早期作品多刊于《点石斋画报》和《飞影阁画报》。1893年5月接办《飞影阁画报》改名《飞影阁士记画报》，1894年6月停刊。周慕桥于《飞影阁士记画册》专画古人古事。清末民初上海旧校场和苏州桃花坞木版年画中，有些时装妇女题材的作品，系出自其手笔。初期月份牌画稿，仍用中国传统工笔画法，作于绢上，有《林黛玉

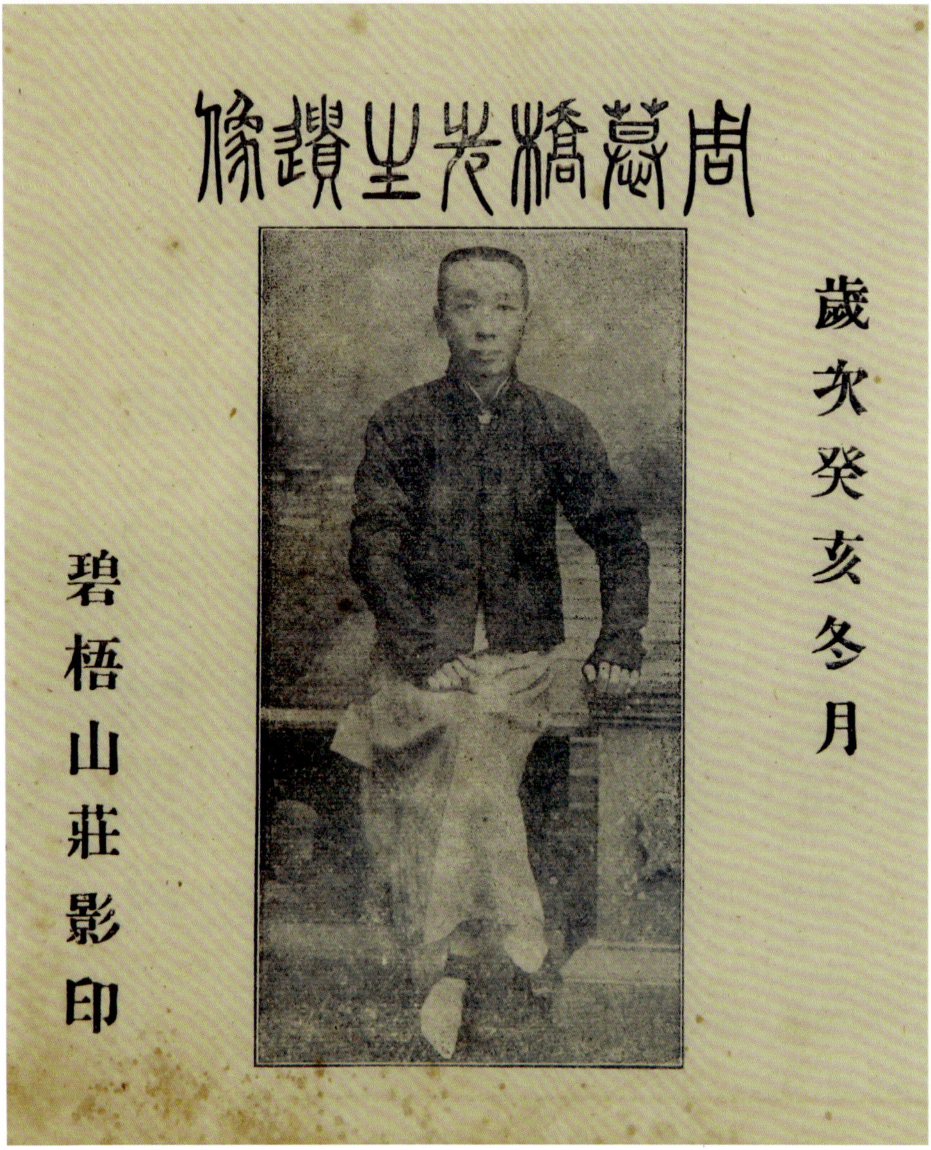

魁夺菊花诗》、《潇湘馆悲题无美吟》等。随时势审美需要，后亦改作擦笔水彩美女月份牌画。为上海早期月份牌画家之一。

周慕桥尽管很长时间为时事新闻配画插图，但他心中对古装人物画情有独钟，喜欢那种在绢上作画所特有的古色古香。

19世纪末、20世纪初，月份牌的发展速度迅猛异常。起初月份牌的画面取之于明清各时代的绘画，特别是具有民俗特色的作品。后来商家为了解决成本问题，便物色一些画家临摹古画，以解燃眉之急。后来又从临摹改为仿造古画。但仿造古画不是长久之计，于是便产生了请当时有一定水平的画家，按公司所希望的题材与人物形象，以古画的形式创作月份牌。这造就了月份牌第一代著名画家，其主要代表便是周慕桥。

他在20世纪初推出了自己的作品《潇湘馆悲题无美吟》与《花木兰》。因在传统画的基础上糅入了西画造型与透视，视觉效果在普通民众眼里非正宗古画可比，加之色彩也比传统仕女画丰富，印成月份牌随商品赠送顾客，很受欢迎。周慕桥因此名声大振，订画者络绎不绝。《关云长读春秋》是其成名之作，几乎年年再版，以供那些小商品悬挂之需。周慕桥是最早表现20世纪初中国女性的广告设计家，后来他的地位被郑曼陀所取代，到杭稚英时形成了中国仕女画的流派。20年代初，慕桥因病辞世，他所代表的月份牌古画风格时期也因此宣告结束。

笔者藏《大雅楼画宝》一函四册，癸亥（1923）九月碧梧山庄影行，求古斋发行。此画册，香港中信国际拍卖有限公司在2013年12月香港沙田丽豪酒店香港秋季大型艺术品拍卖会上估价人民币为10万到15万元左右。

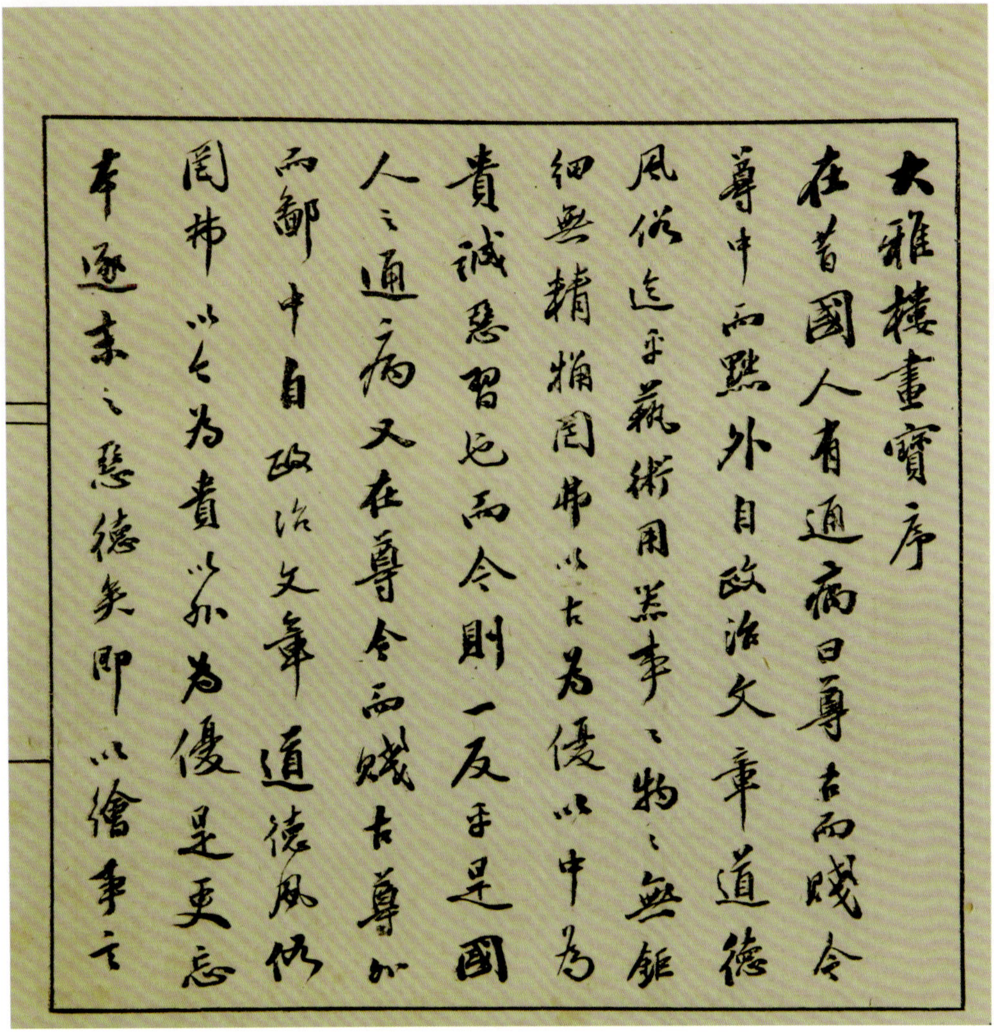

大雅樓畫寶序

在昔國人有通病曰尊古而賤今尊中而黜外自政治文章道德風俗迄乎藝術用器事事物物無鉅細無精粗罔弗以古為優以中為貴識惑習也而今則一反乎是國人之通病又在尊今而賤古尊外而鄙中自政治文章道德風俗罔弗以今為貴以外為優是更忘本逐末之惡德矣即以繪事言

民国线装刻本
唐文治《洪范大义》三卷

民国十三年（1924）刊

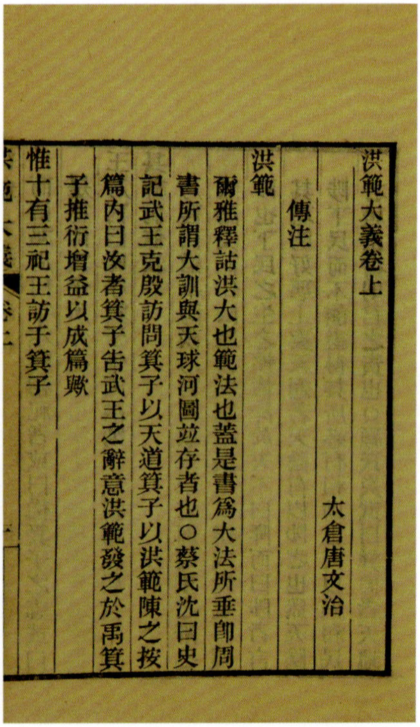
洪範大義卷上

太倉唐文治

傳注

洪範

爾雅釋詁洪大也範法也蓋是書爲大法所垂卽周書所謂大訓與天球河圖竝存者也○蔡氏沈曰史記武王克殷訪問箕子以天道箕子以洪範陳之按篇內曰汝者箕子告武王之辭意洪範發之於禹箕子推衍增益以成篇歟

惟十有三祀王訪于箕子

《洪范大义》一册三卷，由太仓唐文治著。唐自序为壬戌（1922）仲冬。

唐文治，字颖侯，号蔚芝，晚号茹经，清同治四年（1865）出生，原籍江苏太仓，民国元年（1912）定居无锡。父亲唐若钦为清贡生，以课徒教书为业。

唐文治自幼从父攻读经书，十四岁读完“五经”。十六岁入州学，师从太仓理学家王紫翔，潜心研读性理之学及古文辞。十八岁中举。二十一岁进江阴南菁书院，受业于东南经学大师黄元同和王先谦的门下，从事训诂之学。

光绪十八年（1892）春考中进士，任户部江西司主事。甲午战争后，他向清廷呈《请挽大局以维国运折》，针砭时弊，抨击权奸，吁请严惩战败将领。

光绪二十一年，康有为等发动“公车上书”，他亦撰写了《呈都察院请代奏拒签辱国条约》的奏章，支持康有为的爱国行动。

光绪二十七年九月十三日，唐随户部侍郎那桐出使日本，是年冬调任外务部榷算司主事，管理通商、关税等事务。

光绪二十八年三月发生中葡界约问题（葡萄牙政府乘修订旧约之机，要求将澳门附近的岛屿划入租借范围），唐文治力主坚决拒绝。外务部根据他的意见，拒绝了葡方的无理要求。同年四月，他以参赞身份随清廷专使载振前往英国参加国王加冕典礼。于归途又随同到法国、比利时、美国、日本四国考察国情， 回国后为载振撰写了《英轺日记》十二卷。

光绪二十九年（1903）秋，唐文治改任商部右丞，不久升任左丞、左侍郎。他宣布商政宗旨：以“保护商民，体恤商艰”为主，规定商部官吏不得自营商业，以图私利，严禁贪污纳贿。手订商律 131 条。这是中国有商法的开始。他鉴于日本早有窥伺中国东北的野心，积极主张从速整顿东三省，以确保东北的主权与安全。撰写了《请饬东三省速举要政折》，但清廷未予采纳。唐文治又制订商办铁路政策，利用华侨商人的财力建筑铁路。此后，商办铁路在全国各地兴建。但他离职后，继任者将各省商办铁路一律收归国有，并准备将全国的铁路主权拍卖给帝国主义国家，因而引起大规模的保路风潮。

光绪三十二年（1906）秋，商部改为农工商部，唐文治以农工商部左侍郎署理尚书。不久，因母丧回籍。从此脱离仕途，致力于教育事业。

光绪三十三年（1907）八月，唐文治就任邮传部上海高等实业学堂（后改为交通部上海工业专门学校，今西安交通大学和上海交通大学前身）监督（校长）。辛亥革命爆发，他在校内发动捐助军饷，支援沪上起义军，并与伍廷芳等一起联合通电，要求清帝宣统逊位。“五四”运动时，北洋军阀镇压大批爱国学生，他曾连发 3 份电报给大总统徐世昌和国务院，要求保护并释放北京的被捕学生。在校任职 14 年，精心擘划，成绩卓著。学校 50 周年校庆时，校友和师生募捐修建大礼堂，命名为“文治堂”，以资纪念。

1920 年，唐文治 56 岁，交大（当时名“工业专门学校”）已走上正轨，可以放手，而他自己则是目疾日深，精力不济，加上父亲暮年多病，因此已先后十次要求辞去校长职务。上峰、同仁虽再三挽留，到了10月，他还是“决计解职回锡”了。

正是在无锡，他开始了三十年如一日执掌无锡国学专修馆这一现代教育史上独一无二的教育机构的历程。

日寇侵华，国难当头。唐文治这位大儒的过人处，还在于他的心始终和国家民族的兴亡紧紧相连。

1937年，唐文治以七十四岁高龄的失明病弱之身，毅然决定带领部分学生迁校长沙。后又带领学生迁校桂林，他以“勉诸同学辨析义利，明君子小人心术之分，以正人心而救中国”而演讲。疾风知劲草，唐文治体现了中国知识分子的伟大气节。

他因年事已高，在桂林水土不服，于1938年请假呈准重返沪上，但仍在上海租界内设立补习部（是为国专沪校），于1940年初继续正式开课。就这样，校名、校址虽一次次变易，他却始终坚持蔑视日寇的暴虐统治，竭尽全力地弘扬国学，弦诵不辍，直至抗战胜利。

从唐文治的年谱中我们发现，1942年后，他得了“癃闭症”（尿潴留），无法手术，天天挂个尿袋并需日日清洗，就在这样情况下仍办学讲课不事养息，直到1951年他八十一岁高龄时还在认真为笃好国学的年轻人讲授《尚书》、《国文经纬贯通大义》和《孟子救世编》，在教育事业上，他是做到了鞠躬尽瘁、生死以之的！

1954年4月2日，在走完九十年光辉的人生历程后，与世长辞。四十年过去了，在上海交大和西安交大美丽的校园里耸立着他的铜像，无锡有他的纪念馆，太仓博物馆有他的纪念室，他的《茹经堂文集》等宏论巨著也早已整理出版。

后人不会因岁月的流逝而淡忘这位文化巨匠，他的精神财富将在新时期被继承下来。他从封建时代的士子起步，历晚清、民国，直至新中国，一生映照着时代的变迁，实践了济世育才的宏愿，足为千秋师表。

2012 年 3 月 30 日，苏州大学唐文治书院成立，旨在进一步推进苏州大学“卓越人文学者教育培养计划”。书院以苏州大学前身之一的无锡国专的创始人、著名教育家唐文治先生的名字命名，旨在建立全新的研究型教学模式，探索本科教育与研究生教育的有机结合，体现现代大学制度的基本精神，突出民主办学、敬畏学术、教学相长、自我发展的特征，实施跨学科的教学方式，打通文史哲，回到文史哲的基本面，回到中国文化的“原典”，培养复合型、学术型的高端文科人才。

唐文治，在海内外中老年知识分子中，固然声誉历久不衰，但在当代青年中他的知音已经不多了，然而这颗在近现代史上功勋卓著的巨星是不应该被淡忘的……

民国线装珂罗版《王石谷仿古山水册》

民国十四、十五年（1925、1926）刊

从元四家到宋人的大青绿山水都有涉猎，在“四王”中，王石谷是个真正的职业画家，在画坛被推为“画圣”。

王翚（1632—1717），清代著名画家，字石谷，号耕烟散人、乌目山人、剑门樵客，晚号清晖老人，江苏常熟人。曾进京主持绘制康熙六下江南的二百米长卷。七年后，他回到故乡常熟虞山。虞山的耕烟草堂，“宅临流水，门对青山，花鸟追随，烟云供养”，王石谷于草堂作画，一天又一天，直至白发满头。与文徵明一样，石谷“平生最爱云林子”（倪云林）。他说，元人胸中真无一点俗气。他与恽寿平论笔谈墨几十昼夜，醉酒歌呼，解衣盘礴，他作《山水图》，恽寿

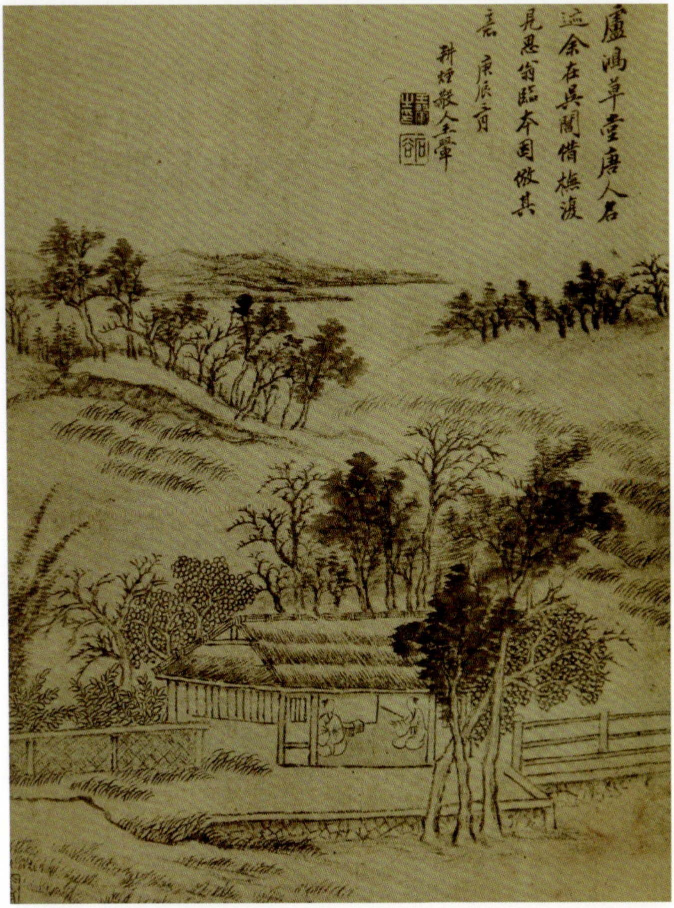

平题跋。梅花开了，子惠弹三弦，他和杨晋合作《看梅图》。有时他去破山寺见山僧。作为摹古而创新的集大成者，周亮工说他是“百年以来第一人”（《读画录》）。吴伟业称“画有南北宗，至石谷而合焉”（《梅村诗笺编年》）。他的画“帘卷西窗浪接天”，笔墨古淡，气韵萧爽，一叶扁舟漂泊远山尽头，画面却不着一点风浪。旧时常熟虞山，青山绿水，是他最后的浪漫。

王石谷四十岁左右已成为一代大家，时人称为“画圣”、“海内第一”。六十岁时，他由王原祁推荐，被康熙召幸，作《康熙南巡图卷》（以下简称《南巡图》）。

《南巡图》共十二大卷，堪称王石谷创作画中的巨制，画面自京城永定门开始，至绍兴大禹庙，再经金陵回京城，沿途城乡风光、社会生活、山川景色以及康熙南巡时的盛况，井然有序，又富于穿插变化，场面之浩繁，内容之丰富，笔墨之多样，实为清代手卷中的巨制，可以看出王硲驾驭场景的高超能力。名声日隆，一时求画者挤破门。此后王石谷作画就不像以前认真了，应付之画甚多。

王石谷师王鉴、王时敏，临摹宋、元名迹，吸取名家技法，冶为一炉。《南巡图》绘成后，御赐“山水清晖”匾额，声名益著。晚年的山水画，在简练中求苍茫；偶

画花卉，秀隽有致，有“画圣”之誉。王石谷与同时代的画家太仓王时敏、王鉴、王原祁并称“四王”，合吴历、恽寿平，世称“清六家”。其画风影响后代。

王石谷独创了兼蓄南北二宗的写意山水画，自此形成影响中国画坛三百年的“虞山画派”。王石谷墓碑刻有“清画圣王石谷先生之墓”十字，系翁同龢所书。

此画册共二册，由民国十四年、十五年（1925、1926）出版，上海文明书局发行。

民国线装珂罗版《吴谷祥山水》画册

民国十六年（1927）刊

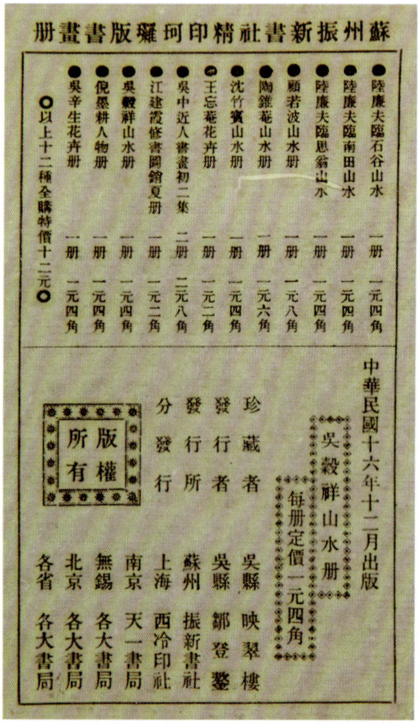

蘇州振新書社精印珂羅版書畫册

●陸廉夫臨石谷山水　一册　一元四角
●陸廉夫臨南田山水　一册　一元四角
●陸廉夫臨思翁山水　一册　一元四角
●顧若波山水册　一册　一元八角
●陶錐菴山水册　一册　一元六角
●沈竹賓山水册　一册　一元四角
●王忘菴花卉册　一册　一元二角
●吳中近人書畫初二集　二册　二元八角
●江建霞修書圖餞夏册　一册　一元二角
●吳穀祥山水册　一册　一元四角
●倪墨耕人物册　一册　一元四角
●吳辛生花卉册　一册　一元四角
○以上十二種全購特價十二元○

中華民國十六年十二月出版

吳穀祥山水册

每册定價一元四角

珍藏者　吳縣　映翠樓
發行者　吳縣　鄒登鑾
發行所　蘇州　振新書社
分發行　上海　西泠印社
　　　　南京　天一書局
　　　　無錫　各大書局
　　　　北京　各大書局
　　　　各省　各大書局

版權所有

苏州，自古至今是汇聚文人墨客之地，他们或客居，或定居而成为苏州文化一脉，他们各领风骚，鼎盛苏州人文。

吴谷祥（1848—1903），清代画家。原名祥，字秋农，初字蓉甫，别号瓶山画隐，晚号秋圃老农，浙江嘉兴人。山水远宗文、沈，近法戴熙，亦善花卉、仕女，用笔苍劲，设色清丽。俞曲园评其画为“神品”。清末在上海鬻画，时画风习尚纵横草率，而其独能不落时尚。因当时吴石僊正以西法融云烟山水盛名沪上，而秋农画艺为其所掩，胡公寿颇为不平，说：“其人抑何聩聩，有目而不识秋农丹青之佳胜也。”

吴谷祥一度去北京作画。其画山石，苍浑厚重；画松针，细笔绝诣；画青绿，赋色清丽，翠黛可挹。翁同龢、王懿荣对其画赞赏不已，极力誉扬，声誉鹊起，名噪南北。光绪二十六年（1900）南归，客居苏州，与顾子山、吴清卿等结画社，时称“怡园七子”。回嘉兴后因无家，寓居寄园，直至去世。事迹收录于《寒松阁谈艺琐录》、《清代画史》、《近代六十名家画传》。其所作仕女画，至今为世所重。

此画册民国十六年（1927）由苏州振新书社影印。

澗水空山道
柴門老樹邨
秋圃老農
吴穀祥

柳岸無人秋水澗
渡頭閒繫釣魚船
南田草衣喜寫此
圖取境幽閒
浩渺之致

民国线装铅印本
金天羽《天放楼文言》

民国十六年（1927）刊

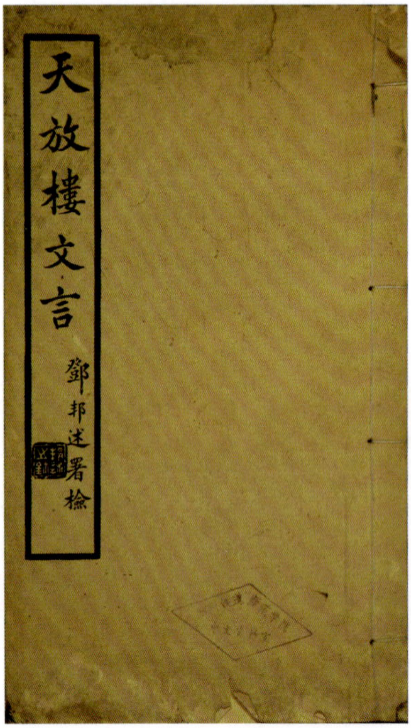

金天羽（1874—1947），初名懋基，又名天翮，字松岑，改天羽，号鹤望，别署有麒麟、爱自由者、金一等，吴江（今江苏苏州）人。中国近代诗人。金天羽出身富家，祖籍安徽歙县，自幼即重视经世之学，肄业于江阴南菁书院，师事顾询虞、袁东篱。自幼厌科举帖括，重经世之学，早年著《长江赋》、《西北舆地图表》等，颇负时誉。年十八为诸生，光绪二十四年（1898）荐试经济特科，以祖老辞。在家乡兴办学校，讲求实学。二十九年（1903），在上海，与章太炎、邹容、蔡元培、吴稚晖等交往甚密，参加革命团体爱国学社。曾翻译日本宫崎寅藏宣传孙中山革命事迹的《三十三年落花梦》和俄国虚无党史《自由血》等书。同时在《江苏》上发表长篇小说《孽海花》第一、二两回，表现了民主革命倾向。《苏报》案发，屏迹归乡里。民国初年，任江苏省议员，1923年任吴江教育局长，江南水利局长。去职后居苏州，1932年与章太炎、陈衍、李根源等创办国学会。抗日战争期间，任上海光华大学教授。

金天羽的文学成就在于诗文。他继承了诗界革命的精神，努力打破诗坛门户之见，广泛向古人汲取营养，自闯新路。他自称其诗“有律令，不趁韵，不咏物”，因而内容广阔。如早期《新中国唱歌集》和《招国魂》

等，宣传革命。《感事》等反映甲午战争、戊戌变法、庚子事变、辛亥革命等重大政治事件；《田家新乐府》等写农家苦乐；《都踊歌》等则反映国际题材，使读者耳目一新。金天羽才思纵横，豪宕健爽，有些诗雄奇诙诡，具有浪漫主义色彩。叶德辉《天放楼诗集序》云其诗“格调近高、岑，骨气兼李、杜，卑者不失为遗山、道园。余每语人，金君诗皆千锤百炼而成，读之极妥帖，造之极艰辛。君闻之欣然，以为余知甘苦也”。范镛《诗坛点将录》以智多星吴用当之。钱仲联《近百年诗坛点将录》以呼延灼当之，云其“于诗亦曾主张诗界革命，集中有仿人境庐《都踊歌》体之作，然《天放楼诗集》泽古功深，而又能自辟境界，其才雄，其气奇，融清人亭林、翁山、石笥、东洲之长而泯其迹。长篇巨制，写国内外大事及名山大岳胜景者，尤为突出”。《近百年词坛点将录》以武松当之。除诗文并工，且能为小说。小说《孽海花》前六回即其所作。著有《天放楼文言》、《天放楼诗集》、《红鹤词》、《孤根集》等。生平事迹，见金元宪《伯兄贞献先生行状》、徐震《贞献先生墓志铭》、王诠济《金松岑先生年谱》。

《天放楼文言》民国十六年（1927）刊行。

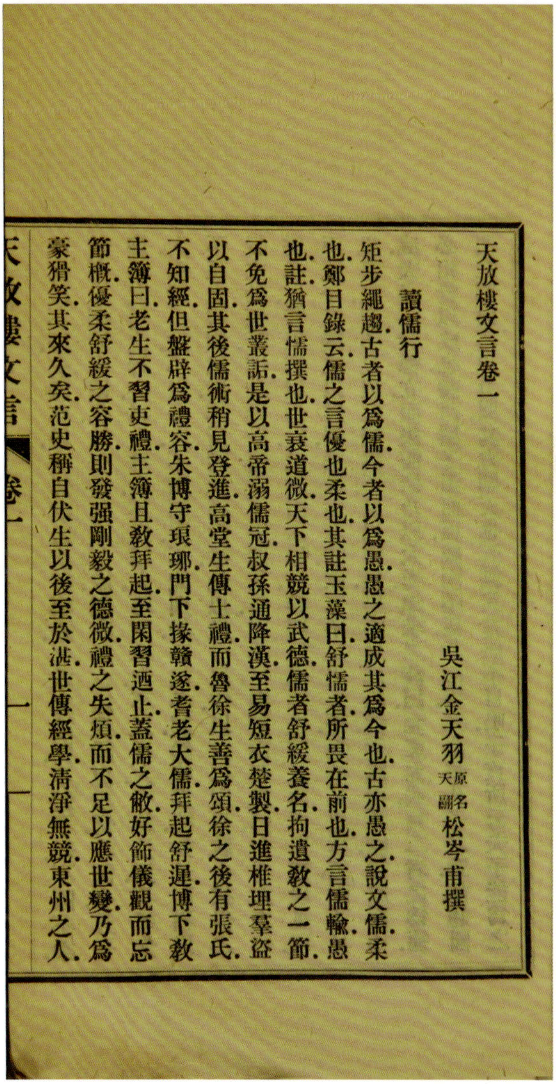
天放樓文言卷一

讀儒行　　吳江金天羽原名天翮松岑甫撰

矩步繩趨.古者以爲儒.今者以爲愚.愚之適成其爲今也.古亦愚之.說文.儒.柔
也.鄭目錄云.儒之言優也柔也.其註玉藻曰.舒懦者.所畏在前也.方言.儒輸.愚
也.註.猶言懦撰也.世衰道微.天下相競以武德.儒者舒緩養名.拘遺教之一節.
不免爲世叢詬.是以高帝溺儒冠.叔孫通降漢.至易短衣楚製.日進椎埋羣盜
以自固.其後儒術稍見登進.高堂生傳士禮.而魯徐生善爲頌.徐之後有張氏.
不知經.但盤辟爲禮容.朱博守琅琊.門下掾贛遂.耆老大儒.拜起舒遲.博下教
主簿曰.老生不習吏禮.主簿且教拜起.至閑習迺止.蓋儒之敝.好飾儀觀而忘
節概.優柔舒緩之容勝.則發強剛毅之德微.禮之失煩.而不足以應世變.乃爲
豪猾笑.其來久矣.范史稱自伏生以後至於湛.世傳經學.淸淨無競.東州之人.

天放樓文言　卷一　一

民国线装铅印本
谢宗素《却扫庵存稿》八卷

民国十六年（1927）刊

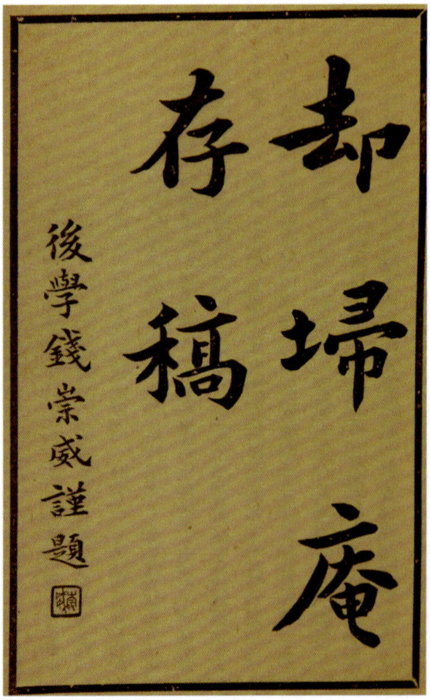

谢宗素，苏州吴江震泽人，道光癸未（1823）仍在世，“壮岁出其家学，佐江南大吏幕府，政绩斐然”。此稿为其晚年手订，藏于家，至民国十六年（1927）由其玄孙谢家树刊行于世。此书为稀见书，线装一厚册八卷，补遗、后序、后跋、跋均全，多人题词。

家学深厚，世泽延绵，读《却扫庵存稿》唏嘘良久。真如一诗：

九十年前却扫庵，程山遗韵至今传。
无端回禄劫篇去，有心薛公送稿还。
晋宋衣冠凭祖保，明清家风赖孙延。
展读满眼性灵气，似曾相识咏桑田。

摘录谢宗素《却扫庵存稿》中《鸳鸯湖》四首：

湖光滟荡柳初黄，载酒湖船引兴长。
暗数鸳鸯三十六，莫将金弹打鸳鸯。

楼台倒浸碧玲珑，百顷南湖曲似弓。
无数梅花无数柳，十分春在画图中。

城堞参差杳霭间，人家家住钓鱼湾。
夕阳微雨来天外，漠漠春天飞白鹇。

水天一色自年年，乐国鱼多不碍船。
值得棹歌歌百首，此间风月本无边。

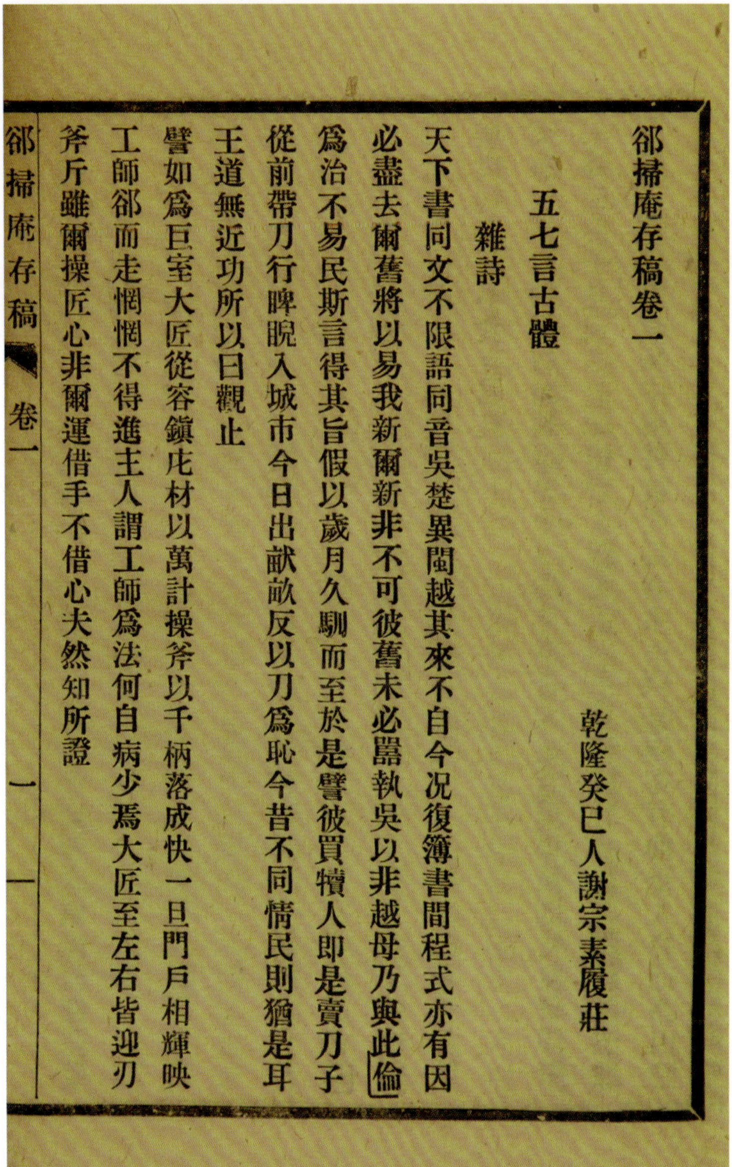
郤掃庵存稿卷一

乾隆癸巳人謝宗素履莊

五七言古體

雜詩

天下書同文不限語同音吳楚異閩越其來不自今况復簿書間程式亦有因
必盡去爾舊將以易我新爾新非不可彼舊未必嚚執吳以非越毋乃與此倫
爲治不易民斯言得其旨假以歲月久馴而至於是譬彼買犢人即是賣刀子
從前帶刀行睥睨入城市今日出畎畝反以刀爲恥今昔不同情民則猶是耳
王道無近功所以曰觀止
譬如爲巨室大匠從容鎭庀材以萬計操斧以千柄落成快一旦門戶相輝映
工師郤而走惘惘不得進主人謂工師爲法何自病少焉大匠至左右皆迎刃
斧斤雖爾操匠心非爾運借手不借心夫然知所證

郤掃庵存稿　卷一　一

民国线装铅印本
狄云鼎《古照堂诗集》上、下卷

民国十九年（1930）刊

《古照堂诗集》，狄云鼎著，八世孙狄葆贤校刊，民国十九年（1930）铅活字本，上、下卷。附《选斋公残稿》，狄继绅著。

狄云鼎（1607—1681），字符甲，号良瞻，溧阳人。室名白云庐、古照堂。入清后不仕。

狄继绅（约 1709—1776），字阆仙，号选斋，别号雪衿，乾隆癸酉（1776）解元，授内阁中书，辞仕归，主讲芜湖书院。系狄平子高祖。

此刊本诗词苏州内容甚多，可见狄氏家族与苏州渊源的深厚，对研究苏州当时社会形态有一定价值。如《虎丘》诗：

伍相要离没旧碑，漫看风月到花枝。
人家爱惜真娘墓，世态流传短簿祠。
诗酒从今豪兴发，江山如昔壮心悲。

剑光彻夜冲牛斗，说与吴侬总不知。

《古照堂诗集》书名由八世孙狄葆贤题写并校刊题跋。

狄葆贤（1875—1921），为前清举人。幼随父学耕，生长江西，后居沪。擅诗文、书、画。家富收藏，精鉴别。戊戌变法后，亡命日本。曾藏元王蒙《青卞隐居图》，被董其昌称为“天下第一”。间作山水，书法晋人。工诗，狄葆贤工于诗书画，笃信净土，于禅亦有领会。自皈依佛门，即以发扬佛教文化为重，民国二十年（1931）与叶恭绰等发起影印宋版《碛砂藏》。享年七十余。

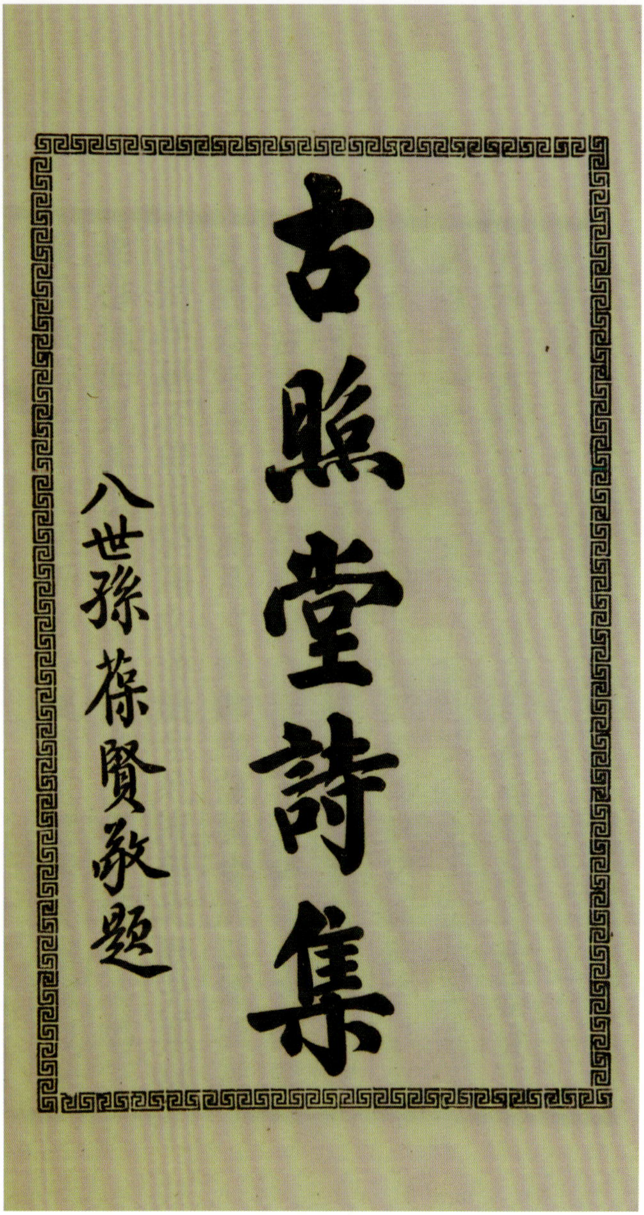

狄葆贤在中国新闻史上的贡献主要是创办并主持《时报》先后达十七年（1904—1921）之久。他主持《时报》期间，在报刊业务上进行了大刀阔斧的改革，主要在以下三方面作了大胆创新：第一，重视新闻报道，并配合新闻发表各类时评言论。第二，重视创办“附张”（副刊）。第三，首创现代新闻纸的版面样式。《时报》将报纸版面印成对开报纸（两面印刷），大张直行式排版，版面活泼醒目。这种报纸版式对当时报界和以后报纸产生很大影响。

《时报》开辟“时评”栏目，分版论断，反对专制，主张立宪，提倡教育，宣传欧美文化。《时报》文章思想先进、观点鲜明，在社会上影响很大。国学大师胡适

古照堂詩集卷上

瀨陽狄雲鼎艮瞻著
同里吳　穎蘇雪閲

五言古

望月

久爲淫雨滯今夜汀天碧春星掛城隅素月燦宵色石屋起白煙露華枝上滴聊用慰相思獨立望不極

梅花用柳州韻二首

老梅折孤素的皪燦宵碧幽獨空林深繞樹寒煙白芳菲已在兹離恨終難隔何處輕風來獨夜相思客

在居住上海期间，几乎每天都要读《时报》，他还把报纸上的诗话、笔记、小说等剪贴成小册子，作为日后创作的资料。

除《时报》外，狄葆贤还发行《余兴》、《小说时报》、《妇女时报》、《佛学丛报》等。狄葆贤在上海、北京等地还创办有《民报》、《小说时报》等刊物。狄葆贤本人在小说理论、诗歌理论、诗歌创作、小说创作上亦颇有成就，曾发表了《论文学上小说之位置》、《平等阁诗话》、《平等阁笔记》等作品。

狄葆贤氏族诗学传家，在溧阳是名门望族，科举中试者，代不乏人。十四世祖狄云鼎是明末遗民，有忠有节，诗兼陶杜，在遗民中是一个特出的典范。其八世孙狄葆贤如前文所述，在清末民初是一个很有影响的人物。他凭借家世门第与自身才华，广泛交友，积极参与维新改良、谋求立宪等一系列重大历史事件。他办报馆，开书局，致力于革新舆论、保存国粹，堪称“文化界第一人”。

民国线装铅印本
俞庆恩《太昆先哲遗书》十八册

民国二十年（1931）刊

俞庆恩（1885—1930），中华新医学的开拓者。字凤宾，太仓城厢人，20世纪20年代沪上名医。毕业于上海圣约翰大学医科。辛亥革命时，曾在南京组织救护队为革命军救死扶伤。1912年赴美宾西法尼亚大学医学院进修，三年后获公共卫生学博士学位。回国后，他在上海行医达二十年。其医德医术受人称重。俞庆恩特别注意采用最新医疗技术设备对病人进行诊断和治疗，他精于西医，对于中医药也有研究，曾先后发表过中医药论著数十篇，为奠定中西医结

太崑先哲遺書首集目錄

太崑先哲遺書卷首 目錄 一

俞世德堂印行

合的理论基础作出了贡献。1916年与同行组织发起了中国医学界第一个学术团体——中华医学会，并任第三任会长。并兼任《中华医学》杂志主编。他也爱好文学，早年曾加入柳亚子创建的南社。

《太昆先哲遗书》由唐文治作序。唐文治在序中说：

> 爱国不在空言，当先爱乡。爱乡不在空言，当先爱乡先哲。爱乡先哲不在形迹，而在精神。先哲往矣，其精神何所寄，惟传述其著作文字而已。

俞庆恩在此书印行缘起中还说：

> 太仓、昆山两县自宋初迄清末著作共一千七百余部，著者姓名千人。自隋唐迄今两县之撰述达一千九百七十余部，著者七百五十人。

> 立德、立功、立言，先哲以毕生淑世忠良，著述一千七百余人，遗著三千六百部，而录入《四库全书》，留入存目二百五十部，其余行于世，今人所得见者，不及十之一。余多方搜集或借抄，或购置。以十余年之力，仅得数十部。其中有未刊之本以及古色斑灿之旧刊零种若干册。公诸当世，使人人共保存。但当爱护之，重在修养也。

从序中我们还可得知，此刊本是由俞庆恩外祖父、曾祖、先父、先母以寿筵之资赞助刊印，真令人感叹不已。更令人感慨的是，俞庆恩先生是在患病中编就这套两县先哲遗著的，其子余鼎文、松文、沛文以书跋泣志，日期是民国二十年二月，文中说，“先君于民国十六年冬从事编订，治病之暇，篝灯丹铅在手，深宵不倦，时先君已得肾疾，去年秋冬，先生发作，但力疾校备印成第一集计十种三十三卷始装订成帙，见音容已呜呼痛哉，但先君尚望续刻第二集。鼎文等年幼无知。跋中深诉肺腑痛心。”

《太昆先哲遗书》不但资料珍贵，更显中国文化精神的可贵。这种精神足以光照后人。

民国线装铅印本
张紫琳《红兰逸乘》四卷

民国二十一年（1932）刊

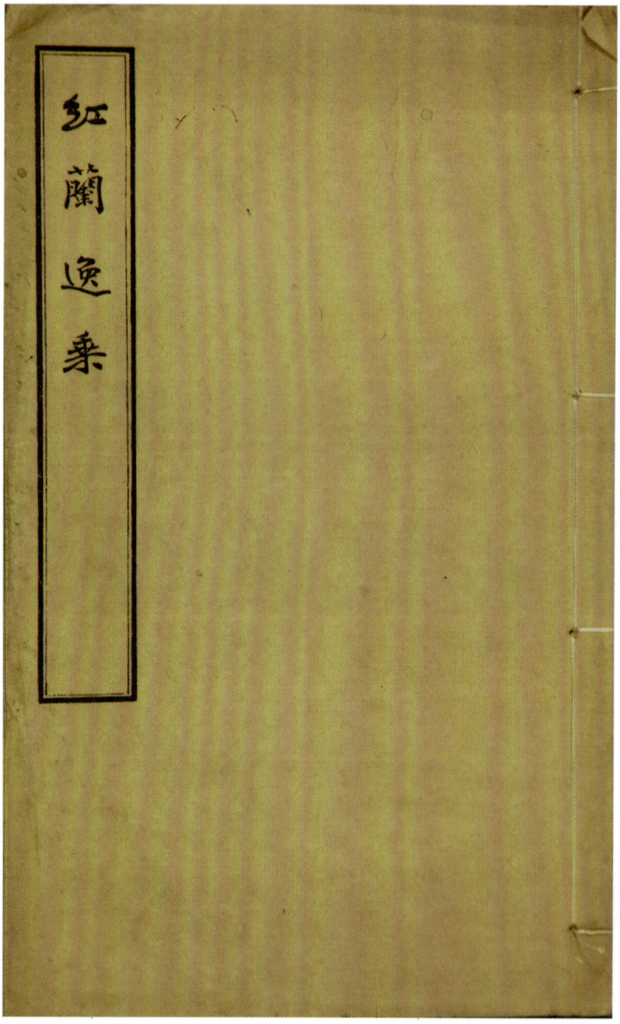

《红兰逸乘》的作者张紫琳，字禹书，号霞房，长洲（今江苏苏州人）。乾隆年间诸生，与朱骏声等友善，曾游于钱大昕之门。著有《凉月馆诗草》、《春漪斋笔记》等。《红兰逸乘》成书于道光二年（1822），所记多吴中逸闻轶事。他在《凡例》中称“无稽之言不录，他书多见者不录，郡志已载者不录”，故而“虽寥寥数卷，大足补志乘之阙”也。今据通行本整理。民国壬申（1932）初夏，江苏省立苏州图书馆据东吴王氏海粟楼藏傅氏藏园校本刊印。是书开本宏阔，版面宽大，文字排印精整，书中有关于唐伯虎和祝枝山曾在苏州城西竹堂寺读书的记载。

紅蘭逸乘卷一

長洲張霞房輯

古蹟

姑蘇臺者吳王齊亥所造也昔吳王壁羽嘗與楚戰種弗利而百姓疲敝王將卒有六甲書見吳之分野王訓其子齊亥曰烏乎主疇罔欲保厥國民疇弗欲保厥家強國罷民國卒越弱公牽予多事于楚邦厥（一作惟）民底疢天式示象六甲書見于我吳陰陽靡已罔分節候靡已罔配政教靡已罔布農時靡已罔授侯逞于式師敵北我克尚匪仁君逞民悖焉攸往利余疾屬錮漸爾惟保太王之統緒無底失墜余於地下懷爾勳從茲以往爾姑蘇我民乎烏虖罔違於余言國乃昌子孫其吉民乂而或匪後言訖屬纊太史藉之藏之玉牘齊亥于是起姑蘇之臺以誌之後十餘世巫臣復通吳于上國而楚人懼

緝柳編

金姆橋在城中通關坊其地古有關也昔吳王齊亥好道王母嘗與齊亥會于此命仙女房奴歌毒南之曲彈橐鉢之琴後人名橋爲金姆卽西王母也

右二節俱見漂粟手牘非越絕書吳越春秋所有也壁羽一作闕羽六甲星名在紫微垣齊亥二字見禮記文王世子篇古者太子齊亥以養也二君在壽夢前故不著於春秋

鴟夷二年閎中雨石大者方圓丈餘小者亦大於拳雨及數里不傷人屋後亦無他至今葑門內里許有

民国线装石印本
张茂炯《艮庐词》二集

民国二十三年（1934）刊

张茂炯（1875—1936），字颂清，一作仲清，号君鉴，江苏吴县人，张茂镛弟。光绪三十年（1904）进士，宣统时任度支部司长，宣统元年官盐政院总务所长，民国初任财政部盐务署。有《艮庐词》、《吴门百咏》。

关于衡平堂张氏，族中相传明末自安徽迁来，为南宋和县乌江镇状元、名词人张孝祥后裔。祖上在康熙、雍正时经营商业，渐致巨富。太平军攻占苏州之役，该族百数十万两资产丧失殆尽。长房张兆堉因贫而仕，将高师巷宅典出，其母又变卖衣饰，方能成行。但历知的龙泉、昌化等县在当时都是贫瘠之区，官亏私累，负债山积。全家曾相对愁叹道：如族中早置义庄田二三千亩，犹有依靠，必不至如此艰困。其子茂镛（1863—1924）婚后，几贫不能自存，经苦学终成秀才，后中举人。光绪间历知上虞、金华等县，每到县任职，就在城隍前立誓，不通请谒，不受贿赂。旧俗县令到任，库吏例送巨款，盐公堂也每年送盐规及食盐费四五百元。茂镛将这些陋规都用于恤孤寡，创书院，又修水利，去盗祸。离上虞之日，四乡绅耆攀车饯送的络绎三十里。后调安徽为候补知府。光绪三十三年（1907）捐田五百余亩建衡平义庄于砂皮巷。光绪二十八年（1902）他在浙江充考官，举陈敬第（即陈叔通）为举人，次年陈敬第中进士成翰林，新中国成立后陈敬第数次来苏看望其后裔。茂镛著有《巽庵漫稿》、《巽庵词稿》等。茂镛堂弟张茂炯（1875年生），光绪三十年（1904）二甲六名进士，宣统间任度支部司长，民初入财政部盐务署，纂成《清盐法志》三百卷，年未五十即告归。茂炯亦工吟咏，有《艮庐词》、《吴门百咏》存世。茂炯的子孙较稀，后裔今尚居高师巷老宅，原有“进士第”匾及小园已毁。

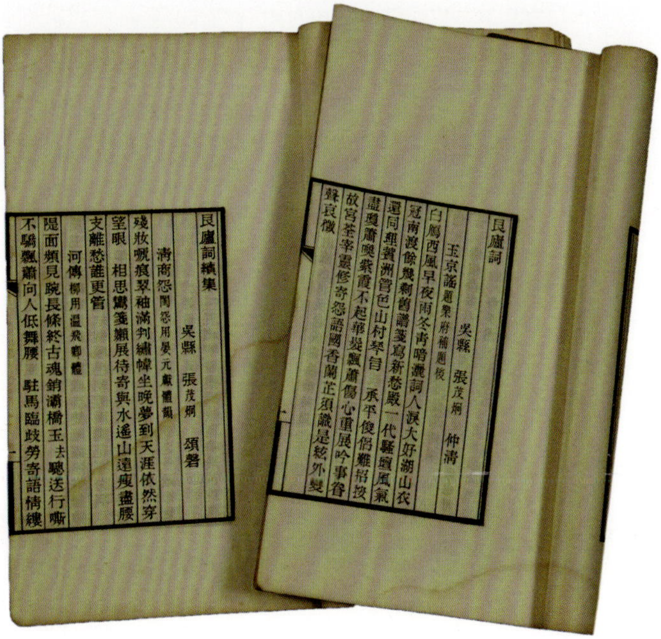

二房有张培敦（1772—1844），号砚樵，为茂炯高叔祖。居张氏旧宅万年桥如画楼。书画均得文徵明秀韵，能诗，精鉴赏，富收藏。所绘《玉溪梦隐图卷·序雁联珠图卷合册》有影印本传世，驰誉东瀛的画家顾若波是其再传弟子。张培敦曾修《吴中张氏家谱》，茂炯为其印行《如画楼诗钞》。

《艮庐词》所收百阕皆长调。序中自称调必依前人四声，又自认间有一二字稍稍出入，韵用菉斐轩而又自认间亦参用《中原音韵》。五十始学词，一学便仿梦窗（宋代词人吴文英），故其词颇生硬艰涩。其自序作于重光协洽（1931），石印，写仿宋字本。词中自注“生长于西湖，中更宦辄别逾十年。乙卯（1915）重访旧游，园林祠宇都非昔观，今忽忽又十余稔矣。”后有“己巳（1929）消夏第一集”，当为苏州词。集中年份最迟者为《莺啼序》之庚午（1930），集中附姚素评一页，函三页。

笔者藏本为民国二十三年（1934）版本。

民国线装铅印本
高远香《鲟隐词钞》
民国二十四年（1935）刊

高德馨（？—1934），字远香，号鲟隐，吴县（今江苏苏州）人，附贡生，做过候补知县一类的小官。苏州市图书馆藏有其《远香诗词遗稿》。

《鲟隐词钞》，民国乙亥（1935）铅印本，一册。高远香诗词多为写景抒情一类，其诗词艺术录二首以赏之：

高德馨《远香诗词遗稿》二首

琐窗寒　寒山寺清寒六集

废寺栖乌，危楼堕月，悄闻霜杵。孤眠唤起，搅动客愁如许。问何人、昏黄系舟，到门载屐题诗去。相传渔洋至寺，夜已昏黑，风雨杂沓，着屐登岸，题诗二绝，时人以为狂。想枫桥夜泊，残灯明暗，那时羁旅。

迟暮。重游处。叹绀宇荒寒，江村谁主。桦冠扉履，好认天台俦侣。尽随肩游戏往来，世缘解脱今悟否。剩寒岩、画本流传，遗迹供人语。

雪狮儿　冷香阁远眺清寒七集

寒枝冻蕊，便招引吟，寻芳西麓。七里香风，暗惹水波凝绿。松寮径熟，记待月，可亭曾宿。怕到此，诗情更远，幽人空谷。

凭栏高下极目，讶疏林，几处雪深花簇。遥对狮峰，那肯掉头相瞩。不如催棹，归去问、铜坑游躅。新题曲，唱遍江南江北。

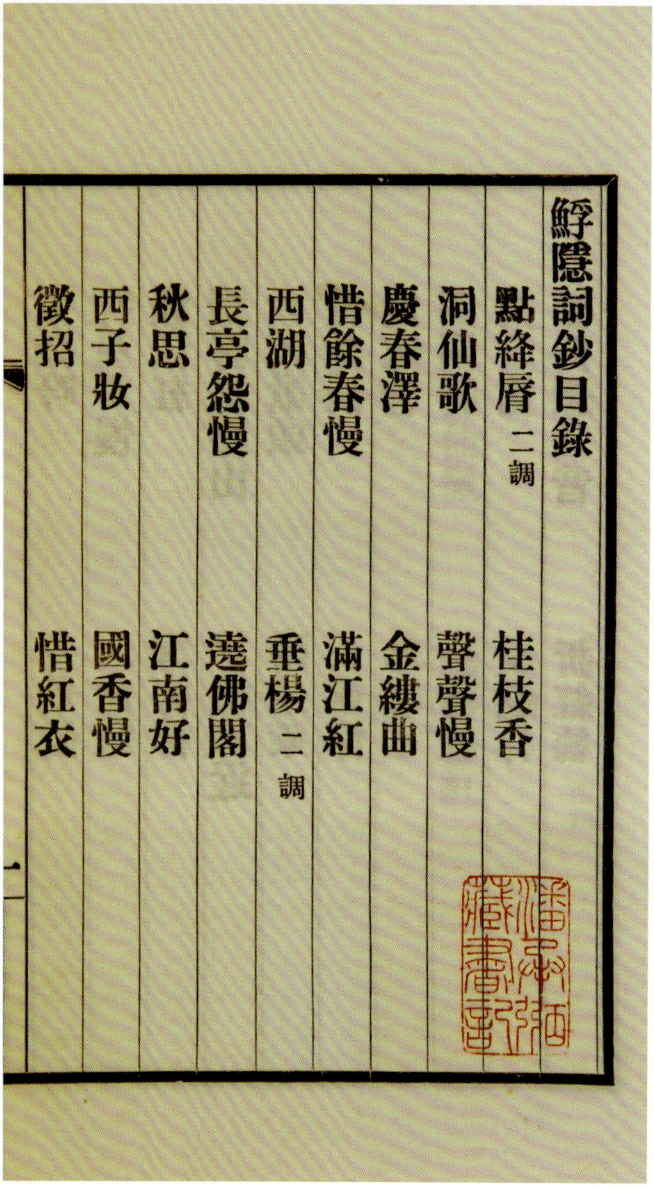
紓隱詞鈔目錄

點絳脣 二調　桂枝香

洞仙歌　聲聲慢

慶春澤　金縷曲

惜餘春慢　滿江紅

西湖　垂楊 二調

長亭怨慢　遶佛閣

秋思　江南好

西子妝　國香慢

徵招　惜紅衣

此刊本有潘景郑藏书印。潘景郑也是江苏吴县人，藏书家、版本鉴定家、“宝山楼”藏书的拥有者之一。

潘景郑原名承弼，生于光绪三十三年（1907）。其兄为潘博山（1904—1943）。潘博山虽出于诗书人家，却很有经商才能，他不仅振兴了潘家已有两百年历史之久的酱园店生意，还在吴县倡组电气公司、垦业银行。抗战初期又在上海创设通惠银行。潘博山1943年四十岁病卒。景郑则专研国学，受业章太炎、吴梅等大师，学文学词曲。

潘氏藏书可追溯到乾隆时代，与他们祖上读书科名的发达同时而起。潘奕隽在乾隆二十七年（1762）中举，一洗其祖父连续十三科不中的抑郁，接着于三十七年

紓隱詞鈔

吳縣高德馨遠香

點絳脣

觀荷雨阻和茗理韻

妒翠翾紅看花十刹難消暑溼雲低處無奈風兼雨
塵海萍蹤歲歲牽人住尋芳路漢宮仙去空對盤
心露

前調

茗理書來及故鄉事復次前韻

消夏灣頭鬧紅一舸堪逃暑畫船停處慣聽催詩雨

（1772）成进士，首开潘家金榜题名的纪录。但不几年便乞归故里，与同时的大藏书家黄丕烈、袁寿阶优游林下，赏书品画，在他的《三松堂集》中颇多与他们唱和之作。至于他自己的藏书，编有《三松堂书目》，其中曾经黄丕烈校跋的，在一百种以上。

潘世恩是潘奕隽的幼弟奕基的儿子。潘世恩有四个儿子，长子曾沂积有藏书楼数栋，次子曾莹的“小鸥波馆”以收藏书画著名。至于藏书，则要到再下一代的祖字辈才卓然成家，其中最有成就的是潘祖荫的“滂喜斋”，其次是潘祖同的“竹山堂”及潘祖颐的藏书等。

潘祖荫是潘曾绶的长子，咸丰进士，官至工部尚书、军机大臣。他在政事之余收藏金石与图书。光绪十年（1884）祖荫和叶昌炽就苏寓故居的最珍本一百三十五部，编成《滂喜斋书目》，其中宋元本五十八部，内有赵明诚与李清照的《金石录》、秦观的《淮海居士长短句》、杨守敬从日本带回的北宋刊本《广韵》和南宋刊本《竹友集》等。

潘博山、潘景郑兄弟继承了祖父潘祖同“竹山堂”全部藏书四万卷外，并留意“三松堂”失散的版本书，曾收回十之二三。其他如曹元忠的“笺经室”、莫棠的“铜进文房”、孙毓修的“小绿天”等旧家藏书，尽为潘氏兄弟所得。1919年，“竹山堂”改名“宝山楼”，苏州潘氏藏书，如果从潘奕隽的藏书楼“三松堂”算起，递传到第六代潘博山、潘景郑昆仲的藏书处“宝山楼”，共藏典籍三十万卷，把潘氏藏书推向了顶峰。私家藏书递传六代，藏书至三十万卷，这在藏书史上，可以说是罕见的。

潘景郑的三位老师章太炎、吴梅、俞粟庐，都是江南宿儒。

民国线装吴门孔南炎医术手抄本

民国二十四年（1935）录

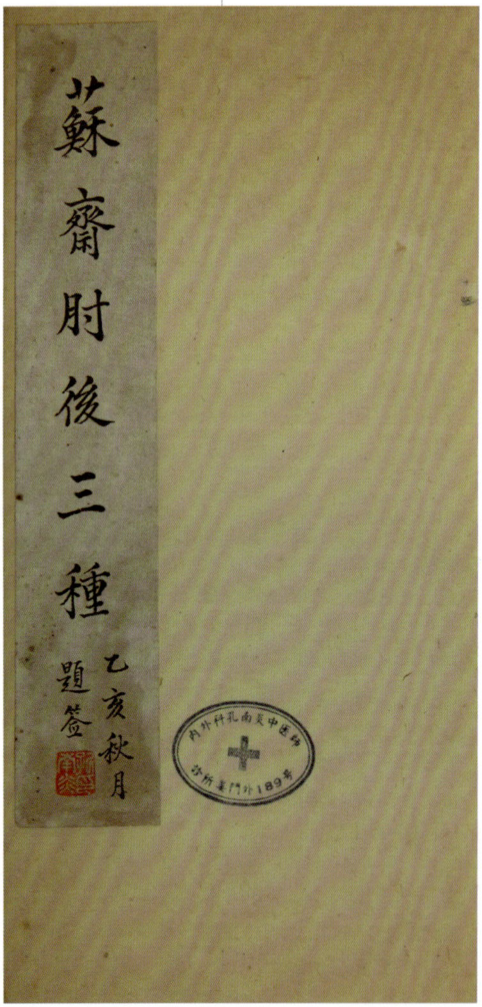

苏州历代名医辈出，从周代至今，有记录的名医千余家，其学术成就在全国独树一帜，形成了颇具特色的吴门医派。吴中医家以儒医、御医、世医居多，有较深的文字功底和编撰能力，善于著述，总结前人经验及个人行医心得。苏州是温病学派的发源地，清初叶天士《温热论》的问世，更确立了以苏州为中心的温病学派的学术地位。从而形成了“吴中多名医，吴医多著述，温病学说倡自吴医”的三大特点。这是吴医的精华所在，也是“吴中医学甲天下”的由来。吴门医派为苏州数千年来的繁荣昌盛作出了不可磨灭的贡献，吴门多名医，据资料统计，吴中历代医家有一千二百余人，其中医官、御医百余人。13 世纪

蘇齋談醫偶筆

吳門孔南炎錄

腸胃論

胃形如囊成以薄膜下接小腸小腸口細凡胃中食物之未能溶化而成流質者均不能入故食物宜取腐爛者若粘觳乾硬或不加咀嚼者必留阻胃中而致大病小腸細於大腸而長於大腸上承胃中流質輸布於吸液管漸成糟粕下入大腸凡液枯腸燥必經數日而一大便者其成矢在小腸故其矢必乾硬而細小所謂糞如羊

下半叶，意大利旅行家马可波罗游历苏州时，当地建筑、物产和医学等，给他留下了十分深刻的印象。《马可波罗游记》中写到“苏州城漂亮得惊人”、“有许多医术高明的医生，善于探出病根，对症下药”，这说明了吴门医学很早就引起海外旅行家的重视。明清时期，人们将这里的中医称作“吴医”。明代杨循吉在《苏谈》一书中称：“今吴中医称天下。”清代乾隆年间，唐大烈将苏州地区三十一位医家的医论汇编成《吴医汇讲》一书。从此，“吴医”这一名称始行天下。吴门医学在漫长的中医发展历程中，自然而然地形成了几大不同的医学流派。其中温病学派是吴门最具地方特色和科技优势的一大流派，从某种意义上讲是吴门医派的代表。此外，吴医在仲景学说的研究、杂病证治的探讨，苏派外科、妇科、儿科、针灸等，都有强烈而鲜明的吴门医学流派特色。以下我们将对温病、仲景、杂病、外科四大特色流派专篇论述，同时也可从中反映出历代名医的医学成就及其贡献。

吴中历代医家，既有高超的临床技术，又有丰富的医学理论，善于著书立说，他们在长期的医疗实践中，为后人留下了大量的医学著作。据资料统计，历代吴医古籍五百三十余种，内容丰富多彩，涉及中医学的各个方面。影响较大的有宋代的《女科万金方》，元代的《泰定养生主论》、《十药神书》，明代的《医经溯洄集》、《薛氏医案二十四种》、《神农本草经疏》，清代的《绛雪园古方选注》、《临证指南医案》、《医经原旨》、《温热论》、《湿热论》、《徐氏医书六种》、《张氏医通》、《伤寒贯珠集》、《外科证治全生集》、《世补斋医书》等。此外，还有许多珍贵的稿本、抄本、孤本及罕见的木刻本，如《暴证知要》、《医便初集》、《医林正印》、《温热朗照》、《痧疹一得》、《医学蒙引》、《临证度针》、《古

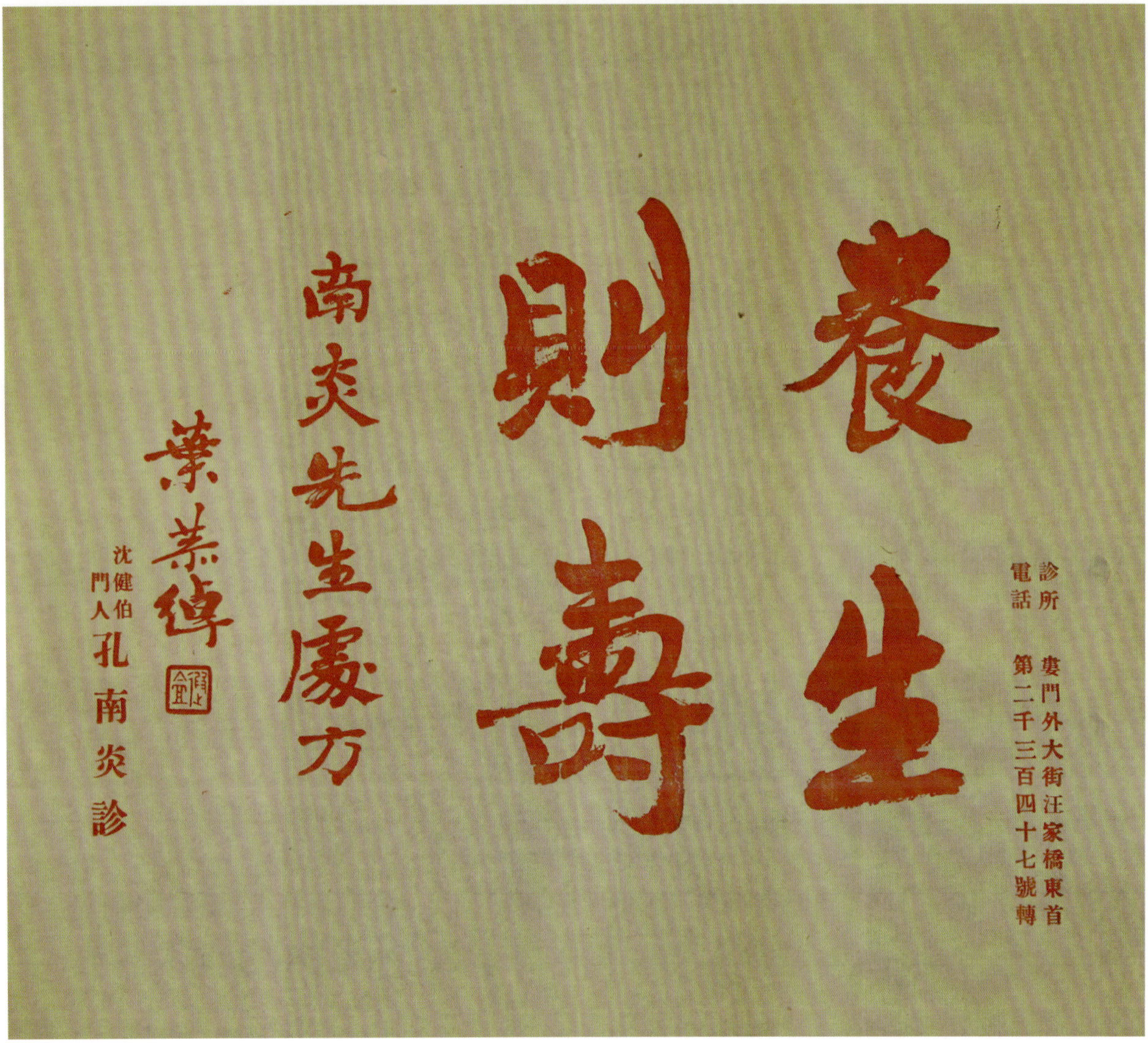
診所 婁門外大街汪家橋東首
電話 第二千三百四十七號轉
養生則壽
南炎先生處方
葉恭綽
沈健伯門人 孔南炎診

今方案汇编》、《内经病机纂要》等。1986年以来，有关部门组织编辑出版了大型吴医古籍丛书《吴中医集》，收载了四十多部医古籍，五百多万字数，在社会上引起强烈反响。以后《吴中名医录》、《吴中十大名医》、《吴中秘方录》等的相继出版，使吴中医学的古籍整理有了良好的开端。

吴门医派在中国医学史上占有重要地位，这与苏州温病学派的兴起密切相关。在温病学说形成之前，一般医家都遵从张仲景的《伤寒论》六经传变的论证方法，进行辨证论治。吴中地区地处东南卑湿之地，是瘟疫、温病的屡发地区，因为温病的病因、发病、传变过程和治疗原则不同于伤寒，故运用治伤寒的方法来治疗瘟疫、温病疗效不佳。因而吴有性、叶天士、薛生白、缪遵义等一批吴中名医，在大量的临床实践基础上，创立"戾气"学说与温病学说，叶天士的《温热论》揭示了不同于《伤寒论》的"卫、气、营、血"辩证纲领。温病学派重视基础理论，善于吸取众长，敢于发明创新，处方用药注重实效，具有"轻、清、灵、巧"的特色。从此，温病学说从病因、病机到辨证施治有了较完整的理论体系，对中国医学的发展具有十分巨大的影响。并于相当长的时期内，在抗感染治疗学方面居世界科技的领先地位。

让我们默记吴门曾经的名医。

吴医渊源人物：戴思恭、王仲光、韩奕、王履。

温病学说人物：王履、吴有性、叶天士。

吴中世医：葛氏世医、郑氏妇科、韩氏世医、裴氏儿科、闵氏伤科、金氏儿科。

苏州儒医：薛生白、徐灵胎、章太炎。

吴门御医：周广、盛寅、钱瑛、卢志、薛铠、薛已徐镇、刘观、徐灵胎、曹沧。

姑苏仁医：王鏊、顾鼎臣。

被称为姑苏名医的孔南炎以大型处方而称，并有一手绝妙书法。叶恭绰为其书字，诊所当时应有一定的影响。

此手抄本录于1935年，内容主要是肠胃论、伤寒论、治癞论等，有一定的医学价值。

民国线装铅印本
蔡宝善《沧浪渔笛谱》
民国二十五年（1936）刊

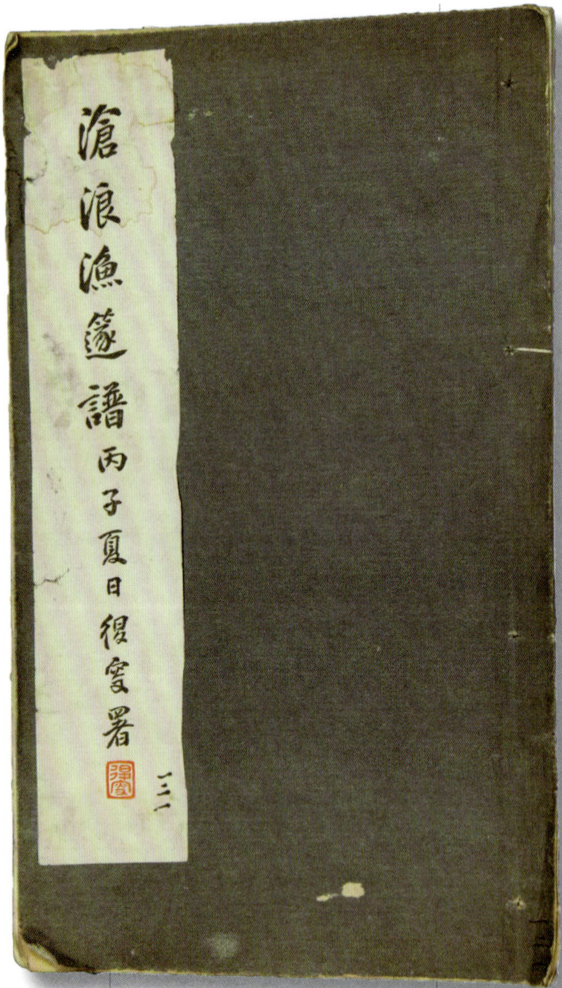

蔡宝善（1869—1939），字师愚，号孟庵，德清人。清光绪二十七年（1901）举人，二十九年（1903）经济特科乙等及第。历任京师大学堂提调，陕西宝鸡、泾阳、兴平、三原、长安（今西安市）等地知县。民国初，先后为浙江海宁县知事、内务部秘书、平政院肃政厅肃政使、全国选举资格审查会审查员、江苏省公署咨议长等，授二等嘉禾勋章。1917 年 12 月起，调任江苏省政务厅厅长、金陵道道尹、苏常道道尹，颇著政声。1920 年卸任，卜居苏州沧浪亭畔，与张仲仁、费仲深、邓孝先等缔结词社，诗酒唱和，不问政事。抗战爆发，避居上海。日伪曾邀其出任伪职，被拒绝。1939 年农历三月初八去世。

蔡宝善擅长诗词，著有《观复堂诗集》八卷、《听潮音馆词集》三卷及《沧浪渔笛谱》一卷。又工书法，其字挺拔遒丽，结构方整严谨，富有魏碑笔意，德清氏族堂额多出自其手笔。

笔者藏本为民国二十五年（1936）刊行。

滄浪漁笛譜

德清　蔡寶善　孟盦

綠意

蟬　次純飛韻

南枝寄隱把如烟好夢無故催醒似水流年幾樹濃陰過雨緇塵銷淨琴絲潤處商聲起更振觸離人愁病悵去時猶曳殘音一一助人悲哽　休道孤高自賞吸風露葉底寥寂荒徑兩翅蠶雲玉鏡妝新絕憶簾寒波定齊宮舊事休回首忍看足柳昏花暝問甚時韽入哀絃落葉秋霜侵鬢

詞

民国线装铅印本
屈弹山《弹山诗稿》

民国二十九年（1940）刊

屈爔（1880—1963），字伯刚，号是闲，又号弹山，晚年自署屈疆，浙江嘉兴平湖人，寓居江苏苏州。藏书家。屈承轼子。光绪年间诸生。早年留学日本早稻田大学。归国后授予举人衔。民国初，在南京临时政府、北京政府实业部、农商部任参事、佥事，后执教于圣约翰大学等校，任商务印书馆旧书股主任及馆外编辑。幼承家学余绪，民国间尝服官北方。性喜购书、藏书，光顾过北京、南京、杭州等地的公私图书馆、藏书楼、琉璃厂，遍读群籍，因此版本目录之学日益精湛。在苏州开设书店“双百楼”，在北京开有书店名“穆斋”，与樊增祥、金巩伯往来密切。1931 年曾应葛嗣浵邀请，为传朴堂藏书编目。日寇陷苏州，以所藏精本十余箧寄存于王謇澥粟楼，其中多有清末名人投赠诗词、手札及墨迹。藏书印有“是闲手校”、“屈氏藏书”等，著有《弹山诗稿》等。

《弹山诗稿》由屈弹山弟子作后记，称先生六十岁在上海寓居时，不忍兵火所毁，竭力搜寻诗作编卷分赠好友。诗集中许多涉及苏州，录四首以赏。

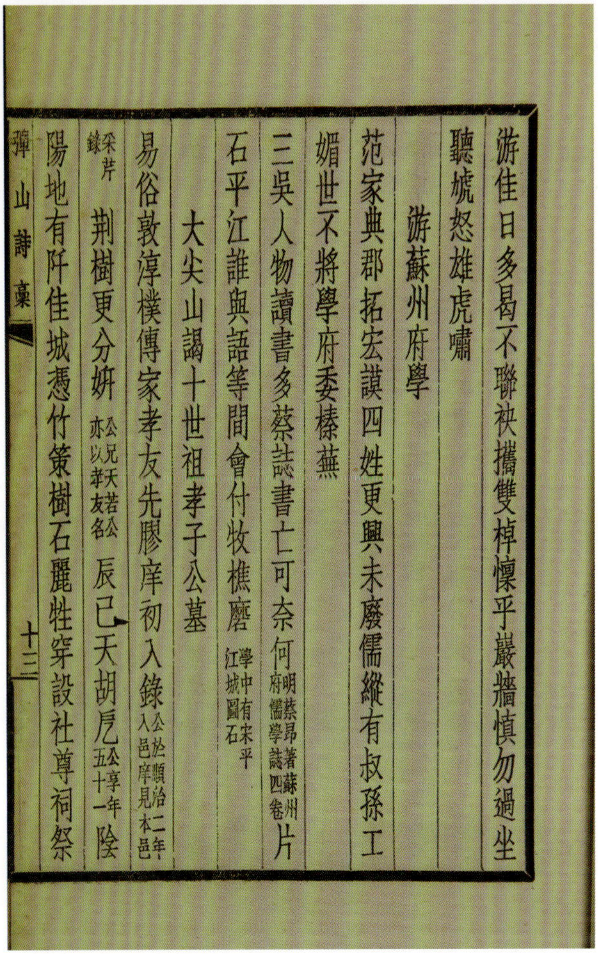
彈山詩稿　十三

游佳日多曷不聯袂攜雙棹懷平巖牆慎勿過坐
聽虓怒雄虎嘯

游蘇州府學
范家典郡拓宏謨四姓更興未廢儒縱有叔孫工
媚世不將學府委榛蕪
三吳人物讀書多蔡誌書亡可奈何（明蔡昂著蘇州府儒學誌四卷）片
石平江誰與語等閒會付牧樵磨（學中有宋平江城圖石）

大尖山謁十世祖孝子公墓
易俗敦淳樸傳家孝友先膠庠初入錄（公於順治二年入邑庠見本邑采芹錄）
荊樹更分妍（公兄天若公亦以孝友名）辰巳天胡厄（公享年五十一年）陰
陽地有阡佳城憑竹策樹石麗牲穿設社尊祠祭

游苏州府学

范家典郡拓宏谟，四姓更兴未废儒。
纵有叔孙工媚世，不将学府委榛芜。

三吴人物读书多，蔡志书亡可奈何。
片石平江谁与语，等闲（间）会付牧樵磨。

游拙政园

亭台还值宾车驻，旧燕如寻王谢堂。
一树宝珠歌舞冷，三春词客鬓毛苍。
销沉花气垣衣密，小坐松阴茗碗凉。
说鬼莫须惊故垒，鼓声齐女又斜阳。

次韵余冰臣石湖小筑诗

已伴龛灯一盏青，更抛尘市恋湖亭。
种园地废谁营宅，避世人归独掩屏。
钟呗吹来摇梦远，江潭倒影入烟冥。
窥帘我似清秋燕，愿结新巢傍户庭。

笔者藏本民国二十九年（1940）刊行。

朔飢何來豐肌生膏肪醫言老叟骨骼硬運轉不
靈體漸僵古柏歲久能化石中含卝質成堅剛老
而體重或類此蕉卷不牢宜慎防吁嗟我身四大
旣假合爬搔痛癢殊踉蹌安得盡化木石體要不
與世爭低昂

游拙政園

亭臺還值賓車駐舊燕如尋王謝堂一樹寶珠歌
舞冷三春詞客鬢毛蒼銷沉花氣垣衣密小坐松
陰茗碗涼說鬼莫須驚故壘鼓聲齊女又斜陽

初夏泛舟石湖同游者上元宗耿吾江寧鄧
羣碧吳江費韋齋常熟龐逸霄拂雲楊无

恙凡七人
壯游病未能一舸願已足市盡入煙波好山媚新
綠攬勝甲東南百年無遺矚葑葦浸不治歲久流
愈束杖履從諸公蒼茫肆遐矚方當春水生猶喜
農田沃古城不可尋翻覆棋一局招提亦荒涼坐
嫌僧眼俗我弔詞客靈俯仰增振觸頗羨余孝廉
買屋在南曲

次韻余冰臣石湖小築詩

已伴龕燈一盞青（君屏棄眷屬獨居雍熙寺僧寮）更拋塵市戀湖亭種
園地廢誰營宅避世人歸獨掩屏鐘唄吹來搖夢
逺江潭倒影入煙冥窺簾我似清秋燕願結新巢

民国线装铅印本
高吹万《吹万楼诗》十八卷

民国三十六年（1947）刊

高燮（1879—1958）字时若，又字吹万。祖居江苏金山张堰镇（今属上海市），是我国近代著名的诗人、学者。

高吹万早年即不满晚清腐败统治，赞赏太平天国运动。他大力主张重修清史，倡议把太平天国时期的洪秀全列入《清史》本纪。曾作《醒狮歌》、《宝剑篇》等，慷慨激昂，以天下为己任。他和侄子高旭（天梅）等创办“觉民社”，出版《觉民》月刊，与南社互通声气。加入南社后，高吹万继续以文字提倡反清革命。高吹万博览群书，胸怀坦率，不慕名利，除参与南社活动外，1912 年夏，又与姚石子联合柳亚子、李叔同等 15 人，在其创办的寒隐社的基础上发起并成立了“国学商兑会”，并出版《国学丛选》十八集，广征博引，探本溯源，读者每多称道。他们成立“国学商兑会”的目的是想创办一个图书馆，收藏古今书籍，刊刻世间孤本，以保存国粹。

高吹万是近代著名的藏书家，藏书达三十万卷，其藏书楼名“吹万楼”，又名“闲闲山庄”。他对《诗经》类文献刻意收藏，有“葩经千种”之称。《上海近代藏书纪事诗》谓：“流寓淞滨白发皤，念家山破痛如何。残书剩有葩经载，千尺珊瑚费网罗。”民国学者伦明所著《辛亥以来藏书纪事诗》中称：“平生足未涉吴阊，梦想苏斋时后方。三士都从耳边得，金山高燮与姚光。”又在其释文中写到：“金山高燮字吹万，姚光字石子，余亦未识其人，但南北诸书店，咸啧啧称之，盖二君俱知学而又好积书者。高君藏《毛诗》注本最多，又留意乡人著作，近见其摄印《明二何集》，亦罕见本也。”又按：“高吹万藏书甚富，计有十五六万卷。其精者，俱载《吹万楼藏书记》中……”1937 年“丁丑之劫”，日军从金山卫登陆，张堰镇首当要冲，“闲闲山庄”顿成废墟。其藏书、藏画二百七十多箱，大半毁于此时。高吹万携家人深夜乘舟逃命，由吕巷至虹桥，船居半月，食物断绝，饥寒交迫，极尽流离颠沛之苦。待战事稍停，其家人于废墟中零星收捡，仅得书画碑帖两箱，残书二十四箱，

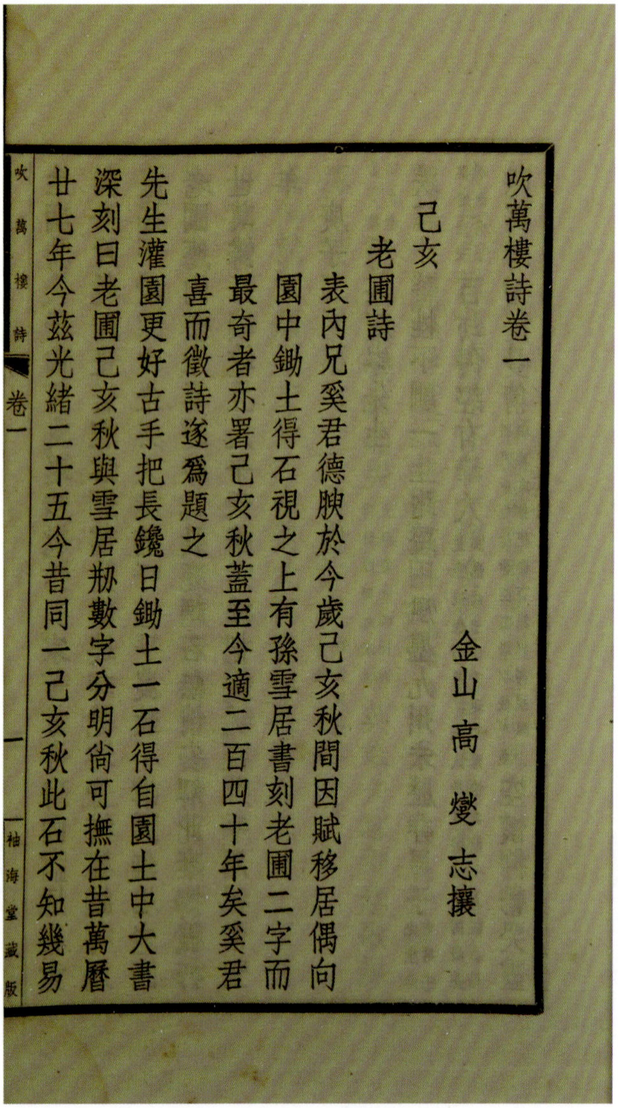
吹萬樓詩卷一

金山 高 燮 志攘

己亥

老圃詩

表內兄奚君德腴於今歲己亥秋間因賦移居偶向園中鋤土得石視之上有孫雪居書刻老圃二字而最奇者亦署己亥秋蓋至今適二百四十年矣奚君喜而徵詩遂爲題之

先生灌園更好古手把長鑱日鋤土一石得自園土中大書深刻曰老圃己亥秋與雪居掓數字分明尚可撫在昔萬曆廿七年今茲光緒二十五今昔同一己亥秋此石不知幾易

吹萬樓詩 卷一 一 柚海堂藏版

其余全部付诸荡然。新中国成立后，他将劫后幸存的有关《诗经》的专藏两千六百一十四册书，全部捐献给国家，现藏复旦大学图书馆。复旦大学图书馆专门举办过一次《诗经》版本展览会，分石经、训诂、传笺义疏、音韵、名物、图谱等十四类。木刻本、铅印本、油印本、手抄本、名人批注本，版本精善，系列完备。高吹万晚年居上海福州路上的福海大楼之小阁楼，每日晨起抄写《金刚经》，两年中竟写全本三十几部，分赠戚友，为谋生路，以润例悬之。晚年自书联有“忍穷安晚境，留病压灾年”。

近代文学家吴江金天羽曾这样说：“并吾世负文学资性足推崇者，大江以南，得三人焉，曰：武进钱名山、昆山胡石予、金山高吹万。”

高吹万以诗、文名于世，一生许多诗文著作，在学术观点上有重要见解，在文学造诣上有很高水平。所著有《吹万楼文集》、《吹万楼诗集》、《吹万楼日记节钞》、《庄子通释》、《感旧漫录》、《愤悱录》、《闲闲集》、《诗经大义》、《吴日千先生集》、《陈卧子安雅堂稿》、《谈诗札记》、《三子游草》等二十余种。他所作的散论、诗篇，如《醒狮歌》、《宝剑篇》、《谈史杂咏》、《近事新乐府》等，都载于于右任创办的《民呼》、《民吁》、《民立日报》上。

笔者有幸藏《吹万楼诗》四册，十八卷。民国三十六年（1947）刊行。

高吹万的书法也为世所推崇。其书学颜真卿，兼收篆隶和北魏笔意，自成一格，结体宽博而气势恢宏，骨力遒劲而气概凛然。可谓究字内精微，求字外磅礴。

另外值得一提的是，2009年诺贝尔奖颁奖礼12月10日在瑞典斯德哥尔摩演奏厅举行，一生获奖无数的光纤之父、前香港中文大学校长高锟，正式从瑞典国王古斯塔夫·卡尔16世手中接过诺贝尔物理学奖。

而高锟正是高吹万先生的嫡孙。1921年，高吹万之子、同为南社人士的高君湘迎娶了大家闺秀金静芳小姐为妻，金静芳为民国江南著名学者、《读书管见》作者金其源的女儿。1933年这对夫妇生下了中国的“光纤之父”高锟，就是这位2009年诺贝尔物理奖的获得者为全世界的华人赢得了巨大的荣誉。

1948年，高君湘便带着高锟兄弟举家迁往香港。1953年，二十岁的高锟只身从香港赴英留学，行前恳请在中国大陆的祖父高吹万赐言。高吹万乃题诗《赐锟孙出国留学英伦》。

1958年高吹万离开了人世。逝世时，全国人大常委会副委员长胡厥文特地为他撰写了挽诗，赞曰：“南社早蜚声，金山一代英。笔摇清帝鼎，梦绕岳王坟。革命心肠热，攘夷思想新。遗诗千百首，一读一酸辛。”颂扬了高吹万在南社时期的革命豪情。

民国线装
顾廷龙影印《陶遗墨迹》

民国三十七年（1948）刊

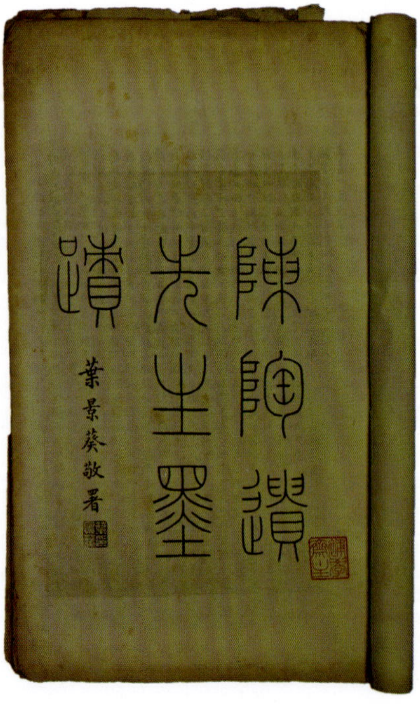

陈陶遗，上海金山人。作为苏州吴江南社的骨干，他是南社的一笔精神财富。

陈陶遗（1881—1946），原名公瑶，号道一，松隐镇人。光绪二十七年（1901）秀才，在松隐镇教书。光绪三十一年（1905），入松江融斋师范学堂读书，因反对好色嗜赌的学堂经理杨荫安而被开除。东渡日本，入早稻田大学攻读法政。并由同乡高天梅介绍，加入同盟会，改名剑虹。不久，受命回国，在上海和高天梅等创立中国公学，暗为同盟会秘密机关，从事革命。

中国同盟会上海分会和中国同盟会江苏分会在健行公学内设立了秘密机关，并在此散发同盟会在日本东京出版的《民报》、《复报》、《汉帜》、《洞庭波》、《鹃声》等革命报刊。其间，孙中山经常来往于日本和南洋，每每途经上海，陈陶遗和柳亚子、高天梅、朱少屏等人多次到吴淞口外轮上面见孙中山并接受他的指示。

清光绪三十二年（1906）秋，陈陶遗第二次来到日本。他在日本为同盟会做机要工作，又接办了《民报》以及《醒狮》周刊，并担任了暗杀部的副部长。其间，章太炎在日本讲学，陈陶遗是热心听众。章太炎给他改名为“陶遗”，意为“陶唐氏之遗民”。清光绪三十三年（1907），陈陶遗继高天梅、章梓之后任中国同盟会江苏分会会长，

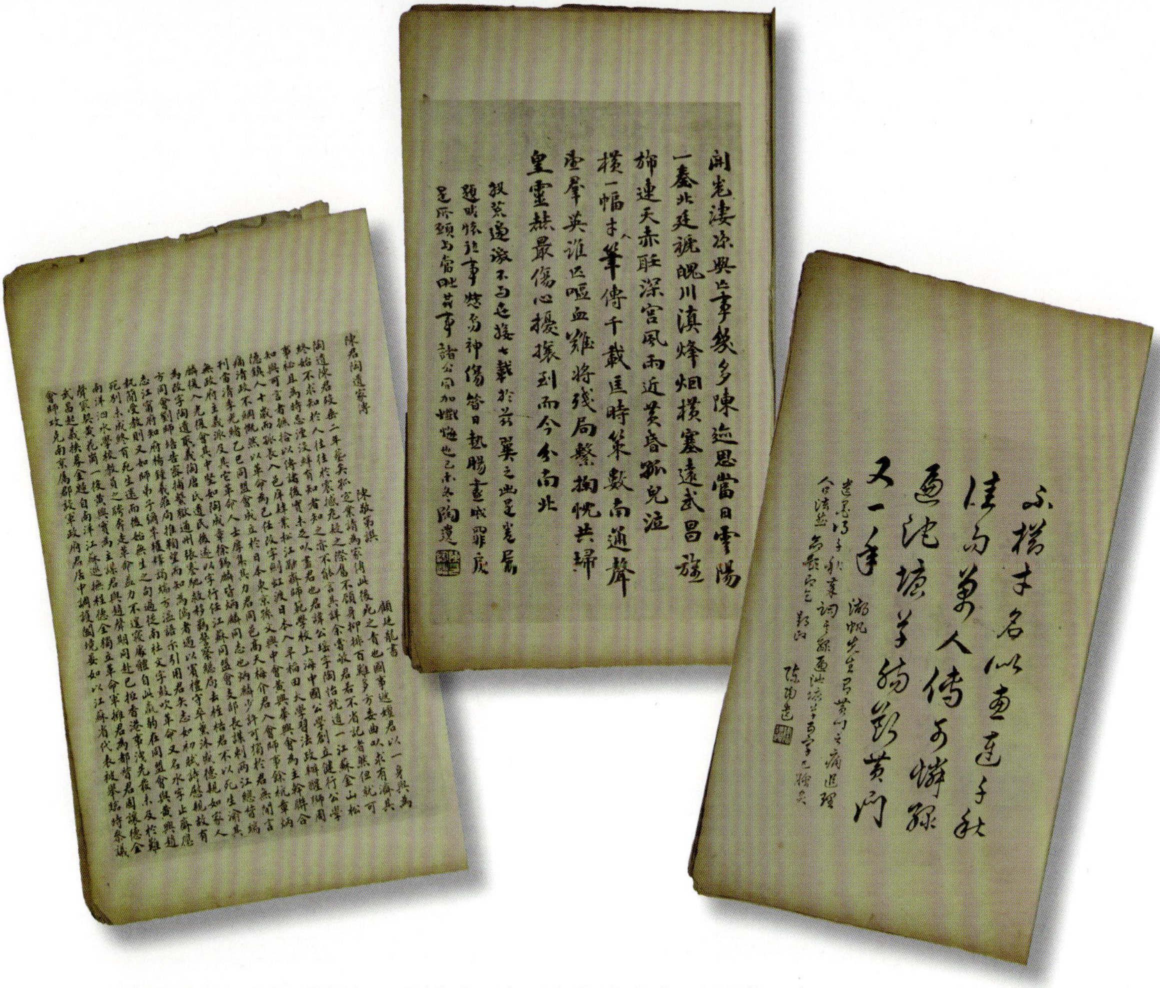

并仍担任暗杀部副部长。同年初夏，陈陶遗奉命回国谋刺两广总督端方，事泄被捕，关入南京监狱，一年后经营救获释。端方曾亲自接见陈陶遗并想给他官职加以笼络，遭到他的拒绝。清宣统元年（1909），柳亚子等人组织南社，陈陶遗为南社骨干。清宣统二年（1910），陈陶遗奉命去南洋任教，并替同盟会在当地华侨界募款。1911 年 3 月，黄兴、赵声等准备到广州发动起义，陈陶遗奉命赶赴广州，但途经香港时黄花岗起义已告失败，他无功而返。1911 年 10 月，武昌起义成功后，陈陶遗携款从南洋赶回上海，接济经费短缺的沪军都督陈其美。此后，陈陶遗与马君武代表沪军到武昌联络，又和章梓等人到江苏省宣传革命，此后江苏省很快脱离清政府，宣告独立。革命党人拥护陈陶遗任江苏都督，被陈陶遗辞让。南京临时政府成立后，陈陶遗被选为南京临时参议院副议长。

民国元年（1912）8 月，同盟会改组为国民党，陈陶遗当选为国民党江苏省支部长，随孙中山、黄兴等往北京和袁世凯会谈。次年 3 月，袁世凯暗杀了宋教仁，孙中山、黄兴因号召南方各省反袁失败而出国流亡，陈陶遗亦回家隐居。民国十四年（1925）冬，军阀孙传芳割据苏、浙、皖、赣、闽，自称五省联军总司令，提出“苏人治苏”口号，陈陶遗被张一麟推荐，到南京就任江苏

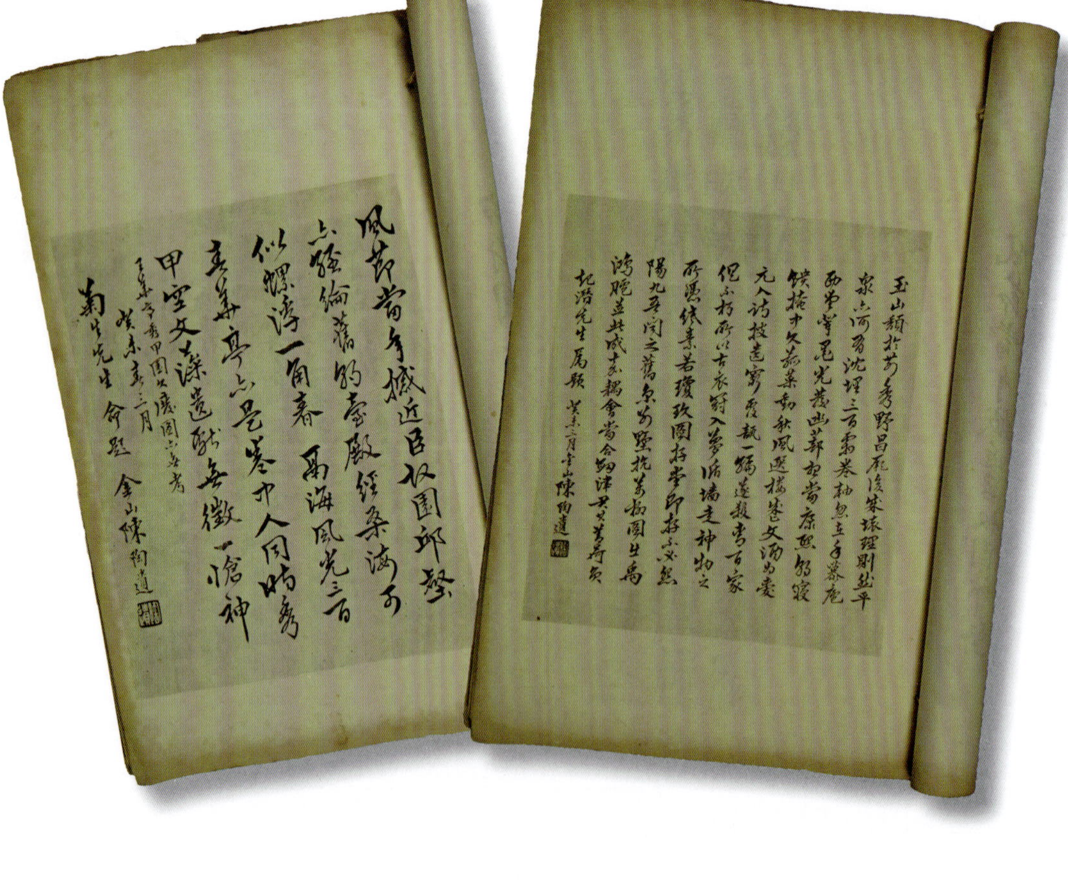

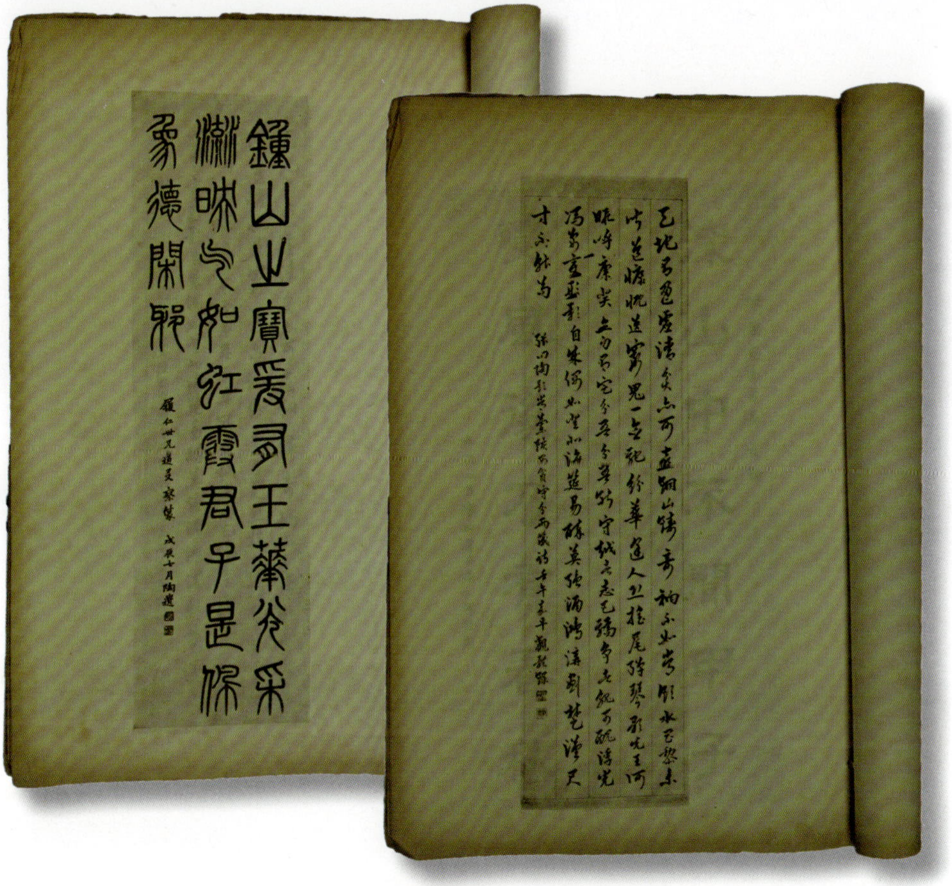

省长。任职期间，尽力维护地方治安；重视农业，关心治螟；废除若干苛捐杂税，减轻人民负担；还提议收回租界。民国十五年（1926）某日，他得悉孙传芳密令吴江县公署逮捕柳亚子，即派亲信星夜赶赴吴江黎里通报，使柳幸免于难。民国十六年（1927）初，他劝说孙传芳联合北伐军，未被采纳，遂愤然挂冠而去。

民国二十二年（1933），他应上海市临时参议会会长史量才之请，担任秘书长。民国二十六年（1937）因病留沪。汪精卫曾亲笔写信要他出任伪江苏省长或上海市长，均被拒绝。侵华日军总司令冈村宁次也上门来“请”，他不为所动。抗战胜利后，他看到国民党官员

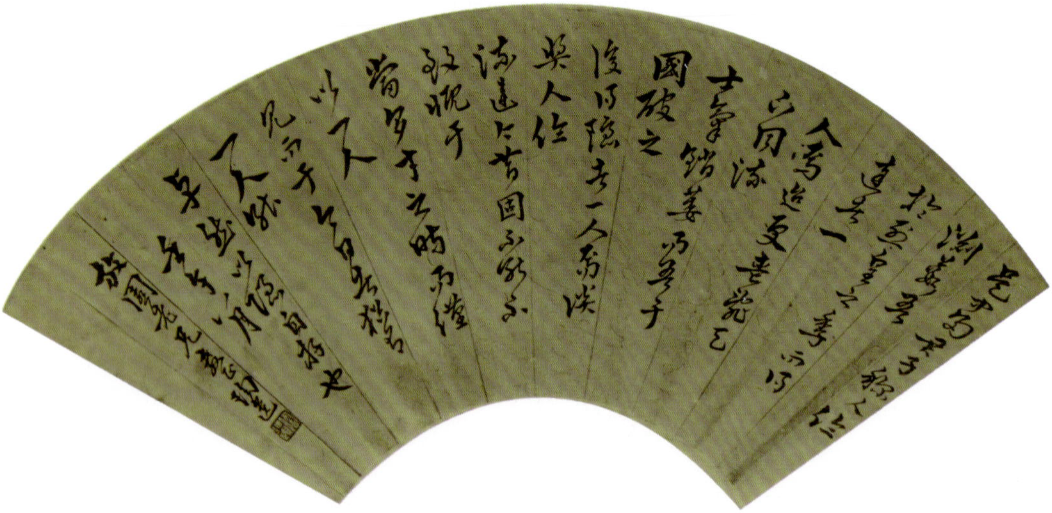

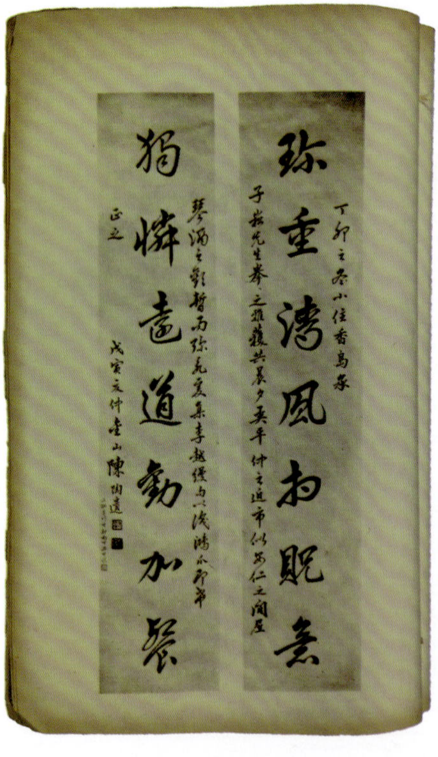

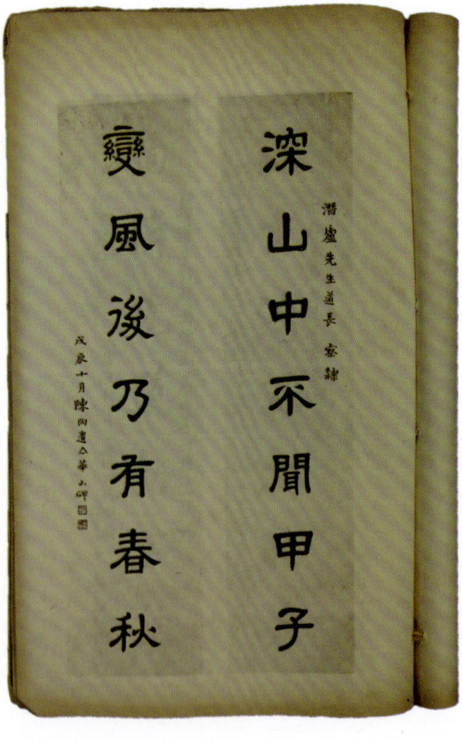
深山中不聞甲子
變風後乃有春秋

巧取豪夺，非常气愤，告诫小辈不要做官。民国三十五年（1946），国民党要他出任上海市参议会会长，遭到拒绝。

1946 年 4 月 27 日，陈陶遗在贫病中谢世。他的挚友黄炎培等为他治丧。南社旧友姚鹓雏作了悼诗：“仁者亦智者，穷理闻前修。智者亦仁者，身先天下忧。夫子不处世，孤抱无与俦。寄心实方外，虑世乃尔周。”乡人将他葬在故乡金山松隐的白鹭荡，奉“贞毅”二字作为他的谥号。

陈陶遗是著名书法家，书法根柢于六朝碑版，力避唐宋甜熟，不喜赵子昂、董其昌的柔媚，屡变其体而不脱刚劲之气。晚年专写章草，意趣高妙，肖其生平。身故后，好友顾廷龙搜集了他的手迹，仅仅得到十七通，民国三十七年（1948）影印为《陶遗墨迹》一书出版，书前有陈叔通撰写的《陈君陶遗家传》。

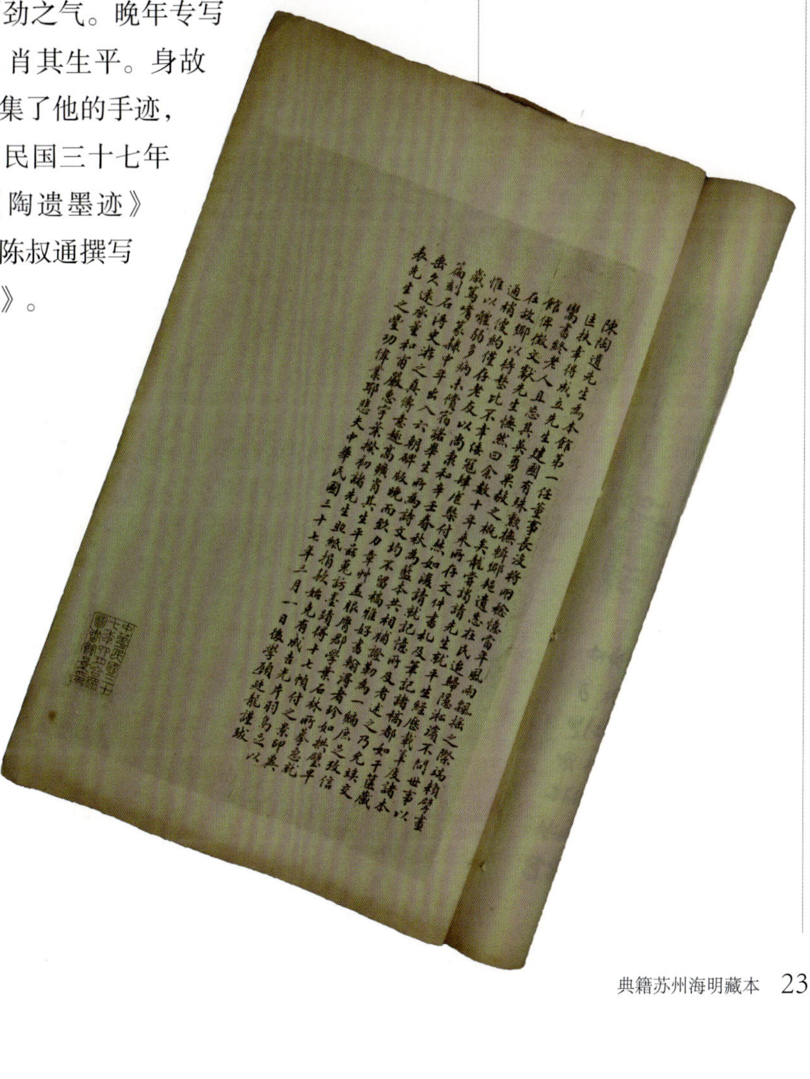

民国线装铅印本《沈信卿先生文集》十二卷

民国三十八年（1949）刊

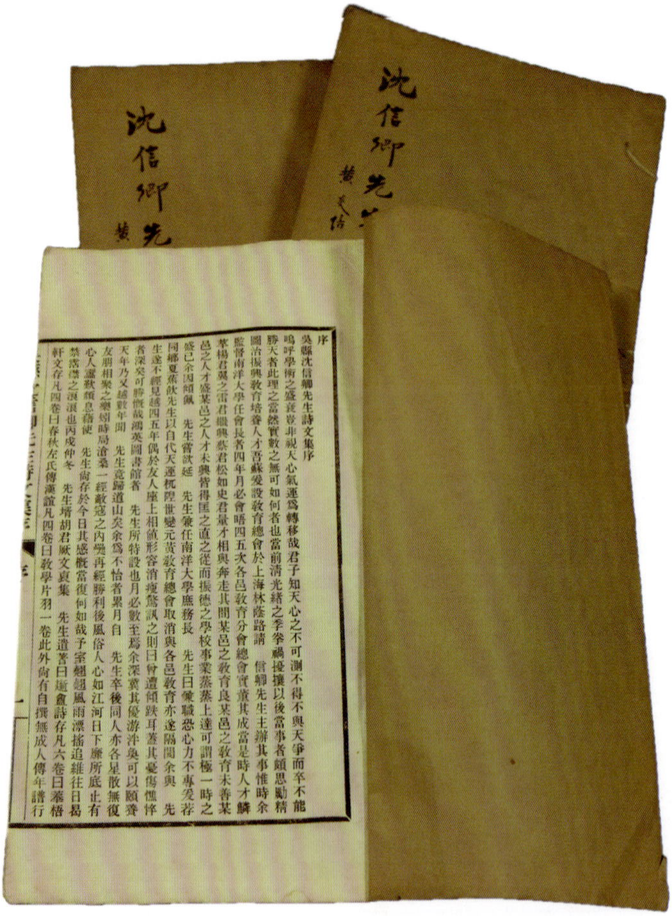

《沈信卿先生文集》由后人编辑于民国三十八年（1949）元旦，三册十二卷，线装铅印，虽印刷于1951年，但应视为民国版本。黄炎培作序跋并题写书名。

沈恩孚（1864—1949），字信卿，江苏吴县人，中国近、现代教育家，同济大学第四任校长。四岁能文，六岁始常代母授同岁学生读书，时人有“六岁为师古未闻”之语。十五岁补博士弟子员。自此，开始研究《说文》，通训诂之学。早年就读于上海龙门书院，后执教于宝山县学堂。清光绪二十年（1904），与袁希涛等倡议改上海龙门书院为师范学校。同年，东渡日本考察教育，回国后任龙门师范学堂监督，主张变法维新。次年，龙门初级师范学校成立，为首任监督。参加创办江苏学务总会，当选会长，倡议施行小学单级教授法。民国二年（1913）主持江苏教育，主张体育、童子军、新教育等理论、方法。民国六年（1917），与黄炎培等发起中华职业教育社，筹创南京河海工程专门学校。抗战期间寓居上海闭门读书。1949 年 4 月病逝于上海。

沈信卿在民国初年是非常有名的社会贤达，对于教育和工商事业尤其热心，今天南京江海大学和同济大学的建立，都与沈恩孚有关，他和黄炎培的关系很深，文集后有黄炎培当时在重庆为他写的传记，叙及平生交往和一生功业，非常详细。沈恩孚的生平资料并不难见到，但他的文集提到的人极少，可能因为印出时，社会已对此类家印的文集没有什么兴趣，所以流传不是很广。

沈恩孚当时的社会地位很高，与晚清和民国初年的各类名流多有交往。文集中收录了他给许多当时出版物写的序跋，举凡教育、学术、科学、民治、工商等，涉及方面非常宽阔，另外他为许多名人及其前辈写的墓志铭，也收录其中，都是非常宝贵的文史材料。特别是关于早年江南和上海社会的史料，文集中多有各种线索。

沈恩孚有四个女儿，其中一个女儿嫁给了工商领袖胡厥文。社会学家潘光旦是他的外甥，文集中还有一封沈恩孚写给潘光旦的信。

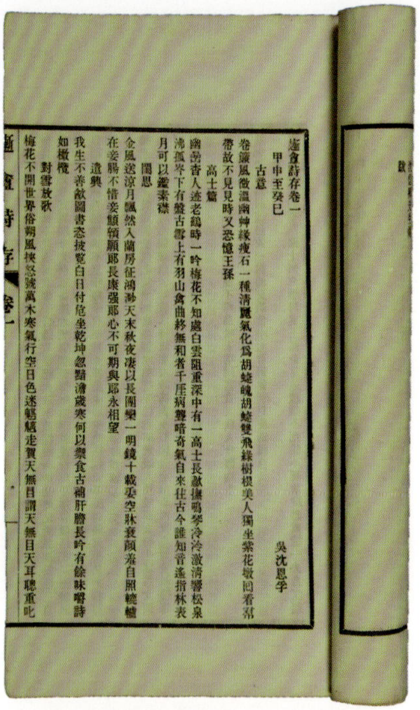
蓮龕詩存卷一　　吳沈恩孚
甲申至癸巳
古意
卷簾風微溫幽艸綠瘦石一種清麗氣化爲胡蝶䰟胡蝶雙飛綠樹根美人獨坐紫花墩回看帬
帶故不見見時又恐憶王孫
高士篇
幽谷杳人迹老鶴時一吟梅花不知處白雲阻重深中有一高士長歗撫鳴琴泠泠激清響松泉
沸孤琴下有盤古雪上有羽山禽曲終無和者千厓病聲喑奇氣自來往古今誰知音遙指林表
月可以鑑素襟
閨思
金風送涼月飄然入蘭房征鴻渺天末秋夜淒以長閨欒一明鏡十載委空牀衰顏羞自照轆轤
在妾腸不惜妾顱領願郎長康强郎心不可期與郎永相望
遣興
我生不善斂圖書恣披覽白日付危坐乾坤忽黯澹歲寒何以禦食古補肝膽長吟有餘味嚼詩
如橄欖
對雪放歌
梅花不開世界俗朔風挾怒號萬木寒氣行空日色迷魑魅走覓天無目謂天無目天耳聽重叱
蓮龕詩存　卷一

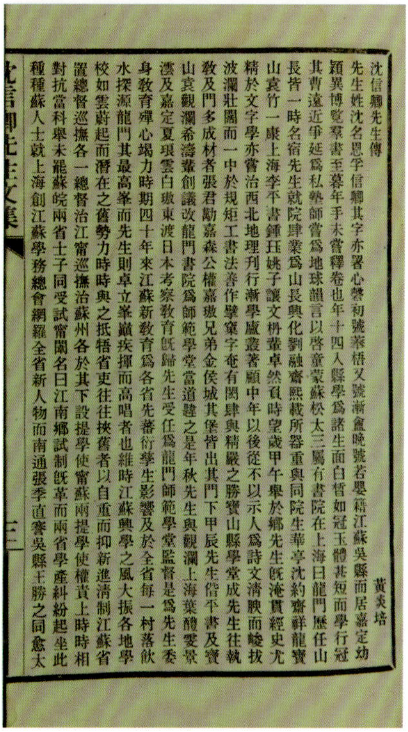
沈信卿先生傳　黃炎培
先生姓沈名恩孚信卿其字亦署心磬初號萃梧又號漸盦晚號若嬰籍江蘇吳縣而居嘉定幼
穎異博覽羣書至暮年手未嘗釋卷也年十四入縣學爲諸生面白皙如冠玉體甚短而學行冠
其曹遠近爭延爲私塾師嘗爲地球韻言以啓童蒙蘇松太三屬有書院在上海曰龍門歷任山
長皆一時名宿先生就院肄業爲山長興化劉融齋熙載所器重與同院生華亭沈約齋祥龍寶
山袁竹一康上海李平書鍾珏姚子讓文枏輩卓然負時望歲甲午舉於鄉先生既淹貫經史尤
精於文字學亦嘗治西北地理刊行漸學廬叢著顧中年以後從不以示人爲詩文清腴而崚拔
波瀾壯闊而一中於規矩工書法善作擘窠字奄有閎肆與精嚴之勝寶山縣學堂成先生往執
教及門多成材者張君勱嘉森公權嘉璈兄弟金侯城其傑皆出其門下甲辰先生偕平書及寶
山袁觀瀾希濤輩創議改龍門書院爲師範學堂當道韙之是年秋先生與觀瀾上海葉醴雯景
澐及嘉定夏瑕雲日璈東渡日本考察教育既歸先生受任爲龍門師範學堂監督是爲先生委
身教育殫心竭力時期四十年來江蘇新教育爲各省先蕃衍孳生影響及於全省每一村落飲
水探源龍門其最高峯而先生則卓立峯巔疾揮而高唱者也維時江蘇興學之風大振各地學
校如雲蔚起而潛在之舊勢力時時與之抵牾省吏往往挾舊者以自重而抑新進清制江蘇省
置總督巡撫各一總督治江甯巡撫治蘇州各於其下設提學使甯蘇兩提學使權責上時時相
對抗當科舉未罷蘇皖兩省士子同受試甯闈名曰江南鄉試制既革而兩省學產糾紛起坐此
種種蘇人士就上海創江蘇學務總會網羅全省新人物而南通張季直謇吳縣王勝之同愈太
沈信卿先生文集　三

民国张至恒
《木渎故事骈言辑注》手稿

民国期间录

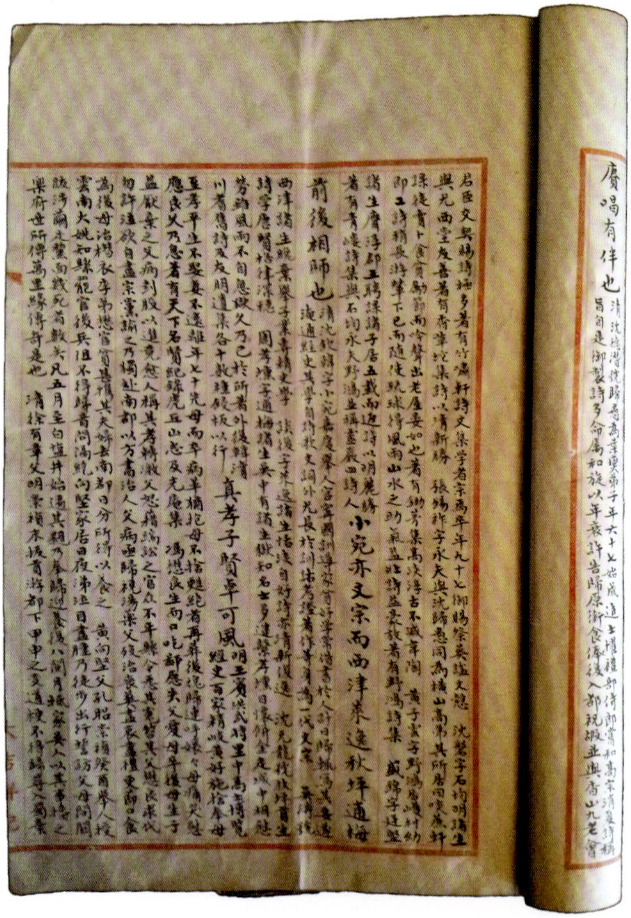

古镇木渎，有着深厚的文化底蕴。吴王夫差为西施建姑苏台，建造用的木材通过水路源源而至，竟堵塞了山下的河流，因“积木塞渎”，于北宋年间，木渎正式得名。在木渎，诞生了一代又一代的学术大家、名人政要、才子佳人。

乾隆六次到过地方，必定掌声连连。穿越古镇，就穿越了二千五百年历史。

关于《木渎小志》，笔者曾在 2011 年 3 月版《书影苏州》中有过介绍，此志由张郁文编著。

张郁文（1863—1938），又名学文，字壬士，晚号如闾，吴县胥口人。光绪间贡生。少随父寓居木渎冯桂芬家，遍览冯家藏书，学识大长。善操琴，工诗文，爱史地，作游记诗文甚多。民国后，热心于乡村教育，曾协纂民国《吴县志》，惜晚年失明。著有《木渎小志》、《元史地理通释》、《灵岩山志》。张氏门生为颂其业绩，收集其藏书遗著，于木渎建成壬士图书馆。

关于木渎志类还有《灵岩山志》、《灵岩小志》。《木渎故事骈言辑注》是张郁文侄儿张至恒对《木渎小志》的辑注，应该是本人的手稿，此辑注是对木渎地方志的补充和释义。这对于丰富完善木渎地方志有一定的史料价值。

啟交説矣　其東則界別運河邪指石湖夏雨唱賀家梅子宋詞人賀鑄字方回有別墅在

横塘其青玉詞云淩波不過横塘路又末句梅子黄時雨黄庭堅極賞之遂以得名人呼為賀梅子　秋風思張翰蓴鱸太湖產蓴而靈巖山巔池中所產蔡蓴尤佳自陸機

張翰盛稱蓴美後遂傳為佳話　嗜金石者表晉王陵墓清季黄山下發現隧道古磚文識太元九年八月好事者爭購之而穴深不可測或疑為海西公墓嗣為縣署

封禁按晉廢帝後自在常熟白茆市此或帝徙居時所築壽藏薨後改葬故制崇而穴虛居字下脫吳縣二字　參伽籃者吊元璙邱墟吳越廣陵王錢元璙墓在横山即七子山九龍

塢水潭堰上　或叩蘭舟而問渡蘭舟渡在東跨塘唐陸龜蒙自太湖赴郡守木蘭堂宴賦詩繫舟於此故名陸詩洞庭波浪渺無津日日征帆送遠人幾度木蘭舟上望不知

原是此花身　或瞻華表於通衢明徐如珂字念揚萬歷進士累官至工部侍郎順昌獄興抗言保吳民忤魏閹削籍歸里越三月卒御賜祭葬追謚忠純吳民塋祭三月

不忘塋在西跨塘有華表矻峙江濱　其南則横山支脈蘇臺特起姑蘇臺闔閭所造夫差得越貢神木增築之子胥諫阻不聽乃嘆曰臣今見麋

鹿遊姑蘇之臺也及越入吳焚之臺址在横山何處已不可攷但按吳越春秋高見三百里句當在山之絕

頂山麓夫差廟相傳拆除姑蘇臺木為之唐陳羽詩姑蘇臺畔千年木刻作夫差廟裏神幡蓋寂寥塵土

滿不知簫鼓樂何人　尋羲帖於堯峰堯峰山興福寺有王羲之草書心經歐陽詢楷書心經俱見府志金石篇今猶存廡壁　其東巖洞絕勝遊山者必造焉　像任公於

朱墅朱墅廟在鎮南走馬塘奉明任光祿環遺像嘉靖中任公力勦倭寇有功於蘇鄉故立廟祀之　更有皋峰異區吳殿舊址緬太史

學區不得不縷析言之爰本斯旨以諗方來其略曰
猗歟吳邑首鎮瀆上名區遠帶三鄉五六都為太平鄉十一十二都為至德鄉十三十四都為胥臺鄉近標十景吳滸
有木瀆雜詠詩十首曰法雲古松白塔歸帆南山晴雪斜橋分水虹橋晚照下沙落雁山塘榆蔭靈岩晚鐘姜潭漁火西津望月堯氏禹甸結想唐虞堯峰山在鎮南十里
其別出而北者為艮山今曰萬祿山皆以唐虞時洪水泛濫吳人避居於此得名山頂有免水院蘇子美詩西南望堯峰俗云堯所基洪水不得沒上有萬眾樓硯石姑餘斜分兌
巽吳越春秋闔閭城西有山號硯石上有館娃宮越獻西施於此蓋即靈岩山也山巔有晉司空陸玩捨宅為寺後梁天監中即館娃宮舊址增拓之嗣後歷經興廢近有印光法師卓錫是山屏資重建於是
琳宮貝宇舊觀容恢矣姑餘即姑蘇山俗稱和合山昔吳王夫差得神木築姑蘇台於此有夫差廟在其下香溪香涇香山皆吳宮遺跡也香溪
水源西自光福東流經靈巖山麓至鎮市斜橋與胥江會合昔吳王宮人洗妝於此靈巖山前有采香涇俗稱箭徑河南出十里斜橫如卧箭香山北與穹窿山毗連南址近太湖山麓有南宮昔吳王種香草於此遣
西施及美人泛艇采香涇採之胥江胥山胥廟乃伍墓所宅也夫差聽伯嚭讒言拒納吳子胥直諫而賜屬鏤之劍以死伍墓在胥口江濱胥江胥
山胥廟皆所以紀念之也六七度翠華巡幸龍蹕巖阿清聖祖高宗南巡皆駐蹕靈岩其行宮在山巔殿基宛在高宗七次南巡御製靈岩詩至五疊前韻
宸翰輝煌大為河山生色今寺內有高宗御書出胥口歌石刻數萬家鱗籍鉤稽畇規原隰區境人口在八九萬間駢矣坒矣輯

版本学家
潘圣一手抄本《凤仙谱》
民国期间录

潘圣一（1892—1972），名利达，圣一为号。著名学者、藏书家，江苏苏州人。1911 年入沪江大学学习文科，后留校在图书馆工作，继续攻读图书馆学。曾应张元济聘，任东方图书馆外文部主任。后为苏州文史馆馆员，嗜藏书、喜抄书，尤有志于乡邦文献。著有《书林轶话》、《苏州名胜诗集》等。

苏州是人文荟萃的地方，对于古籍版本目录的研究，可说是代不乏人，如清代的何焯、黄丕烈等人，近现代潘圣一先生当然也是专家之一。他毕生献身于图书馆事业，是一位孜孜不倦的学者，对于版本目录之学，尤深有研究。他于 1911 年入沪江大学文科，入学两年，因病休学。病愈后到母校图书馆工作，同时跟一美国人攻读图书馆学。潘圣一工作和学习都极为勤奋，业务日臻熟练，在没有照明的条件下，可以从书库中摸到所需要的书本，这不能不使该校诸教授叹服。他在沪江大学图书馆工作十余年，其中曾有一同学，利用潘圣一先生所提供材料，得美国大学的图书馆学博士学位。由于潘圣一对图书工作的勤奋钻研，声誉鹊起，在上海清心中学校刊《清心钟》上，曾载文介绍沪上几位对图书馆工作素有研究的人士，先生也名列其中。商务印书馆张元济先生因扩充涵芬楼藏书楼，创建东方图书馆，亟需图书管理人才，看到《清

鳳仙譜自序

予向有灌園雜志諸輯，年來衣食奔走，藏稾篋中，未遑繕錄。戊戌距今幾二十年，客歲歸自里門，檢閱舊作，半爲鼠囓蠹蝕，耗盡所存者，僅蔬菓志、綠桃雜論、七七祕傳數種。此外者，秋花、盆玩諸志，已無剩葉，爲悵惜竟日，每欲補輯未果。汪子玉手與予族子容齋，皆素有嗜鳳仙之癖，聞有異種，不惜遠乞遐方，購以繒幣，儲盆列架，悉手自灌植。秋來紅紫紛羅，疊砌盈階，幾無隙地。息轍之暇，輙往就視，見一二佳色，心竊好之心钟》上介绍先生的文章后，通过沪江大学教授吴东初，聘先生为东方图书馆外文部主任。东方图书馆于1926年正式开放。潘圣一先生虽主管外文书籍，却颇留心中国版本目录之学。笔者能获图书馆前辈潘圣一手迹，甚为难得。

潘圣一所抄《凤仙谱》，为清代赵学敏所著。

赵学敏（约1719—1805），清代著名医学家。字恕轩，号依吉，浙江钱塘（今杭州）人。其父曾任永春司马，迁龙溪知县。乾隆间下沙大疫，其父延医合药，赖以生者数万人。学敏与弟学楷，皆承父命读儒学医。学敏博览群书，凡家藏星历、医术、药学之书，无不潜心研究，每有所得，即汇抄成帙，积稿数千卷。家有“养素园”，为试验种药之地，以察形性；有“利济堂”，是诊病疗疾之所，兄弟寝食其间。族人赵柏云为走方医，出所用有效方授之，学敏又合平生所录奇方，著成《串雅内编》、《串雅外编》各四卷。乾隆二十一年（1756），赵学敏患了眼疾。但他眼疾刚愈，就凭借自身的体会，写下了一本眼科专著《囊露集》。赵学敏对此书甚为得意，认为是本可以超过前人所有的眼科书。只可惜这本书最后并没有流传下来。乾隆三十年（1765年），又成《本草纲目拾遗》，补阙拾遗，为一代名著。赵氏另有著作多种，惜乎仅存《串雅》与《本草纲目拾遗》二书。

清代赵学敏所著《凤仙谱》记录了181个凤仙品种，总结了前人多年种植凤仙的宝贵经验，提出一套精湛的栽培技术。谱中赵氏对植物学及遗传变异的见解，与现代生物学中一些理论有相通之处。《凤仙谱》不仅是清代植物专谱中的佳作，也是现存优秀的中国古代花卉专谱，具有较高的学术价值。

后 记

有学者说“藏书如治学”，不详查，难知其学术意义；非细品，难得其玩味所在。还有位大师说，藏书非一代一家之事业，所谓流传有绪，正是藏书家代不乏人的伟业，有志者当铁肩担负起传承文化和历史的责任，因为这也许就是常说的民族脊梁吧。至于“民族脊梁”，对我来说自然不敢对号入座，但当成一份事业去做，却是诚心的。

古籍是什么？古籍是古代文化的核心，是古代文化的灵魂，是中华文化的标本，是中华民族的根脉，是中华民族文化的遗产。这应该是如同一条来自过去而又流向未来的河，通过纵向传承和横向传递发挥基础的作用，让传统文化的底蕴，深深熔铸成民族生命力。

历代宗师一卷卷，下笔谁教泣鬼神。苏州，自古以灿烂的文化而闻名于世，众多先辈刻书、藏书，功绩如光灼灼，历代有“雄居东南”之说。明清刻本如美珠文玉，刻工灵动、校勘精细。民国刻本纸白如玉，墨凝如漆。书影交映的民风更是苏州共通的情态和个性。这是这方水土的基因。

灾难深重的中华民族啊，战乱浩劫，历朝历代，连绵不断。苏州，遭劫去、损失、遗落的古籍难以确切统计。在近几年一次又一次拍卖潮中，源自我们苏州过云楼的孤本——宋版《锦溪万花谷》在北京被2.162亿元拍走，创下了史上最昂贵的古书拍卖纪录。这一方面映照出了苏州的文化魅力，还说明了当前国人的文化品格。

长期以来，特别是近几年，源自苏州许多家藏的古籍也被书贩子不断地贩出，从事这一行的在苏州有十多人，还有一些被称为“铲地皮”的，他们的身影一天到晚活动在古城区的各条弄堂里，特别是近几年大拆迁和老新村的改造，他们的收获不时有消息传出。

青藤遗韵翰墨香，会心深处有真赏。本地的地方文化是我收藏的一大亮点，把曾经消失遗落在外地的文物找回来，让苏州的古籍留在苏州，这也许是作为苏州人的本能吧。这些古籍无不带着故土的印记和苏州文化的地气。于是，拍卖中的竞争焦灼，废品收购站的霉味，在寒风夜雨中慕书上门、四处联络、寻访外地，有时把即将送出苏州城去拍卖的古籍在几个小时前用高价留下，所有的甜酸苦辣都化为了我的快意。

把关于苏州源头的古籍编著成书，藏而为“学”，更为了传播苏州文化出一点力，这是我早就在做的功课，虽竭力尽心，无奈工作实在太忙，成果还是有限。

古城苏州，足以效法和信赖的文化前辈太多，不该忘却的故事，不该遗忘的面孔也还有很多，很多。有的甚至模糊得连背影也不曾留下，早已渐行渐远，却因为一本不起眼的书，让我浮想联翩。百年风雨，千秋望云，尘埃中那些逝去的人和事，无论是名人大家，还是庭院乡绅和深闺，这都是我们文化苏州的一脉脉。庭院深深的苏州啊，究竟有多少遗珠散落?

本书收入的藏本凡53例，是笔者在专项收藏中选取的，其中明拓1例，清刻20例，清人墨迹1例，民国刻本、木活字本、石印本、影印本、铅印本、手抄、手稿31例，内容有文史、诗文、医学、年谱、画册、遗著、名人墨迹、家族文脉等。著述者有名扬天下的史书人物，也有声名远播的大家；有众所翘望的大师，也有乡绅学士。从形式上看，既有官刻善本，又有家刻精本，而遗韵缭绕的线装铅印本，同样珍贵，值得珍视。

对地域文化的著作进行梳理，工作相当复杂和琐细，需要极大的热心与极强的专业精神，其意义非凡。遗憾的是本人非专业出身，虽已尽心，但对于研究著述，恐难成器，而将书影和现代书话评论结合，这种全新的成书形式不知可否？

纠结、互悖、交杂、热望，这大约就是我的心态了，是为后记。

二〇一四年三月二十日　海明于苏州新苏国际